基础教育课程改革中的
效率与公平

Efficiency and Equity in
Curriculum Reform
of Basic Education

龙安邦 ◎ 著

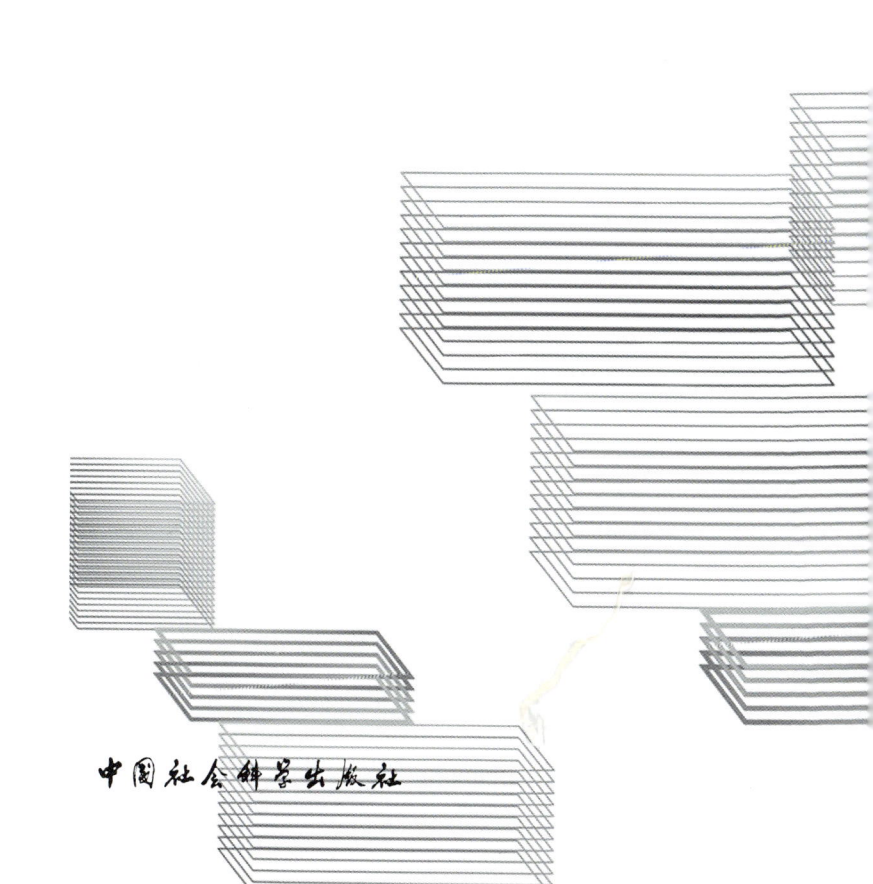

中国社会科学出版社

图书在版编目（CIP）数据

基础教育课程改革中的效率与公平／龙安邦著．—北京：中国社会科学出版社，2018.8

ISBN 978-7-5203-3381-8

Ⅰ.①基… Ⅱ.①龙… Ⅲ.①基础教育—课程改革—研究—中国 Ⅳ.①G632.3

中国版本图书馆 CIP 数据核字（2018）第 237548 号

出 版 人	赵剑英
责任编辑	徐沐熙
责任校对	李秋芳
责任印制	戴 宽

出　　版	中国社会科学出版社
社　　址	北京鼓楼西大街甲 158 号
邮　　编	100720
网　　址	http://www.csspw.cn
发 行 部	010-84083685
门 市 部	010-84029450
经　　销	新华书店及其他书店
印刷装订	北京君升印刷有限公司
版　　次	2018 年 8 月第 1 版
印　　次	2018 年 8 月第 1 次印刷
开　　本	710×1000 1/16
印　　张	17.25
插　　页	2
字　　数	266 千字
定　　价	76.00 元

凡购买中国社会科学出版社图书，如有质量问题请与本社营销中心联系调换
电话：010-84083683
版权所有　侵权必究

目　录

绪论 ……………………………………………………………… (1)
  一　问题提出 …………………………………………………… (1)
  二　研究现状 …………………………………………………… (8)
    （一）社会的效率与公平 …………………………………… (9)
    （二）教育的效率与公平 …………………………………… (16)
    （三）课程的效率与公平 …………………………………… (21)
  三　研究的目的和意义 ………………………………………… (26)
  四　研究的思路和方法 ………………………………………… (27)

第一章　效率与公平 …………………………………………… (29)
  一　效率与公平的含义及关系 ………………………………… (29)
    （一）效率 …………………………………………………… (30)
    （二）公平 …………………………………………………… (36)
    （三）效率与公平的关系 …………………………………… (46)
  二　基础教育课程改革中效率与公平的含义 ………………… (55)
    （一）基础教育课程改革的实质 …………………………… (56)
    （二）基础教育课程改革中效率的含义 …………………… (61)
    （三）基础教育课程改革中公平的含义 …………………… (63)

第二章　基础教育课程改革价值取向的历史考察 …………… (65)
  一　我国历次基础教育课程改革的价值取向 ………………… (65)
    （一）1950—1957 年：效率取向 …………………………… (66)

（二）1958—1976年：公平取向 …………………………………（72）
　　（三）1977—1985年：效率取向 …………………………………（81）
　　（四）1986—2000年：效率优先，兼顾公平 …………………（86）
　　（五）2001年以来：公平取向 ……………………………………（90）
　　（六）小结 ……………………………………………………………（96）
  二　20世纪以来美国历次基础教育课程改革的价值取向…………（98）
　　（一）20世纪初期到20世纪50年代末：公平取向 ……………（98）
　　（二）20世纪50年代末到20世纪60年代中期：效率取向 ……（103）
　　（三）20世纪60年代中期到20世纪70年代中期：
　　　　　公平取向 …………………………………………………（109）
　　（四）20世纪70年代末以来：效率优先、兼顾公平 …………（111）
　　（五）小结 …………………………………………………………（119）

第三章　基础教育课程改革中效率诉求的形成与实现 …………（121）
  一　效率诉求的形成 …………………………………………………（124）
　　（一）国际竞争与国家发展压力 …………………………………（124）
　　（二）人才与教育对国家发展的意义 ……………………………（127）
　　（三）国家发展对基础教育培养规格的要求 ……………………（130）
  二　效率诉求的实现 …………………………………………………（132）
　　（一）集权式的课程管理 …………………………………………（133）
　　（二）学术性的课程设置和内容选择 ……………………………（138）
　　（三）学科化的课程组织 …………………………………………（142）
　　（四）理智化的课程实施 …………………………………………（146）
　　（五）甄别性的课程评价 …………………………………………（151）
  三　刚性课程 …………………………………………………………（155）
　　（一）深分化 ………………………………………………………（155）
　　（二）强架构 ………………………………………………………（156）
　　（三）大统一 ………………………………………………………（157）
　　（四）高稳定 ………………………………………………………（157）

第四章　基础教育课程改革中公平诉求的形成与实现 …………(159)
一　公平诉求的形成 ……………………………………………(161)
　　（一）社会公平成为社会发展的突出矛盾 ……………………(162)
　　（二）教育成为促进社会公平的重要手段 ……………………(165)
　　（三）基础教育课程未恰当地发挥促进社会公平的作用 ……(167)
二　公平诉求的实现 ……………………………………………(170)
　　（一）分权式的课程管理 ………………………………………(171)
　　（二）生活化的课程设置和内容选择 …………………………(175)
　　（三）经验化的课程组织 ………………………………………(179)
　　（四）境遇化的课程实施 ………………………………………(183)
　　（五）发展性的课程评价 ………………………………………(188)
三　柔性课程 ……………………………………………………(192)
　　（一）浅分化 ……………………………………………………(192)
　　（二）弱架构 ……………………………………………………(193)
　　（三）多向度 ……………………………………………………(194)
　　（四）低稳定 ……………………………………………………(195)

第五章　基础教育课程改革中效率与公平的冲突与协同 ………(197)
一　效率与公平的冲突 …………………………………………(197)
　　（一）从注重效率走向公平缺失 ………………………………(198)
　　（二）从注重公平走向效率低下 ………………………………(205)
　　（三）效率与公平冲突的实质 …………………………………(212)
二　效率与公平的协同 …………………………………………(222)
　　（一）通过公平提高效率 ………………………………………(222)
　　（二）通过效率促进公平 ………………………………………(226)
　　（三）效率与公平协同作用的伦理基础 ………………………(229)

第六章　走向"有效率的公平" ……………………………………(238)
一　走向合拢的钟摆：基础教育课程改革的发展趋势 ………(238)
二　"毽子型"课程体系 …………………………………………(242)
　　（一）"毽子型"课程体系的基本结构 …………………………(243)

(二)"毽子型"课程体系的具体实现 …………………… (246)

(三)"毽子型"课程体系的公平意义与效率意义 ………… (250)

结语　我国基础教育课程改革往何处去? …………………… (252)

参考文献 …………………………………………………… (254)

后记 ………………………………………………………… (269)

绪　　论

一　问题提出

效率和公平是人类存在与发展的前提和基础，也是人类的两大价值追求。

一方面，"效率是人类存在的基础。没有一定的效率，社会就不能存在，更无以谈发展"[①]。在自然的发展史上，"一个物种在进化中必须适当地提高其活动效率，才能适应自然环境的变化，并为自身的发展创造条件。……在这场旷日持久的物种活动效率的竞赛中，人类的动物祖先至少在距今四五百万年前已进入当时强者的行列"[②]。从人类诞生之日起，人类就要面临自然界的各种挑战，如风雷雨雪的威胁、猎获食物的困难，等等。人类要生存和发展下去，就必须与自然界赛跑，以更高的效率规避风险，获取生活资源。当人类发展到一定程度，不同的族群之间有了某种形式的接触之后，族群之间的竞争就随之产生。从此人类不但要面对来自自然界的挑战，同时还要面对来自人类社会的挑战，效率显得更加重要和突出。来自自然界和人类社会的生存和发展压力总是促使人和人类族群追求以更快的速度、更高的效率发展自身。在人类发展的历史长河中，幸存和发展下来的民族或族群都是在物质生产力和精神生产力上表现出优异效率的民族或族群，由于社会生产力低下而在竞争中被无情淘汰或边缘化的民族或族群也不在少数。可以说，人类的发展史就是

[①] 史瑞杰：《效率与公平：社会哲学的分析》，山西教育出版社1999年版，第21页。
[②] 郭湛：《人活动的效率》，人民出版社1990年版，第19页。

一部社会生产效率不断提高的历史，人类发展的最重要主题也是如何提高社会生产效率。所以，效率冲动从一开始就伴随着人类，追求效率几乎成为人的一种本能。

另一方面，正如让－雅克·卢梭（Jean-Jaeques Rousseau）所言，人人生而平等和自由，任何人对于其同类都没有自然的权威。[①] 人与人天生就是平等的，人在人类社会中不但要求得到生存和发展，而且要求得到与其他社会成员平等的发展。任何剥削、压迫和奴役之所以被判定为不正义，就在于它们剥夺了被剥削者、被压迫者和被奴役者作为社会成员应该享有的与其他社会成员一样的生存和发展的权利与机会。卡尔·海因里希·马克思（Karl Heinrich Marx）认为，人的本质是"一切社会关系的总和"。[②] 作为在人类社会中的存在主体，人在本质上是一种关系性存在，人天生就要处理人与人之间的关系，而这种关系的基础就是公平。在人类社会的原始时期，人与人的关系是天然平等的。这是一种在原始社会的部落和氏族内部彼此依靠、相互合作而求得生存的状态，即一种"原始平等状态"。这种状态的突出表现就是氏族成员的权利和义务的等同或统一。[③] 然而，伴随着社会生产力的发展和私有制的出现，"原始平等状态"被打破，人类社会从此进入"不平等社会"，人与人之间的政治、经济、社会、权力和地位不平等最终充斥着社会的各个方面，影响着每个人的生存、生活和发展，剥削、压迫和奴役不断侵蚀着社会的公平和正义。与此同时，人类也开始了反对不平等、追求公平的艰难历程，展开了一幅幅波澜壮阔、可歌可泣的为公平正义而前赴后继的历史画卷，谱写着人类历史上最为壮丽雄伟的历史篇章。每当社会不公平发展到一定程度，人民总是揭竿而起、愤然反抗，为建立一个更加公平的社会而不懈斗争。从某种程度上说，社会就是在这种不断追求公平正义的斗争推动下前进的。正所谓："在平等理论的视角中，整个人类文明的发展就是一部不断追求并逐步实现平等的历史。"[④]

---

① ［法］让－雅克·卢梭：《社会契约论》，杨国政译，陕西人民出版社2004年版，第2、5页。
② 《马克思恩格斯选集》第一卷，人民出版社2012年版，第135页。
③ 周仲秋：《平等观念的历程》，海南出版社2002年版，第2、6页。
④ 同上书，第1页。

于是，效率与公平便成为人类社会发展的两大主题，并且二者呈现出相依相伴、对立统一的态势，深刻影响着人类社会发展的面貌和历程。从历史上看，人类社会历史形态的更替是在社会生产效率不断提高而产生的推动力中完成的，并且每次历史形态的更替都更加突出了效率的地位。到资本主义社会，效率几乎成为社会的最重要主题。然而，社会生产效率的每次飞跃都引发了新的公平问题，产生了新的社会矛盾。而每次公平问题的解决反过来又促进了社会生产率的提高。社会效率与社会公平就这样在对立统一中影响着人类社会的历史进程。从政治上看，作为某个社会群体的组织者和管理者，政治组织总是同时承担着提高群体发展的效率和促进群体公平的双重任务，政府就是这种政治组织的集中代表。从经济上看，经济活动天然的以效率为主要准则，但经济活动同样与公平紧密联系着，公平可能促进经济发展，也可能制约经济发展。公平问题是经济活动不得不考虑的重要问题，如何处理效率与公平的关系可以说是经济活动的一个突出问题，在现代社会尤其如此。从文化上看，虽然不作为显在主题，但一个族群的文化影响力仍在很大程度上取决于本族群的文化生产效率，特别是优质文化的生产效率。同时，如何处理族群内和族群间的文化多样性，即文化公平问题，也是一个族群文化发展的重要主题，并且影响着这个族群文化的发展效率。作为社会生产的能动反映，文化活动总是以社会的重要问题作为其重要主题，效率与公平问题就在其内。如何提高效率，如何促进公平，如何处理效率与公平的关系等问题总是以各种方式出现在文化活动中，这既促进了文化的发展和繁荣，也使人类对效率与公平的认识在文化活动中不断得到提高。效率与公平问题还在社会活动的不同尺度上普遍存在。从人类的存在，到国家与民族，到公司、企业等社会组织，效率与公平问题总是它们要同时处理的重要问题。即使是单一个体的社会活动也同时涉及他本身的活动效率和对他所处的群体的活动效率，以及他的活动对于其他人或其他群体的影响即他与他人的公平问题。

教育作为一种社会活动，总是反映和回应社会的发展主题和发展趋势。人是推进社会发展包括效率的提高和公平的发展的主体，教育的主要职责是为社会培养人，从而不可避免地要面对效率与公平的问题。

效率与公平在教育中的反映首先表现在教育要培养具有效率意识和

公平观念的人，可称之为教育的外部效率和外部公平。一方面，教育自产生之日起，便以传授生活、生产经验和技能，培养促进社会生产的劳动者为己任。受教育者是否获得了更多、更高的社会生产技能，能否更好、更快地完成社会生产过程是衡量教育是否成功的重要指标。任何一个社会形态，都必须向受教育者传授前人积累下来的生产经验、科学技术和生产技能等生产性教育内容，这些内容是直接服务于提高社会生产效率的。即使像思想政治教育、伦理道德教育等非生产性教育内容，看似与提高社会生产效率并无直接关系，实质上也是通过提高人的思想水平而提高社会组织水平，最终提高社会生产效率和生产水平。另一方面，虽然在不同的社会形态，"培养具有公平观念的人"这一目标在教育中所处的地位不同，公平的内涵也有所差别，但毋庸置疑，在所有社会形态的教育中都包含着培养具有公平观念的人的因素和内容。在古希腊，以军事教育见长的斯巴达注重发展儿童"平等的情感、友谊、集体精神"[①]，以培养具有集体协作精神的勇敢战士。以民主教育见长的雅典更是注重培养具有平等、民主参政精神和能力的公民。公平也是中国古代教育的重要内容，孔子的"仁爱"教育思想和墨子的"兼爱"教育思想都集中反映了这一点。进入资本主义社会，民主、公平更成为教育的核心内容，并随着社会的发展处于越来越重要的地位。

效率与公平在教育中的反映还表现在教育活动本身具有效率冲动，同时还要公平处理教育内部的各种关系，可称之为教育的内部效率和内部公平。作为一种社会活动，教育活动如其他社会活动一样，追求以最少的资源投入收获最大的效益。这种效率冲动不但体现在国家、学校层面，也体现在个人层面，不但体现在宏观的教育运行中，也体现在微观的教育教学活动中。在教育活动中，人们探索和采取各种可能的方法和措施，改善教育活动的组织和程序，提升教育的管理水平，采用先进的教育技术和教学工具，精炼教育内容，培训更好的师资，改进教学方式方法，其目的均是要提高教育效率，以更快、更有效、更节省地产出教育产品——合格的、高质量的人才。在某种意义上，教育学的产生即源

---

① ［美］佛罗斯特：《西方教育的历史和哲学基础》，吴元训等译，华夏出版社1987年版，第51页。

于教育活动的效率冲动。扬·阿姆斯·夸美纽斯（Comenius Johann Amos）在《大教学论》中写道："我们这本《大教学论》的主要目的在于：寻求并找出一种教学的方法，使教员因此可以少教，但是学生可以多学；使学校因此可以少些喧嚣、厌恶和无益的劳苦，多具闲暇、快乐和坚实的进步。"① 与此同时，夸美纽斯还表示："不仅有钱有势的人的子女应该进学校，而且一切城镇乡村的男女儿童，不分富贵贫贱，同样都应该进学校"②，鲜明地表达了教育公平的思想。孔子更早地实践了"有教无类"的教育公平理念，他授学的对象无老幼之分，无等级次第之别，"自行束脩以上，吾未尝无诲焉"③。再往前追溯到原始社会，教育则对族内所有儿童都是平等的。这表明，在制度化公共教育尚未形成时期，教育内部的公平虽然并未成为一个显性问题，但教育公平的思想和实践的种子已经种下并开始萌芽。进入现代社会，教育逐渐发展成为制度化公共教育，教育的公平特性逐渐显现出来，如何公平地处理教育内部的各种关系成为越来越重要的问题，教育公平成为现代教育的重要主题，这种趋势随着社会的发展越来越明显。直至今天，教育公平已经几乎处于与教育效率同等重要的地位了。

对教育的内部效率和内部公平而言，实现的途径有两种：一是调节不同地域或群体间的教育资源获得，通过教育资源的分布来实现教育效率或教育公平；二是改变教育内部的组织结构，以教育要素、教育关系甚至教育内涵的改变提高教育效率或促进教育公平。课程是教育的核心要素，是教育目的得以实现的重要载体，是教育的核心环节，教育中的效率诉求和公平诉求必然直接诉诸课程，要求课程能提高教育产出的效率和促进教育公平，从而把效率与公平引入了课程领域，使人们对课程产生了效率诉求和公平诉求。课程的效率诉求和公平诉求影响和决定着课程的目标厘定、内容选择、组织结构、实施模式以及评价方式等方面，并在不同历史时期以不同组合形态形成了课程的各种价值取向和具体形

---

① ［捷］扬·阿姆斯·夸美纽斯：《大教学论》，傅任敢译，人民教育出版社1984年版，第2页。
② 同上书，第52页。
③ 《论语·述而》。

态，深刻影响着课程的面貌和发展历程。可以说，课程的诞生即是效率驱动的产物——课程的产生是为了摆脱教育局限于经验的、随机进行的局面，形成有计划、有系统的知识和经验传授体系，以提高教育的效率和效果。课程研究最初也是在效率驱动中产生的。约翰·富兰克林·博比特（John Franklin Bobbitt）的《课程》一书即是效率驱动的产物。在《课程》一书中，他写道："若辈以为处此讲求效率与经济之时代，宜力求删除一切徒费时间而无实用之事项。"[①] 此书六编中就有两编以"效率"为题，即第二编"职业的效率之训练"和第四编"身体的效率之训练"。此后，如何提高课程的效率一直是课程研究的主要问题。与此稍不同步，课程中的公平问题直到20世纪60年代才被凸显出来，成为课程研究的一大主题，并对课程实践产生深远的影响。但这并不意味着在此之前不存在课程的公平问题。事实上，一切课程形态都会涉及适合谁、有利于谁的问题，即涉及公平问题。不同社会群体对课程的不同诉求客观上形成了课程的公平诉求，虽然在不同的历史时期，其表现方式、表现形态和凸显程度有所不同。

课程改革是课程发展的直接推动力，课程的效率诉求和公平诉求反映到课程改革上就形成了课程改革的效率取向和公平取向。课程改革的效率取向追求通过课程改革提升课程运作的效率，提高学生的学业成绩，以此加快教育产出的速度和质量，满足国家和社会对人才的需求。效率取向的课程改革以效率为原则，通过对课程政策、课程目标、课程内容、课程组织、课程实施及课程评价等方面的变革建立起一整套有利于提高课程效率的课程运作体系，试图以最少的课程资源投入，产出最好的教育产品。高速度、高质量是效率取向课程改革追求的目标，因而效率取向的课程改革倾向于使课程有利于最具有发展潜力的学生，使课程资源向优势学生群体集中，从而以最少的课程资源投入获得最大的教育效果。与此相对，课程改革的公平取向则试图赋予所有学生均等的受教育机会和共同的课程资源，从而使所有学生都有机会获得相同或相近的发展水平，以促进社会的公正公平发展。重平等、尚自由是公平取向课程改革的主要特征。一方面，公平取向的课程改革试图使课程适合每位学生，

---

① ［美］博比特：《课程》，张师竹译，商务印书馆1928年版，第3页。

使每位学生都获得相同的发展机会；另一方面，公平取向的课程改革尊重每位学生的自由选择，期望每位学生都能获得适合自身的自由发展。

由此可见，作为同时存在于课程改革中的两种价值取向，效率取向与公平取向并不是并行不悖的。效率取向的课程改革要求课程向优势学生倾斜，往往使学生在课程占有和课程适应上形成高低快慢的差别，加大学生发展的差距，从而引发课程公平问题。而公平取向课程改革注重课程面向所有学生，也有可能使课程的针对性和适应性向中低潜力学生群体转移，不能满足高潜力学生的课程需求，从而与效率取向相违背。实际上，效率取向与公平取向的关系是复杂的。两者既有对立的一面，也有统一的一面。一方面，如前所述，效率取向与公平取向是课程改革的两种不同的价值取向，分别代表着课程的效率诉求和公平诉求，在课程改革的目的、方向和归宿点等方面各不相同，甚至在某些方面彼此对立。其次，效率取向与公平取向又有统一的一面，否则两者不可能共存于同一课程中。事实上，在课程改革史上，效率取向和公平取向是课程改革的两大价值取向，共同左右着课程改革的实际面貌和发展历程。另一方面，效率取向与公平取向在课程改革中的统一反映了效率与公平的统一性关系，也反映了效率取向与公平取向共享着某些共通的理念或共同的价值诉求。正是效率取向和公平取向之间复杂的矛盾关系使两者在相互作用中产生了复杂的组合关系，也使不同的国家和地区在不同时期的课程改革呈现出差异多样的面貌和发展历程。深入地研究课程改革中的效率取向和公平取向以及两者之间的矛盾关系，揭示效率取向和公平取向对课程改革的影响和作用机制，是理解课程改革的发展历程、动力机制和形态演变的一把钥匙，是寻找和确认课程改革发展方向和改革路径的一个参照航标。

教育公平问题是当前我国教育研究的热点问题，这是由我国社会发展和教育发展的趋势决定的，教育公平问题的凸显反映了我国教育的发展方向。从总体上看，当前我国教育公平的解决方式更多着眼于教育资源的均衡配置，这是通过调节不同区域和群体间教育资源的获得来实现教育公平，其实质是实现教育的机会均等。但是，真正的教育公平不应只限于机会公平，更应包括过程公平和一定程度的结果公平。实现教育的过程公平和结果公平不能只依赖于对教育资源的均衡配置，更需要通过改变教育内部的组织结构，使教育真正成为公平对待每位学生的教育。课程是教育的核心要素，通过课程改革改变课程的组织结构和运行机制，使课程真正面向每位学生、真正公平地对待每位学生自然成为通往教育公平的必然之路。但是，如前所述，效率与公平是课程改革同时面对的两个问题，在我国教育公平凸显的背景下，如何处理效率与公平的关系是教育也是课程改革必须面对的问题，为课程改革正确处理效率与公平的关系寻找理论依据也就成为教育研究的重要课题，研究课程改革中的效率与公平问题则是这一课题的必然选择。

当前学术界尚缺乏从效率和公平的角度对课程改革进行全面深入的研究，效率和公平在课程改革中的影响和作用机制尚未得到系统的考察和揭示，关于课程改革中的效率和公平的诸多问题仍有待探索和回答。比如效率或公平在课程改革中起到什么作用？这种作用是怎样实现的？效率和公平又是怎样统一于课程改革之中？在不同的国家与地区、不同的历史时期，效率与公平两者的关系有什么特定的组合关系？这种关系又是由什么来决定的？如何判定未来课程改革中效率和公平的合理关系，以使课程改革正确地处理课程效率与课程公平的关系，真正地促进学校课程的健康发展？……对这些问题的探索和回答有助于更全面、更深入地理解课程改革，确证课程改革的方向和路径选择，确保课程改革的公平有效。本书试图从历史的考察入手，研究基础教育课程改革中的效率和公平问题，理清效率和公平在基础教育课程改革中的矛盾关系及其历史演进，揭示出效率和公平在基础教育课程改革中的作用机理和表现形式，以期有助于深入地理解效率与公平在基础教育课程改革中的地位及其相互关系，为基础教育课程改革提供理论依据和实践指导。

二　研究现状

课程改革中的效率与公平问题实质上是课程效率与课程公平问题，而课程效率与课程公平是教育效率和教育公平的反映，教育效率和教育公平则是社会效率与社会公平的反映。研究课程改革中的效率与公平问题，既要了解教育效率与教育公平的研究现状，也要把握关于社会效率和社会公平的研究进展。

（一）社会的效率与公平

虽然效率与公平同时存在于人类活动的历史中，但相对于效率问题，公平问题更早地得到学者的关注和研究，效率问题则是直到人类进入现代社会后才被凸显出来的。

早在古希腊，就有人对公平公正进行了比较深入的探索。梭伦（Solon）在实行他的政治变革中提出了他的公正观。他认为，公正就是适度侵犯所有制，避免过分两极分化，以调整自由民内部的关系。苏格拉底（Socrates）认为，公正是一种美德，这种美德就是知道在特定环境中"如何行动"，为规矩所认可的行动，即叫作合乎公正的行动。柏拉图（Plato）则认为，公正就是"各司其职，各守其序，各得其所"[1]。亚里士多德（Aristotle）为古希腊的公正理论做出了巨大的贡献，形成了系统的社会公正理论。在《尼各马可伦理学》第五卷，他考察了作为德性总体的正义。亚里士多德从公正的表现形式把公正分为普遍的公正和特殊的公正。普遍的公正即政治上的公正。特殊的公正又有分配的公正和矫正的公正，其中分配的公正有平均的公正和比例的公正两种，矫正的公正包括民法上的损害的禁止和补偿的原则。在具体的内容上，公正还有相对公正与绝对公正之别，相对公正即"法律的公正"，绝对公正即"自然的公正"。此外，亚里士多德认为，正义是一种中庸，一种适中状态，要避免"过"和"不及"。在我国，孔子提出了"不患寡而患不均，不患贫而患不安"[2]的均富思想。墨子也提出"兼相爱，交相利""尚贤""尚同"的公平思想。

进入现代社会，西方对公平的研究走上了一个新的高度，出现了许多系统化的理论成果。英国哲学家托马斯·霍布斯（Thomas Hobbes）在《利维坦》中提出了具有契约论性质的公正学说。他认为，为了结束"人对人是狼"的自然状态，寻求和平与安全，人类的理智会提出一种人人都能同意的和平相处的条件，这种条件就是自然法（natural law）。自然

---

[1] 汤玉奇：《社会公正论》，中共中央党校出版社1990年版，第13—14页。
[2] 《论语·季氏》。

法的三条基本原则是：寻求和平，信守和平，并尽一切手段保卫自己；人们要想达到自我保存的目的，就必须自愿放弃占有一切的自然权利（natural right）；必须履行既定契约。① 卢梭在《社会契约论》中阐述了基于契约的公平思想。社会契约是"我们每个人都把自己的人身和全部力量共同置于普遍意志的最高领导之下，我们接受每个成员进入集体，作为整体不可分割的一部分"②。社会契约"以一种道德的、合法的平等来代替自然所带来的人与人之间身体上的不平等，人们在力量和天赋上可以是不平等的，但是通过协议并根据权利，他们都是平等的"③。18世纪末19世纪初，西方形成了以边沁（Jerymy Bentham）和密尔（John Stuart Mill）为代表的以功利主义伦理学为基础的功利主义公平理论。边沁将功利主义的基本原理概括为："最大多数人的最大幸福是正确与错误的衡量标准。"④ 此后许多公平理论都是基于对功利主义的批评和反思而提出来的。其中最著名的是美国伦理学家约翰·博德利·罗尔斯（John Bordley Rawls）。在批评功利主义的基础上，约翰·博德利·罗尔斯提出了作为公平的正义原则："第一，每个人都有相同的权利拥有与其他人所拥有的类似的自由相容的最广泛的基本自由。第二，社会和经济的不平等要这样分配以便使其（1）合理地期望符合每个人的利益，并且（2）使职位和官职对所有人开放。"⑤ 约翰·博德利·罗尔斯的公平理论提出来以后，不少学者针对他的学说提出了各种批评。与约翰·博德利·罗尔斯同在哈佛大学的同事罗伯特·诺齐克（Robert Nozick）出版的《无政府、国家与乌托邦》比较系统地批评了约翰·博德利·罗尔斯的公平理论，并提出了自己的权利自由主义公平理论。此外，麦克尔·桑德尔（Michael J. Sandel）、阿拉斯代尔·查莫斯·麦金泰尔（Alasdair Chalmers MacIntyre）、麦克尔·沃尔泽（Michael Walzer）等人也针对自由主义提出了自己的公平理论，建立了社群主义（communitarianism）公平理论。

---

① 唐凯麟：《西方伦理学名著提要》，江西人民出版社2000年版，第153—154页。
② ［法］卢梭：《社会契约论》，杨国政译，陕西人民出版社2004年版，第12页。
③ 同上书，第19页。
④ ［英］边沁：《政府片论》，沈叔平等译，商务印书馆1995年版，第92页。
⑤ John Bordley Rawls, *A Theory of Justice*, Massachusetts: The Belknap Press of Harward University Press, 1971, p. 60.

我国对公平进行现代意义上的探讨和研究也是近代以来开始的，康有为、梁启超、胡适等人可谓其中的旗手。康有为在《大同书》中描绘了一个人人平等的大同社会。梁启超和胡适为民主思想在近代中国的传播做了许多努力。但是，在近代中国受列强欺凌、民族羸弱的背景下，他们的努力并没有将中华民族从深重的民族灾难中拯救出来。新中国的建立使中华民族重新屹立于世界民族之林，并开始了崭新的民主政治实践。从某种意义上说，新中国在探索建设社会主义公平社会上做了诸多探索，直到改革开放以前，我国的社会从总体上是相对比较公平的。但这一时期对公平理论的建设却无实质性的进展。这种情况直到改革开放以后才有所改善。改革开放以来，公平问题逐渐凸显，学者对公平的研究和探索成果也日渐丰富。大致说来，我国学者对公平的研究包括公平的含义、公平对社会发展的意义、公平的实现等几个方面。比如有学者认为，实现社会公平正义是中国共产党人的一贯主张，是发展中国特色社会主义的重大任务。[①] 公平正义是社会主义的内在要求，也是社会主义发展的结果。[②] 社会公平是社会的政治利益、经济利益和其他利益在全体社会成员之间合理而平等地分配，社会公平的法哲学基础来自古代自然法的正义观、古典自然法的平等观以及罗尔斯的平等理论。[③] 公平正义包括社会层面的公平、法律层面的公正、经济领域的公共利益、政治领域的公共意志以及程序上的公开透明。[④] 公平包括起点公平、过程公平和结果公平三个维度。公正的基本规则包括基本权利保证的规则、机会平等的事前规则、按照贡献进行分配的事后规则和社会调剂规则。[⑤] 公平问题说到底就是一个分配问题，是一个关于社会政治、经济、文化财富和权利如何在社会成员之间分配的问题。分配公平之所以成为现代社会不可或缺的制度性特质，既是为了维系人之为人的基本权利和尊

[①] 何建华：《公平正义：中国特色社会主义的核心理念》，《浙江社会科学》2010 年第 6 期。

[②] 曹泳鑫：《公平正义是社会主义的内在要求和发展结果》，《毛泽东邓小平理论研究》2010 年第 11 期。

[③] 包玉秋：《社会公平的法哲学基础》，《社会主义研究》2007 年第 5 期。

[④] 范明英、郭根：《社会"公平正义"的内涵要义及其建设路径》，《深圳大学学报》（人文社会科学版）2011 年第 5 期。

[⑤] 吴忠民：《走向公正的中国社会》，山东人民出版社 2008 年版，第 19—26 页。

严，也是基于维系社会合作体系的需要。[1] 还有学者认为，社会公平正义的实现必须依靠政府主导，依靠制度保障。加强制度建设，是正确处理利益关系、妥善解决利益矛盾、促进和保障社会公平正义最根本、最有效的途径。[2]

相对于公平，效率问题的凸显要晚很多。效率问题是伴随着资本主义社会的建立和发展，经济活动成为社会活动的主导活动而凸显的。亚当·斯密（Adam Smith）提出了"看不见的手"的著名论断，他认为作为主观追求自身利益的"经济人"，在"看不见的手"——市场的支配下，自然地达到客观上有利于他人和社会的良好效果，从而实现资源的优化配置和效率的提高。随着资本主义经济的发展，"时间就是生命""效率就是金钱"的观念支配着资本主义世界，对经济活动效率的追求产生了一大批旨在提高经济效率和管理效率的经济学、管理学和社会学理论，最终在20世纪初掀起了一场"社会效率运动"。"科学管理之父"泰罗（Frederick Winslow Taylor）在《科学管理原理》中提出了他的科学管理理论，通过精细化、科学化的管理和控制大大提高了社会生产的效率。

我国效率理论的研究和建设起于对外国效率理论的引进，但也有自己的理论建树，在对效率的理解、中国经济社会活动的效率、效率与制度、效率伦理等方面皆有自己的探索。总体上来看，我国学者并不同意自由主义经济学的观点，认为纯粹自利导致的是效率丧失，[3] 对落后国家和转型国家来说，新自由主义理论不仅不是福音，而且是个陷阱。[4] 有学者认为，在市场经济中，收入差距的过度扩大必然降低投资的乘数效应，从而降低投资的经济效率和社会效益，阻碍经济的有效增长。[5] 有学者研究了制度效率，认为制度效率就是实施制度带来的收益与成本的比较，

---

[1] 何建华、马思农：《分配公平：是否可能及何以可能》，《伦理学研究》2010年第2期。
[2] 雷玉翠：《论公平正义的制度保障》，《甘肃社会科学》2009年第5期。
[3] 孙国峰：《自利、个体效率与公共选择介入的理论解释》，《社会科学研究》2004年第1期。
[4] 郭志琦、申米玲：《评新自由主义市场经济理论及其实践效率》，《南京师范大学学报》（社会科学版）2005年第3期。
[5] 高国顺、陈国秀：《收入差距、投资效率与经济增长》，《湖北大学学报》（哲学社会科学版）2005年第6期。

当存在制度冲突与制度真空时，制度结构的效率会受到影响。① 我国制度变迁的路径依赖已经降低了制度的结构效率，必须转换制度变迁路径，优化制度结构，以促进我国二元经济结构的转换。② 有学者认为，20 年来我国流行的效率主义已经严重地影响我国和谐社会的建设，必须彻底清除效率主义的影响和流毒。③ 从根本上说，效率根源于人类的发展需求，有其人学根基，④ 对经济效率进行伦理定位是必需的，它体现出道德与经济的良性互动，共同为人的幸福服务。⑤

效率与公平的关系是一个争论不休的话题，不同的学者对此甚至有截然相反的观点。亚当·斯密开创的古典经济学主张机会均等的自由主义，认为人"追求自己的利益，往往使他能够比在真正出于本意的情况下更有效地促进社会的利益"⑥。显然，在效率与公平的关系上，古典自由主义主张效率优先，而机会均等就是公平的表现。古典自由主义在西方社会长期占主导地位，直到 20 世纪 30 年代，约翰·梅纳德·凯恩斯（John Maynard Keynes）主张国家对国民经济进行干预和控制，以弥补市场的不足。国家干预有助于消除社会不公，但约翰·梅纳德·凯恩斯的出发点仍然是经济学的、效率取向的，公平只是作为提高经济效率的一种手段。尽管如此，与凯恩斯主义对立的新自由主义随之形成，并与其形成长期抗衡的局势。路德维希·冯·米瑟斯（Ludwig Von Mises）认为，在效率与公平的关系上，不平等分配不仅不能够消除；相反，它本身就是提高效率、积累财富的一种驱动力。路德维希·冯·米瑟斯的学生弗里德里希·哈耶克（Friedrich Hayek）也坚决主张自由市场经济，但也审慎地同意政府对市场的干预。他明显偏重于效率，而公平作为一个社会目标当然是要争取的，但不能强求。此外，米尔顿·弗里德曼

---

① 袁庆明：《论制度的效率及其决定》，《江苏社会科学》2002 年第 4 期。
② 李正彪、文峰：《论中国制度结构效率及二元经济的转换》，《思想战线》2004 年第 4 期。
③ 王一多、孟昭勤：《效率主义的谬误与危害》，《西南民族大学学报》（人文社会科学版）2007 年第 12 期。
④ 严国红、李宏伟：《论效率的人本向度》，《广西社会科学》2010 年第 1 期。
⑤ 郑立新：《经济效率的伦理定位》，《哲学动态》2003 年第 1 期。
⑥ ［英］亚当·斯密：《国民财富的性质和原因的研究》（下卷），郭大力、王亚南译，商务印书馆1974 年版，第 27 页。

（Milton Friedman）、詹姆斯·布坎南（James Buchanan）等人也都对经济领域中效率与公平的关系进行了一定的探讨。在政治哲学领域，约翰·罗尔斯与罗伯特·诺齐克的论战最为著名。约翰·罗尔斯主张正义优先于效率，他认为对一种制度方案的选择"不仅建立在经济的基础上，而且建立在道德和政治的基础上。对效率的考虑仅仅是决定的一个根据，且常常是较为微弱的一个根据"，作为公平的正义"为对社会制度的评判建立了一个阿基米德支点"[1]。约翰·罗尔斯的主张具有平等主义的倾向，注重结果的公平，罗伯特·诺齐克则坚决反对，坚持纯粹程序正义的正当性。他认为任何人的权利都是个人的权利，国家的功能仅在于保护个人的权利，而不是对个人权利进行再分配，公平理论应当保证平等的自由，而不是设计一种模式重新分配经济利益和经济负担，这种分配不但会降低社会效率，它本身也是不正义、不公平的。显然，罗伯特·诺齐克更加注重效率，反对因追求结果公平而损害效率。

公平与效率的关系同样也是我国学者的一个研究热点。有学者概括，新中国成立以来形成了五种不同的公平效率观，分别是"公平效率交替"论、"效率优先、兼顾公平"论、"公平优先"论、"公平与效率统一"论和"区别对待"论。[2] 此外，还有学者提出"互促同向变动"论[3]、"多维交互作用"论[4]、"互补关系"论[5]等论点。有学者认为，公平与效率本质上是一个社会历史问题，前者决定于人类活动的目的，后者决定于社会结构与社会制度的合理化。[6] 有学者认为，差异与同一的关系决定着平等与效率的关系，从某种程度上说，平等往往表现为求同，效率往

---

[1] [美]约翰·罗尔斯：《正义论》，何怀宏等译，中国社会科学出版社1988年版，第251—252页。

[2] 张华、黄修卓：《公平与效率关系研究述要》，《学术论坛》2011年第2期。

[3] 刘佑铭：《论公平与效率"互促同向变动"的内在关联性》，《华南师范大学学报》（社会科学版）2011年第2期。

[4] 宋圭武、王渊：《公平、效率及二者关系新探》，《江汉论坛》2005年第9期。

[5] 李丹阳：《公平与效率的互补关系探析》，《学术研究》2007年第1期。

[6] 晏辉：《公平与效率如何可能：社会哲学的分析》，《郑州大学学报》（哲学社会科学版）2002年第4期。

往表现为求异。① 效率既是公平的前提，也是提高社会公平水平的保障，但效率的实现要以公平作为制度性条件，受到公平的制约，换而言之，效率具有公平之维度②，相应地，公平也具有效率之维度，公平与效率的统一实质上是基于差异和同一的差异性正义与同一性正义的协同效率③。因此，效率价值的根本意义，在于效率本身内涵的道德的善，效率即符合人类社会一定的发展规律、目的意义和道德规范。④ 人生价值最大化是处理公平与效率关系的基本精神。⑤ 还有学者认为，公平与效率不是一般意义上的关系，而是一种结构性关系，公平与效率存在经济效率与经济公平、社会效率与社会公平、人类效率与人类公平三层结构关系，在不同的层面上效率与公平的关系各有不同，不同层面间亦具有特定的结构关系。⑥

在我国社会主义建设过程中，如何处理公平与效率的关系也是一个重大的理论与实践问题，并由此产生了许多争论和探索。"效率优先，兼顾公平"是我国在改革开放初期提出的政策，但随着我国经济社会的发展，社会不公成为社会的突出矛盾，是否需要修改、如何修改"效率优先，兼顾公平"政策成为学术讨论的一个热点问题。有学者认为，只要经济活动主体平等，市场规则科学合理，执行规则客观公平，则无论对优胜者还是劣汰者，都应当是公平的。⑦ 这实质上是强调效率优先，结果公平则被排除在外了。还有学者认为，"效率优先，兼顾公平"可以不必再提，但决不可倒过来，社会公平仍然应在"效率优先"的前提下来实现。⑧ 此外，还有学者提出"效率、公平并重，兼顾平等"⑨ "规则公平

---

① 易小明：《从差异与同一角度看平等与效率》，《湘潭大学学报》（哲学社会科学版）2009年第6期。
② 易小明、赵永刚：《论效率的公平之维及其限度》，《天津社会科学》2010年第6期。
③ 易小明、曹晓鲜：《正义的效率之维及其限度》，《哲学研究》2011年第12期。
④ 王京跃：《试论效率伦理》，《哲学动态》2007年第6期。
⑤ 贺汉魂、王泽应：《效率与公平的价值内涵及其关系新论》，《哲学动态》2010年第3期。
⑥ 史瑞杰：《效率与公平：社会哲学的分析》，山西教育出版社1999年版，第56—74页。
⑦ 周德海：《也谈"效率优先、兼顾公平"的分配原则——与韦朝烈同志商榷》，《社会科学》2002年第2期。
⑧ 蒋学模：《"效率优先，兼顾公平"的原则是否需要修改》，《学术月刊》2007年第5期。
⑨ 李杰、徐太军：《对"效率优先，兼顾公平"政策的新思考》，《西南民族大学学报》（人文社会科学版）2007年第3期。

优先，兼顾分配公平"① "公平优先于效率"② 等论点。这些讨论对澄清效率与公平的关系，确定我国社会的未来发展方向具有一定的参考意义。

(二) 教育的效率与公平

大致说来，教育的效率与公平成为学术研究的主题是随着近现代以来教育公共化、国家化而形成的。进入 20 世纪以后，教育的效率与公平问题更是越来越为研究者所关注。

教育效率开始时一般用"教育经济"（economics of education）表示，后来才有学者采用"教育效率"（efficiency in education）一词，但两者的意思大致相同，都可以表示为"教育支出与教育质量间的最优关系"③。在有关教育效率的研究中，寻找教育效率的影响因素和测量教育的效率是研究的重点。有学者认为，效力（effectiveness）、效率（efficiency）、响应性（responsiveness）和真实性（fidelity）等将教育系统与形成教育政策的教育、经济、政治和社会等因素联系了起来。④ 有学者考察了欧洲公立高等教育机构以后认为，经济规模、职工的数量和结构、资金的来源和职工性别比对高等教育机构的效率有显著影响。⑤ 还有学者研究发现环境改善是推动落后学区质量提高的首要因素，而技术进步则是先进学区提升质量的推动力。⑥ 但是，有学者认为，选择、多样化和市场并不能提高教育的质量和效率。⑦ 有学者考察了我国高等教育生产力的增长效率，发

---

① 李素文：《关于"效率优先，兼顾公平"的法经济学评述》，《山东社会科学》2006 年第 12 期。

② 王常柱、武杰：《试论现阶段公平对于效率的优先性》，《伦理学研究》2010 年第 1 期。

③ Friedrich Edding, "Efficiency in Education", *International Review of Education*, Vol. 10, No. 4, 1964, pp. 393 – 403.

④ Fred S. Coombs, Günther Lüschen, "System Performance and Policymaking in West European Education: Effectiveness, Efficiency, Responsiveness, and Fidelity", *International Review of Education*, Vol. 22, No. 2, 1976, pp. 133 – 153.

⑤ Joanna Wolszczak-Derlacz, Aleksandra Parteka, "Efficiency of European Public Higher Education Institutions: a Two-stage Multicountry Approach", *Scientometrics*, Vol. 89, No. 3, 2011, p. 887.

⑥ Andrew L. Johnson, John Ruggiero, "Nonparametric Measurement of Productivity and Efficiency in Education", *Annals of Operations Research*, Vol. 221, No. 1, 2014, pp. 197 – 210.

⑦ Kathryn Riley, Margaret Maden, Jonseph Murphy, "Big Change Question: Has Choice, Diversity and Marketization Improved the Quality and Efficiency of Education?", *Journal of Educational Change*, Vol. 4, No. 1, 2003, pp. 63 – 80.

现我国高等教育生产率提高的主要动力来源于技术进步。① 对于义务教育，政府对学校的管理程度和校际间的竞争氛围对教育生产效率有显著影响。②

对教育效率进行测量也是教育效率研究的一项重要工作。有学者指出，指标法、教育增值法和前沿效率分析方法等是计量义务教育财政效率的几种方法，其中指标法适于对政府的评价，教育增值法和前沿效率分析方法更加适合对学校的评价。③ 数据包络分析法（data envelopment analysis, DEA）是当前我国教育效率测量运用较多的一种方法。但安东尼·罗尔（Anthony Rolle）指出，教育生产效率研究的最终目的，是扩大和改善提供给孩子的教育机会的数量和质量。④ 教育效率测量有多个层面，既有国与国之间的测量比较，也有地区间的测量比较，还有对某一教育领域教育效率的测量和确认。如有学者通过国与国之间的比较发现，环境变量对教育产出具有显著影响，从而使各个国家的教育各具特色。⑤ 有学者对我国各省市高等教育产出效率进行比较后发现，我国高等教育产出效率在区域上呈中部高、东部和西部低的态势。⑥ 还有学者特别对农村普通小学的资源配置效率进行了测量评价。⑦

有研究指出，效率是教育政策制定的重要选项，教育政策的制定过程和运行过程都对教育政策积极作用的发挥具有重要影响。⑧ 另外，有学

---

① 赵彦志：《我国高等教育生产率增长、技术进步与效率变化》，《财经问题研究》2011年第6期。

② 郭俞宏、薛海平：《我国义务教育生产效率及其影响因素研究》，《教育发展研究》2011年第3期。

③ 丁建福、成刚：《义务教育财政效率评价：方法及比较》，《北京师范大学学报》（社会科学版）2010年第2期。

④ ［美］安东尼·罗尔：《关于教育生产效率研究的思考》，刘亚荣、丁延庆译，《教育研究》2007年第3期。

⑤ Claudio Thieme, Víctor Giménez, Diego Prior, "A Comparative Analysis of the Efficiency of National Education Systems", *Asia Pacific Education Review*, Vol. 13, No. 1, 2012, pp. 1–15.

⑥ 崔玉平：《我国高等教育产出效率的区域比较》，《苏州大学学报》（哲学社会科学版）2010年第3期。

⑦ 秦惠民、杨娟：《农村普通小学总体资源配置的效率评价：1997—2008年》，《清华大学教育研究》2011年第5期。

⑧ 孙华：《百年来高校招生政策中的效率分析》，《黑龙江高教研究》2007年第5期。罗志敏：《教育政策的运行原则与效率分析》，《河南师范大学学报》（哲学社会科学版）2007年第6期。罗志敏、黄明东：《教育政策过程与效率：一种宏观的视角》，《教育研究与实验》2009年第2期。

者考察了教育中的效率崇拜，认为在公共教育管理中，效率崇拜是一种主导性的力量。比如团队教学实质上是一种提高教师效率的方式；教学机器之所以被推崇，是因为它们能提高生师比，减少每位学生的教学费用。[1]

在教育公平的研究上，国外与我国在研究范畴和观点上有许多相似之处，比如，都认为教育是促进社会公平的重要手段，政府在促进教育公平上担负着重要责任等。有学者指出，社会公平是教育政策和实践的关键概念。[2] 教育内在地蕴含着理解的功能，包含了一种天然的与他人的伦理关系，因而教育能将人导向社会，追求公正。[3] 教育公平与社会公平互为基础、相互制约、相互促进，教育公平对促进社会公平有重要意义，社会公平对促进教育公平同样有重要意义。[4] 有学者通过国别比较研究表明教育公平与社会和谐存在显著正相关关系，认为教育通过结果分配与学习者社会化直接或间接地影响社会和谐。[5]

当前我国学界对教育公平的含义并没有取得一致，在教育公平的本质、内涵、范围、层次、维度和特点等都有一些分歧和争论。造成这些分歧和争论的原因是多种的，既有教育公平问题本身的多层次性、复杂性的原因，也与教育公平研究的多领域性、多层次性及研究的深度等因素有关。但在许多方面还是有比较一致的观点，比如认识到教育公平的原则包括平等原则、差异原则和补偿原则；[6] 教育公平是一个关系范畴，而非一个实体概念；[7] 教育公平包括教育权利均等、教育起点公平、教育过程公平和教育结果公平等几个方面。在教育公平研究的具体议题上，

---

[1] Raymond E. Callahan, *Education and the Cult of Efficiency*, Chicago: The University of Chicago Press, 1962.

[2] John A. Clark, "Social Justice, Education and Schooling: Some Philosophical Issues", *British Journal of Educational Studies*, Vol. 54, No. 3, 2006, pp. 272 – 283.

[3] Clarence M. Joldersma, "Education: Understanding, Ethics, and the Call of Justice", *Studies in Philosophy and Education*, Vol. 30, No. 5, 2011, pp. 441 – 447.

[4] 郝文武：《教育公平与社会公平相互促进的关系状态和基本意义》，《北京师范大学学报》（社会科学版）2011年第4期。

[5] 薛二勇：《教育公平与社会和谐关系的实证分析》，《清华大学教育研究》2009年第5期。

[6] 褚宏启：《关于教育公平的几个基本理论问题》，《中国教育学刊》2006年第12期。

[7] 李润洲：《教育公平探析》，《江西教育科研》2006年第11期。

国内和国外各有其特定的主题。国外主要关注教育的性别平等和种族公平，国内主要集中在教育的城乡差别、区域差别和阶层差别上，其中包括农村教育、农民工女子教育、民族地区教育公平、重点学校及择校问题等方面。对于如何实现教育公平，国外注重以教育民主和教育多样化来实现，国内则更加注重国家的统筹规划，注重教育资源的均衡配置。国内推进教育公平的方法和策略主张，综合起来，大致可表述为：确立理念，加大投入，深化改革、健全制度，注重均衡、侧重补偿。[1] 就基础教育的价值导向来说，当前我国基础教育应逐渐从"效率优先，兼顾公平"转到"更加注重公平"上来。[2] 要建立和完善政府问责机制、教育资源使用的监督机制和对落后地区、薄弱学校、弱势群体的补偿机制。建立各级各类学校的国家办学基准和教育质量监控体系，加快教育人事制度改革，促进教师均衡配置。根据我国当前的教育现实，我国公共教育资源应当侧重向农村地区、中西部地区，向薄弱学校和弱势群体倾斜，通过侧重补偿切实缩小地区间和群体间的教育差距，实现教育的均衡发展。[3]

政府是促进教育公平的重要主体，应在教育公平的实现上起主导作用。有学者认为，在教育公平上，政府应承担的基本责任包括：保障教育机会的均等和权利平等；投资于基本的教育公共服务与基础设施并均衡配置教育资源，提供有质量的教育，尽可能地维护教育过程的公平；提供多样性、个性化的教育服务，从而保证差异公平；保护与扶持处境不利人群，以实现弱势补偿原则；建立以公平为导向的政策与法律环境。[4] 教育公平的需求必然要求教育财政的公平分配。但是，教育财政的不公平分配是教育公平的一个难题。有学者研究美国亚利桑那州的公共教育课税津贴（public education tax credit）的配置后发现，符合"减免就餐计划"（free/reduced meal program）比例越高的学区，生均获得教育课

---

[1] 龙安邦、范蔚：《我国教育公平研究的现状及特点》，《现代教育管理》2013年第1期。
[2] 吴莹：《从"教育效率优先"到"更加注重教育公平"——基于30年来中国基础教育改革的政策视域》，《教育探索》2010年第11期。
[3] 第七战略专题调研组：《加强统筹协调，促进教育公平》，《教育研究》2010年第7期。
[4] 盛冰：《转型时期政府的教育公平责任及其边界》，《教育研究》2007年第3期。

税津贴额就越少。① 有学者认为，教育财政的分配实质上是多种政治因素影响的综合结果。公众、商业、地方政府和特殊游说团体等都对教育财政分配有影响。教育主管部门能否实现它们的财政分配目标取决于它所处的政治环境。②

关于教育公平与教育效率的关系，同样也有多种理解。石火学认为，教育公平与效率的问题是教育政策总体上重效率轻公平的结果，其实质是教育政策重社会价值与工具价值轻个体价值，重公共利益轻个体利益且公共利益代表性不够，重事实轻价值。③ 杨东平认为，教育公平是一个独立的发展目标，在义务教育阶段，公平与效率是高度一致的，但在入学机会问题上，与效率无关。④ 彭泽平也认为教育公平与效率是一种弱相关关系，其中任何一方面的提高并不必然导致另一方的提高或受抑制。⑤ 有学者则认为基础教育财政的分权体制可以激励地方政府提高教育供给质量和效率，但应设计适当的补充机制，适度引入中央政府干预。⑥ 还有学者认为两者是此消彼长的替代关系。⑦ 或者认为，最有公平的教育才是最有效率的教育，纯粹教育意义上的教育效率是不存在的，教育公平是教育发展的核心价值。⑧ 但有学者对此并不认同，认为教育公平和教育效率体现的教育个体价值和社会价值两种价值取向，虽各有偏颇，但无法单独存在，两者完全可以在共生中实现。⑨ 受社会经济发展的"效率优

---

① Paul L. Melendez, *Do Education Tax Credits Improve Equity*? Doctoral Dissertation, Arizona: University of Arizona, 2009.

② Ernest Cyril Clintberg. *Changing Understandings of Equity: Alberta's Funding of Public Education (1970 – 2000)*, Doctoral Dissertation, Alberta: University of Alberta, 2005.

③ 石火学：《教育政策视角下的教育公平与效率问题研究》，《清华大学教育研究》2010年第5期。

④ 杨东平：《教育公平是一个独立的发展目标——辨析教育的公平与效率》，《教育研究》2004年第7期。

⑤ 彭泽平：《对教育公平与效率关系的思考》，《中国教育学刊》2003年第5期。

⑥ 丁维莉、陆铭：《教育的公平与效率是鱼和熊掌吗——基础教育财政的一般均衡分析》，《中国社会科学》2005年第6期。

⑦ 邓晓丹：《教育公平的本质：教育平等与教育效率的动态均衡》，《理论前沿》2007年第9期。

⑧ 冉亚辉：《最公平的教育才是最有效率的教育》，《上海教育科研》2011年第2期。

⑨ 何孔潮、杨晓萍：《关怀与理性：教育公平与教育效率的共生》，《上海教育科研》2011年第7期。

先，兼顾公平"原则的影响，20世纪90年代我国教育发展的主流观点也是"效率优先，兼顾公平"，但也有不少学者认为教育应该公平为先。当前主流的观点是兼顾教育公平与效率，实现两者的相容互促，如郝文武认为，实现教育公平必须追求和实现教育平等与教育效率的和谐统一，[①]同时也有不少人认为，教育应该更加注重公平。

（三）课程的效率与公平

从文献上看，专门讨论课程效率的著作并不多见，这似乎与本书的观点有违背之处。但实质上，课程研究的主旨大体上就是要提高课程的效率，历史上各种课程开发的理论大多都是致力于探索有效提高课程效率的开发技术，蕴含着丰富的效率思想和效率倾向。从这个意义上说，正是由于课程效率是课程研究的普遍主题，专门贯以"课程"与"效率"的论著反而显得少了。

但是，由于"课程"作为一个专门研究领域产生得比较晚，"课程效率"作为一个研究主题也是20世纪以来的事。在《大教学论》中，扬·阿姆斯·夸美纽斯系统而详尽地介绍了教学的各种原则和方法，对怎样选择和组织课程内容却极少涉猎。在他看来，"教什么"的问题似乎并不是一个重要问题，他甚至试图做到"将一切事物教给一切人类"，因此他极力想做到的只是找到一种"平易而可靠的"教学法以实现这种理想。

把课程的效率问题作为专门的研究课题可以说始于约翰·富兰克林·博比特和韦瑞特·查特斯（Werrett Wallace Charters）。他们是在科学主义盛行的时代关注到课程效率的，因而他们的课程理论带有深刻的"科技理性"品格，试图运用科学的分析方法对人类的生活经验进行分析、选择和组织，使开发出来的课程具有高度的科学性，从而提高课程的效率，避免教育的低效率和教育资源的浪费。为此，他们分别提出了"活动分析"（activity analysis）和"工作分析"（job analysis）两种"科学的"课程开发方法，推动了课程开发的科学化进程。拉尔夫·泰勒（Ralph Tyler）提出了"被公认为课程开发原理最完美、最简洁、最清楚

---

① 郝文武：《平等与效率相互促进的教育公平论》，《教育研究》2007年第11期。

的阐述,达到了科学化课程开发理论发展的新的历史阶段"①的课程开发的"目标模式",人们习惯称之为"泰勒原理"。"泰勒原理"是在美国经济大萧条的背景下,大批青年回到学校读书,而学校课程不能满足学生的需求,教育质量受到严重影响的背景下提出的旨在为"这类情境"提供一种"可靠而井然的程序"来提高课程效率和教育质量的课程开发模式,具有明显的"科技理性"倾向和效率取向。至20世纪50年代末期,杰罗姆·S. 布鲁纳(Jerome Seymour Bruner)提出了"结构主义"课程开发理论。他认为,"一门学科的课程应该决定于对能达到的、给那门学科以结构的根本原理的最基本的理解"②,换而言之,课程应该围绕一门学科的基本概念、基本原理和基本态度等基本结构要素进行组织,否则就是"不经济的"。20世纪60年代以后,课程研究更多转向课程理解和课程批判,其主旨更多地指向于课程公平,相对而言,课程效率的研究就显得式微了。另外,教学作为课程实施的主要形式,提高教学效率是提高课程效率的重要途径。在教学效率研究上,有两个方面值得一提:一是教学机器的产生以及后来的计算机辅助教学的发展,这是通过科技手段提高教学效率的典型案例,伯尔赫斯·弗雷德里克·斯金纳(Burrhus Frederic Skinner)为机器教学的发展发挥了重要作用;二是有效教学研究,有效教学研究在国外和国内都形成了一系列的研究成果,具有一定的影响力,对提高教学效率起到了积极作用。

  课程理论在创立之初,主要以技术理性为基础,追求课程编制的标准化和效率化。此时的课程理论认为课程是价值中立的,课程的价值和公平问题并没有受到关注。笔者认为,最先关注到"课程公平"问题的课程学者应该是约瑟夫·施瓦布(Joseph Jackson Schwab)。约瑟夫·施瓦布在反思结构主义课程改革失败的原因时注意到将教师排除在外是课程改革失败的主要原因之一。他认为课程改革应该综合、平衡多方面的力量,采用"审议"的方式来决定课程。约瑟夫·施瓦布首次注意到了不同课程力量的差别及平衡问题,并提出采用"审议"的方式来解决这一

---

① 张华:《课程与教学论》,上海教育出版社2000年版,第10页。
② [美]杰罗姆·S. 布鲁纳:《教育过程》,邵瑞珍译,文化教育出版社1982年版,第47页。

问题，其实质是要实现课程决定过程的公平。进入20世纪60年代，课程的价值和公平问题成为课程研究的核心课题。一大批课程学者深入地考察了课程中暗含的符号、价值观、权力、意识形态等因素，揭示出课程中大量存在的对抗和斗争，使课程再也不能保持"中立"的姿态。人们越来越清楚地认识到课程实质上是社会竞争和权力斗争的综合体，课程从来都是价值负载的，代表着某些身份集团的价值观和利益，是导致社会分层、阶层分化的重要因素，课程是导致社会不公正的一个因素。课程学者们以政治学、社会学等多学科视角对课程进行了深入的剖析，使人们对课程的本质有了更深入的理解。英国的麦克·F. D. 扬（Michael F. D. Young）、巴兹尔·伯恩斯坦（Basil Bernstein），法国的皮埃尔·布迪厄（Pierre Bourdieu）、迈克尔·W. 阿普尔（Michael W. Apple）是这一运动的杰出代表。

麦克·F. D. 扬揭示了课程的"社会文化再生产"（social and cultural reproduction）机制。他认为，课程知识是"社会地、历史地建构的"，反映的是社会文化的选择，这种选择与统治阶级的意识形态、主流价值观和信念相适应。巴兹尔·伯恩斯坦用分类（classification）和架构（frame）来探讨权力、社会控制和课程知识的关系。知识的不同分类和不同架构形成不同类型的课程知识，形成不同的"教育知识编码"（educational knowledge code）。他区分了两种类型的教育知识编码：集合编码（collection code）和整合编码（integrated code）。课程因此分成两类：集合型课程和整合型课程。学校课程是以正式语言编码呈现的，因此对中产阶级有利而对劳工阶级不利，课程通过语言的运用产生了社会不平等。皮埃尔·布迪厄认为，教育是文化再生产的工具，它再生产了社会财富和权力的不平等，并使之合法化，这是因为教育传递的是被统治阶级界定为"合法的"文化——一种"贵族文化"[①]，课程知识通过"文化资本阶层化分配"得以再生产，并在教育过程中再生产了阶层和阶级。迈克尔·W. 阿普尔以"意识形态与课程"研究而称著。他认为，课程及课程发展的背后受隐藏的价值观念或意识形态的控制，知识是"文化资本"或"政治文化权力"（political-cultural power）的反映，它们在历史情境

---

① 吴永军：《课程社会学》，南京师范大学出版社1999年版，第72页。

和社会结构中被控制和曲解。课程知识的选择和分析不是技术问题，而是社会各阶级、阶层之间政治、经济、文化权力之间相互作用的产物，是"显性的或潜在的价值冲突的产物"[①]。意识形态、权力和霸权是决定课程知识选择的重要因素，其结果是课程知识被不均匀地分配给不同的人或团体。

我国课程公平研究最早从课程社会学研究开始，主要是关注课程中的权力和意识形态运作以及课程分化与不平等。吴永军的《课程社会学》（1999）、吴康宁的《课程社会学研究》（2003）比较系统地从宏观和微观两个层面研究了课程的运行机制和权力分配，揭示了课程中的不公平现象及其形成机制。进入21世纪以后，课程公平开始突破课程社会学的范畴，逐渐以一个相对独立的议题进入研究者的视野，学者们不再局限于揭露课程及其运作过程中的各种不公平现象和因素，还致力于不断拓宽课程公平的理论基础，探讨课程公平的实质以及实现课程公平的方法和途径。目前看来，课程公平研究主要在基本理论构建、课程区域公平、校本课程公平、教学公平等方面着力。比如王勇鹏以伦理学为视角对课程公平的基本理论进行了探索。他以应得伦理学为基础，探讨了"学生应得什么样的课程支持"和"学生应得的支持如何实现"两个问题，其结论是：学生应得促其获得应得发展的基础性课程支持，"多元选择性课程制度"是实现课程公平的现实制度保障。[②] 熊和平认为，教育公平的核心是课程公平，衡量课程是否公平的主要维度有求知功能的假定、求知内容的安排、求知方式的选择、求知条件的提供和求知结果的评价等。[③] 还有学者认为，公平性是基础教育课程政策的必备品格，课程政策的制定必须优先考虑公平原则，保障弱势群体的基本权利。[④] 有学者从课程结构的角度来考察课程公平，认为好的课程结构应遵循平等原则、需要原则和补偿原则，强调其均衡性、综合性和选

[①] 吴永军：《课程社会学》，南京师范大学出版社1999年版，第76页。
[②] 王勇鹏：《应得与公平——课程公平的研究》，博士学位论文，湖南师范大学，2008年。
[③] 熊和平：《论课程公平及课程改革》，《教育导刊》2007年第1期。
[④] 郭晓明：《论基础教育课程政策的公正问题》，《教育理论与实践》2002年第4期。王玲：《教育公平视野下的课程政策研究》，《辽宁教育研究》2008年第5期。

择性。① 校本课程开发由于其强调民主参与，重视地区差异和学生个性发展，强调多元化、个性化的评价而有利于学校的多元化、特色化发展，体现了课程公平的精神，有利于教育公平的实现。② 但是，也有学者认为，校本课程同样可能造成课程不公平，特别是学校间的差距扩大，这是因为"由于不同学校受办学历史、师资力量与传统文化等因素的影响，学生的求知机会存在城乡之间、学校之间的巨大差别"。③ 所以，校本课程同样需要建立一定的机制，采取一些措施以保障课程公平。④

由以上分析可知，社会效率和社会公平是学术研究的重大问题。在长期的研究和探索中，许多哲学家、政治学家、经济学家提出了流派众多的学说，积累了丰富的研究成果，同时也对社会实践和社会发展产生了深远的影响。教育效率和教育公平，特别是教育公平，已经获得了学者的普遍关注，形成了一种有影响的研究气候，正在改变和指引着世界教育的发展趋势。但是，进一步分析可以发现，当前教育效率研究更多地集中于对教育外部效率的考察。换而言之，就是考察教育对社会的贡献效率，或者集中于对教育产出效率的测量，如采用 DEA 测量某区域的教育产出效率，但对教育效率如何形成、教育效率在教育系统中的地位如何等问题没有深入地研究和考察。教育公平研究则更多关注教育资源的配置，其主要手段是政府主导、机制改革、资源补偿。简而言之，当前教育效率与教育公平研究是一种侧重提高教育外部效率，以外部调控促进教育公平的研究，没有真正深入教育系统的内部研究教育效率的内在存在和生成机制，也没有深入揭示教育公平的内层结构和内在意蕴。这种研究很难真正提高教育的内在效率，也很难使教育公平超越起点公平，走向过程公平和结果公平，更难以真正处理好教育公平与教育效率的关系。

课程是教育的重要组成部分，也是教育目的达成的主要途径。如果说教育资源配置和教育机制改革是提高教育效率和促进教育公平的外部

---

① 王勇鹏、皮华英：《新高中课程结构的公平审视与改革建议》，《湖南师范大学教育科学学报》2012 年第 3 期。
② 鲁艳：《校本课程开发：教育公平的体现》，《江西教育科研》2001 年第 4 期。
③ 熊和平：《区域内义务教育课程公平的学校文化视角》，《教育研究》2011 年第 5 期。
④ 周勇：《校本课程的校际差异与区域基础教育公平》，《教育研究》2011 年第 5 期。

动力，那么提高课程效率和促进课程公平则是提高教育效率、促进教育公平的内部驱力，也是教育资源配置和教育机制改革得以充分发挥作用的必要条件，更是教育从起点公平走向过程公平和结果公平的主要途径。从这个意义上说，课程效率与课程公平研究是既具有重要的理论意义又具有紧迫的实践意义的课题。纵观课程研究的历史，我们发现，虽然课程效率与课程公平的精神和要素构成了课程理论的重要部分，但缺乏深入剖析课程效率或课程公平的内在机理，系统论证课程效率或课程公平的合理性，揭示课程效率或课程公平的达成机制的研究，更缺乏将课程效率和课程公平放在效率与公平的矛盾关系中进行考察，以辩证的方法寻找课程效率与课程公平的关系，揭示课程效率与课程公平的矛盾运动和实践表现的研究。这种研究的缺乏在理论上使课程理论对效率与公平在课程实践上的作用和影响难以系统全面地把握，导致了课程理论缺乏一条重要的理论主线，从而不利于课程理论对课程实践的全面深刻理解，也不利于课程理论对课程实践的现实指导作用的发挥。这种研究的缺乏在实践上也造成了多种影响，或使课程效率的提升缺乏科学指导，流于盲目；或使课程实践无视效率，陷于低效；或使课程效率主义过度膨胀，凌越人性；或使课程公平缺乏，失之合理；或导致课程公平主义，陷于庸俗；或使课程公平流于形式，耽于草率。总之，难以确定课程效率和课程公平在课程实践中的合理地位，辩证处理课程实践中效率与公平的关系，影响了课程实践效果、效益的最优化达成。

三　研究的目的和意义

本书旨在通过对基础教育课程改革中的效率和公平问题进行深入考察，揭示效率和公平在课程改革中的表现和实现方式，以期有助于理解效率与公平在课程实践中的地位、作用机制和影响，在课程实践中正确处理课程效率与课程公平的关系。具体说来，本书有以下几个目的：第一，以效率与公平的视角考察基础教育课程改革的某段历史历程，揭示基础教育课程改革中效率取向与公平取向的影响，深化对基础教育课程改革的认识。第二，系统考察效率取向和公平取向在基础教育课程改革中的产生和实现方式，揭示效率和公平在基础教育课程实践中的作用机理，深化对课程的效率品质和公平品质的认识。第三，考察基础教育课程改革中效率与公平的矛盾关系和演化机制，为效率与公平的矛盾关系提供合理性论证，探寻辩证、合理判断课程实践中效率与公平关系的理论依据。第四，为我国未来基础教育课程改革价值取向的确立提供理论论证，以期有助于我国基础教育课程改革的顺利、有效推进。

本书的理论意义在于通过考察基础教育课程改革中的效率和公平问题，深化对课程效率和课程公平的认识，有助于拓宽课程研究的视角和视域，深化对课程改革的发展历程和发展动力的认识，推进课程理论建设。以效率和公平作为考察基础教育课程改革历史进程的一条主线，揭示了效率与公平在课程实践中的作用和影响，弥补了课程理论对课程效率和课程公平及两者关系进行系统考察的缺失，进而深化了对课程本质和课程发展的理论认识，因而对课程理论的推进具有一定的积极意义。本书的实践意义在于通过考察效率与公平在课程实践中的表现和实现方式，揭示效率与公平在课程中的作用和影响，有助于辩证地处理课程实践中效率和公平的关系，采取科学的方式有效地提高课程效率，促进课程公平，最终提升课程的实践品质。

四 研究的思路和方法

本书从历史和逻辑两个方面来考察基础教育课程改革中的效率和公平问题，做到历史与逻辑的统一。首先，厘清效率与公平等概念的含义，从而推导出课程改革中效率与公平的含义，为研究搭建基础的理论范畴和理论框架。其次，以基础教育课程改革的历史发展为线索，从效率与公平的角度考察自新中国成立以来和美国20世纪以来基础教育课程改革的历程，揭示效率取向和公平取向在不同历史阶段的表现方式和组合形式，为研究提供历史依据。再次，分别考察效率诉求和公平诉求在基础教育课程改革中发生作用的理论依据和时代背景，探寻效率和公平在特定历史阶段发生作用的依据，并揭示效率诉求和公平诉求在课程中的实现方式，揭示效率与公平在课程实践中的作用机理，从点的层面为课程改革中效率和公平的作用提供理论阐释。进而，考察基础教育课程改革中效率与公平的相互作用，并试图从理论上解释效率与公平的矛盾关系及其形成逻辑，寻找课程实践中效率与公平的结合点，为辩证处理课程实践中效率与公平的关系提供理论依据。最后，对我国未来基础教育课程改革进行展望，并提出建议。

  本书主要采用历史研究法、文本分析法、矛盾分析法等方法展开研究。采用历史研究法，梳理自新中国成立以来和美国20世纪以来基础教育课程改革的历史进程，揭示效率取向和公平取向在不同历史时期的具体表现和现实影响。采用文本分析法，进行课程政策分析和课程文本分析等，考察效率诉求和公平诉求的实现方式，揭示效率与公平在课程实践中的作用机理。采用矛盾分析法，考察基础教育课程改革中效率与公平的矛盾关系，以找到效率与公平的结合点和结合方式，探寻辩证处理基础教育课程改革中效率与公平关系的理论依据。

第一章

效率与公平

效率与公平普遍存在于社会的各个领域，深入社会生活的各个层面，广泛影响着一个社会的政治、经济、文化、生活等各个方面。因为如此，效率与公平是很多学科共同的研究课题，具有很强的跨学科性。正如有学者所言："效率与公平几乎涉及人文社会科学各个领域，覆盖面广，渗透力强，相互关系错综复杂。"[①] 也正因为如此，效率与公平在不同领域具有不同的内涵和外延，在各学科中的具体议题、话语体系和理论体系也各有不同。研究基础教育课程改革中的效率与公平问题，首先要对效率与公平的含义进行梳理，厘清效率与公平在基础教育课程改革中的含义，才能为研究的进行奠定坚实的理论基石与合理的论域。

一 效率与公平的含义及关系

历史上对效率和公平的研究，主要集中于哲学、经济学和政治学等学科。这些学科对效率和公平的探索为我们提供了丰富的理论和思想源泉，但教育毕竟有自身特定的性质和特征，教育领域的效率与公平和经济、政治领域的效率与公平既具有一定的共通之处，也必然有其自身特定的含义和表现，因而一方面需要从哲学、经济学和政治学的研究成果中梳理效率与公平的含义，透析出具有普遍意义的内涵与基本范畴；另一方面需要在这个过程中寻找效率与公平在教育学中的理论基因和基本范畴，确定效率与公平在教育学中的基本论域。

---

① 郭志鹏：《公平与效率新论》，解放军出版社2001年版，第99页。

(一) 效率

效率的英文是"efficiency"。据《韦伯斯特大学英语词典》介绍，该词最早使用于1633年，其基本含义有两点：一是指达到有效的品质或程度。二是指有效的操作；用产出与耗费的比较来衡量的有效操作；提供给一个动力系统的能量与这个系统所释放的能量之间的比率。比"efficiency"出现更早的一个词是其形容词"efficient"，早在14世纪就已经开始使用。据《韦伯斯特大学英语词典》的词源学分析，"efficient"是来自中古法语或拉丁语的中古英语，而"efficient"作为中古法语，则来自拉丁语的"efficient-"或"efficiens"，是"efficere"的现在分词。其意思是：1. 作为产生效果的直接媒介；2. 能产生所希望的效果，特别是没有浪费地产生。在汉语中，"效率"是一个复合词，由"效"和"率"组合而成。在《汉语大词典》中，"效"即效果、功效，"率"即比例、比率，"效率"则是单位时间内完成的工作量。从效率的词语分析中可以看出，效率具有结果取向、目的取向和功利取向的特性。也就是说，对效率的衡量是以结果、目的或有用性为标准的。效率更关注事物或活动的产出，对结果的关心甚于对过程的关心。效率更关心事物或活动之于目的的关联性，往往将无关于目的的事物或活动排斥于效率之外。效率以有用性为评价标准，"无用之物"被定义为"浪费"，不但被视为无效的，甚至被视为是有害的。效率还是一种比较关系，"有用性"或"效果"是比较的分子，分母则随不同的领域有所不同：在生产速度上，时间是比较的分母；在资源上，比较的分母则是消耗。简而言之，效率的分子总是产出，分母则依具体领域或度量方式而定。这既反映了效率的结果取向、目的取向和功利取向，又体现了效率存在的普遍性和具体性。

古代社会没有明确自觉的效率观念，即使在现实生活中追求效率的行为无处不在。在古代社会，社会生产效率的提高主要以自然前进的形式发展。现代意义上的效率观是随着科学的发展而产生和形成的，并随着资本主义的发展不断凸显出来。对此，丹尼尔·贝尔（Daniel Bell）曾这样论述："从稍早于150年前开始，现代西方社会才掌握了从前所有社会不知道的一个秘密，即以和平的手段稳步增加财富和提高生活水平。"

"现代西方社会所掌握的秘密就是生产率,即以一定量的资本开支和一定量的劳动力来获得多于一定比例的产品的能力;或者简单些说,现在社会可以'以较少的力气或较少的成本而得到较多的东西。'"① 古代社会更没有系统的效率理论。约瑟夫·熊彼特(Joseph Alois Schumpeter)认为,在古希腊留下的遗产中,初步的经济分析是一个微小的甚至是很小的成分。他们的经济学未能取得独立的地位,甚至没有与其他学科相区别的标签:他们的所谓经济(economicus)仅指管理家庭的实际智慧。古希腊的经济思想,也许在柏拉图与亚里士多德的著作中才可以发现一鳞半爪。② 在经济学史上,系统的效率理论可以说直到亚当·斯密的《国民财富的性质和原因的研究》才得以出现。随后,伴随着资本主义的发展,效率理论不断得到丰富和发展,并扩展到了社会的各个方面。从某种程度上说,效率的概念是现代社会的产物,具有比较明显的现代性特征,效率的内涵也是在现代社会的发展中不断得到揭示、丰富和发展的。

效率的概念最先发育于经济学领域。亚当·斯密认为,效率的提高是社会分工的结果。在《国民财富的性质和原因的研究》中,他一开篇即说:"劳动生产力上最大的增进,以及运用劳动时所表现的更大的熟练、技巧和判断力,似乎都是分工的结果。"③ 当然,分工是建立在每个人自由地在市场上追求自己的经济利益为前提的。亚当·斯密认为,个人在自由市场中追求自己的经济利益,不但能增进自己的利益,也会使社会的利益增大起来。在自由市场中,每个个人"受着一只看不见的手的指导,去尽力达到一个并非他本意想要达到的目的。也并不因为事非出于本意,就对社会有害。他追求自己的利益,往往使他能比在真正出于本意的情况下更有效地促进社会的利益"④。在亚当·斯密的理论中,效率被严格界定在了经济效率的范畴内,并且效率的提高完全是自由市

---

① [美]丹尼尔·贝尔:《后工业社会的来临》,高铦等译,新华出版社1997年版,第300页。
② [美]约瑟夫·熊彼特:《经济分析史》(第一卷),朱泱、孙鸿敬、李宏、陈锡龄译,商务印书馆1991年版,第87—88页。
③ [英]亚当·斯密:《国民财富的性质和原因的研究》(上卷),郭大力、王亚南译,商务印书馆1972年版,第5页。
④ [英]亚当·斯密:《国民财富的性质和原因的研究》(下卷),郭大力、王亚南译,商务印书馆1974年版,第27页。

场规律的结果，市场的运行不能受主观的强制性支配，"如要特别鼓励特定产业，违反自然趋势，把社会上过大一部分的资本拉入这种产业，或要特别限制特定产业，违反自然趋势，强迫一部分原来要投在这种产业上的资本离去这种产业，那实际上都和它所要促进的大目的背道而驰。那只能阻碍，而不能促进社会走向富强的发展"①。但是，由于市场天生的盲目性和滞后性，在大规模的资本主义经济运行中市场的作用会不时失灵，引起一次次经济危机，给社会带来沉重打击。为了克服市场的这种缺陷，管理是必不可少的。实质上，管理天然地就存在于经济活动中，只不过在亚当·斯密的经济学理论中仅仅指个人的经济管理行为而已。但在大规模的经济运行中，需要经济体从总体的层面上对经济运行进行规划和管理，以避免市场的失灵和无序。于是，管理效率被引入了经济领域，企业是各经济实体的实际管理者，而政府是国家经济管理的总代表，管理和调节着本国的经济运行。这时，效率具有了或多或少的计划性因素。当政府作为一种管理力量介入经济以后，管理就不再仅仅是经济意义上的了。政府不但要管理和调节本国的经济运行，还承担着政治管理、社会管理等任务，在这种情况下，政府总是将经济管理、政治管理和社会管理统一起来，使社会经济、政治、文化的发展相互协调、相互促进。于是，效率在这里突破了经济效率的范畴，走向了社会效率。

如果说经济效率仅仅指国民财富生产的效率的话，那么社会效率除此之外还具有伦理意义，即效率不但要考虑经济效率的高低，还要考虑这种经济效率的社会影响和社会作用，以及在特定的社会群体中的合理性。"经济效率"这个概念建立在"经济人""个体人"假设的基础上，暗含着经济活动具有天然合理性的假设，将经济活动看成是一个价值无涉的过程，经济活动的结果无须考虑其他人或社会群体。"社会效率"这个概念则建立在"社会人""关系人"假设的基础上，将人看作社会的一员而不是一个独立的个体，个人的活动会对其他社会成员产生影响。能扩大经济产出、提高经济效率的活动不一定能促进社会福利、提高社会效率，如果这种活动是以损害一部分人的利益为代价的话。这种代价可

---

① [英]亚当·斯密：《国民财富的性质和原因的研究》（下卷），郭大力、王亚南译，商务印书馆1974年版，第252页。

能大于经济产出，也可能小于经济产出，但只要这种活动不具有伦理意义上的正义性，它就不能做到提高经济效率的同时提高社会效率。历史上关于公平与效率的诸多分歧和争论，在某种程度上与学者对效率的认识和界定不同有关。亚当·斯密、弗里德里希·哈耶克、米尔顿·弗里德曼和罗伯特·诺齐克等人所言的效率大多指纯粹的经济效率；约翰·博德利·罗尔斯的正义理论中的效率则带上了一些社会效率的色彩；阿瑟·塞西尔·庇古（Arthur Cecil Pigou）、约翰·希克斯（Hicks, John Richard）等人以社会效率替代了纯粹的经济效率，在此基础上提出了福利经济学，着眼于提高社会的福利水平和社会效率；卡尔·海因里希·马克思的科学社会主义理论中的效率则直接将社会效率作为评价社会进步的标准，纯粹的经济效率的合理性经过马克思对资本主义经济的批判在很大程度上被削弱了。

以上论述可知，效率是一个具有多义性的概念。这种多义性不但源于人们对效率的认识和理解各有不同，更根本地来源于活动的多样性。效率在本质上是对活动的度量，而活动具有从无生命的物质活动到人的社会活动等多个层次。在不同的层次上，效率的具体内涵和意义都有所不同。有学者对各种物质运动的效率做了如下分类：1. 无生命的自然物的运动效率；2. 自然界的生物的运动效率；3. 具有自然和社会两重性的人的运动效率；4. 人造物特别是机器的运动效率。[1] 笔者认为，可以按活动的性质对效率划分为物理活动的效率、生物的活动效率、人的活动效率和社会组织的活动效率四个层次。在最一般的意义上说，效率就是投入跟产出的比率。有学者从哲学的角度对此给出了这样的定义："所谓效率，乃是其特定的结果与导致结果的特定过程之间的关系，是其所实现的与所耗费的二者之间的比率。"[2] 但在不同的层次，由于投入和产出的具体内容和方式不同，效率的具体内涵也各有不同。对物质活动而言，效率的概念是机械意义的效率，其投入完全是外界控制的，其产出完全取决于物体的机械结构，因而物质活动的效率是一种他主性的效率。生物的活动效率是指具有运动能力的生物由于自身运动对外界产生的作用

---

[1] 郭湛：《人活动的效率》，人民出版社1990年版，第50页。
[2] 同上。

与其自身耗费的能量的比率，这种活动区别于物质活动的最大特点在于生物活动具有自主性，其输入和产出均由有机体的自主活动来完成。这两种活动在本质上是自然的，活动的效率从根本上也是由自然规律决定的，我们可称之为自在效率。与此不同，人具有自然和社会两重本质，人的活动不但具有生物意义上的自然性，还具有社会意义上的文化性。人的活动的文化性产生于人在改造自然、社会和人自身的对象性活动中的投入和产出不但有自然意义上的物质、能量和信息，还有只有人类社会才具有的社会文化。事实上，人的活动效率在衡量标准上大大摆脱了自然的维度，主要以文化的维度进行度量。如果说人的活动指的是个人的活动，人的活动效率仅就人自身来说的话，那么社会组织的活动就是指人与人之间以一定方式组成的社会组织的活动。这种活动除了具有人的活动的文化性外，还反映着人与人之间的关系，具有明显的关系性。因而社会组织的活动效率不但是文化意义上的效率，还是社会关系意义上的效率。社会关系作为社会组织活动中投入与产出的重要部分，成为衡量社会组织活动的效率的重要变量。社会组织活动的效率有经济效率、文化效率、政治效率和伦理效率等几种具体形态，这几种具体形态的综合形成了社会效率。本书所指的"效率"主要是指社会组织活动的效率，但在特定论题中涉及人的活动效率。

　　对于如何判断效率的高低，最直接的办法就是计算产出与投入的比值，比值最高的就是最有效率的。这种方法把判断的对象当作一个独立的实体，对外不关注这个实体与其他实体的关系，对内不关注实体的组织结构和成员之间的关系，故将这种判断标准称作"独立标准"。将判断对象看作一个独立的实体，或者一个"黑箱"，以结果的最大化作为效率高低的判断标准，从表面上看来既可行又简单。但实质上，结果最大化有时并不能作为效率高低的标准，特别是当这种结果的产生过程涉及伦理因素时，可能会因为产生过程的不正义而失去作为判断标准的意义。比如，功利主义对效率的判断原则是"最大多数人的最大的幸福量"的产生，这一判断原则就因为会成为多数人剥夺少数人，以强凌弱的借口而饱受抨击。独立标准失之有效的原因就在于它只考虑了总体效率，忽视了对象的内部关系和外部关系，进而否定了局部利益或局部效率的合理性。另一种判断效率的标准可称之为"关系标准"，是从社会组织的内部成员之间的关系进行判断，以成员之间资源配置的优化程度来判断效率的高低，这就是所谓的"帕累托最优"。帕累托最优指的是这样一种状态：如果没有一个人可以在不使任何其他人境况变坏的条件下使自身境况变得更好，那么，这时的资源配置就达到了最优状态。[①] 当资源配置达到最优状态，资源利用的效率也就达到了最高水平。显然，独立标准以投入和产出作为效率的判断标准，关注的是结果，是一种生产型判断标准；而关系标准以成员间的资源配置作为效率的判断标准，关注的是资源的配置，是一种配置型判断标准。配置型判断标准比较好地解决了资源的利用问题，优化了效率产生的投入部分，但它对产出却是不敏感的，它尽力使资源不浪费，却不知道这些资源产生了什么，至少在总体意义上是这样的。关系标准较好地处理了社会组织成员间的关系，但仍存在判断标准失效的可能，因为有时资源得到最优化配置并不意味着每个社会成员的效率达到最高。比如，帕累托最优要么无力解决资源稀缺并且已经到达帕累托最优条件下效率提高的问题，要么就走向功利主义。当然，判断标准不完善并不能否认其有效性，关键是要在某种判断标准的有效范围内使用该标准进行效率判断，使得效率判断既具有有效性又具有合理性。

如果将事物分为静态的组织结构和动态的活动过程两个方面的话，那么提高效率就有优化结构和优化过程两种方式。优化结构就是通过改变事物的组织结构，使之适应环境和发展的需要，从而提高事物活动的效率。优化结构有投入结构优化和组合关系优化两种方式。投入结构优化是指根据生产效率提高的需要，根据一定的规律调整对事物各部分的资源投入的结构关系，从而使资源得到充分利用，最终达到提高效率的目的。对于社会组织而言，完成一项活动总是由数量不等的成员共同完成，不同的成员由于地位、角色和能力等方面的差异，他们对于资源的需求、转化能力以及生产能力各有不同，因此，以合理的投入结构投入资源可以达到资源的最优化利用。"帕累托最优"就是试图通过最优化的投入结构来实现效率的提高。在社会经济、文化发展中，各国利用政策、

[①] 孟祥仲：《平等与效率关系思想研究——经济思想史视角》，博士学位论文，复旦大学，2008年，第64—65页。

财政等手段调节本国的资源配置来提高社会效率也是通过投入结构优化来提高效率的典型例子。组合关系优化是指调整事物各部分的组合关系，使事物内部的组合关系更加合理，有效消除阻碍效率提高的因素，进而实现效率的提高。人类社会从原始社会到资本主义社会的发展历程中，每次生产效率的飞跃在某种程度上来说就是由于阶级关系的调整而解放了被束缚的生产力，从而大大提高了社会生产效率。约翰·博德利·罗尔斯、罗伯特·诺齐克等人对人的基本权利、人与人的基本关系以及政治制度的研究和争论从目的上说就是试图设置合理有效的社会组织关系以提高社会效率或经济效率。优化过程就是调整事物活动过程中各环节的关系，消除不必要的活动步骤或环节，使各环节的完成以及环节间的转换更为有效顺畅，从而降低不必要的资源损耗，提高产品的数量和质量，最终实现提高效率的目标。我国在建立市场经济体制的过程中，取消了许多经济活动的不必要环节和阻碍因素，大大提高了资源流动的顺畅度和经济活动的灵活性，从而使经济生产效率快速提高。优化过程在提高我国社会生产效率上起到了重要的作用。优化结构和优化过程可按照科技原理和伦理原则两套标准来进行，科技原理为优化结构和优化过程提供自然规律上的标准使活动科学有效而提高效率，伦理原则为优化结构和优化过程提供社会规律上的标准使活动获得普遍认同而提高效率。反过来说，如果结构和过程的改变与调整不符合科技原理或伦理原则，就会使活动面临陷入混乱或不正义的危险，反而增加了活动的阻碍因素而降低了活动效率。因此，优化结构和优化过程应同时是"合理性的"和"合理的"。

（二）公平

相对于效率，公平概念的历史要久远得多。早在公元前30世纪的古埃及，在民间文化中就已经出现了"公平神"奥西里斯（Osiris）。这是一位全知全能、至圣至善的神，负责对死人评判，判断死者善恶的依据是死者生前是否勤于稼穑。《旧约》以公正来意指人们遵守均分土地后的"界石"。古希腊早期诗人赫西俄德（Hesiod）在《神谱》中提及，宙斯（Zeus）有两个儿子，一个叫正义（音译为"狄克"），另一个叫"良好的法制"（音译为"欧诺弥亚"），他们代表宙斯以正义和法制对人间进行统治。

英语中用来表示公平的词有"justice""fairness""equity"和"equality"等，它们之间没有作严格的区分，经常互通互用。翻译成中文有"公平""公正""正义""平等"等词，也经常混用不分。但英语中表示公平、公正或正义最常用的词是"justice"。"justice"源自希腊文"orthos"一词，表示置于直线上的东西，后来引申为真实的、公平的和正义的东西，其古希腊文的词根表示假设宇宙中有一种单一的基本秩序，人要按这种秩序来规范自己的行为。"justice"的拉丁文是"pensare"，原意有"衡量"之意，派生出"补偿"和"报偿"等词。《韦伯斯特大学英语词典》对"justice"的解释是"具有正义、不偏袒、公正的品质"，对"equity"的解释是"正直地按照自然律法或权利行事，特别是不受偏见或偏好的影响"，对"fairness"（fair）的解释是"消除一个人自身的情感、偏见和欲望以达到对相互冲突的利益间的合理的平衡"，可见这几个词的意思是相似且互通的。从汉语词源上看，古汉语中的"公""正""直"等演变出公平、公正、正义等义项，可见在汉语中公平、公正、正义等词的界限也是模糊的。《管子·形势解》云："天公平而无私，故美恶莫不覆；地公平而无私，故小大莫不载。"《战国策·秦一》曰："商君治秦，法令至行，公平无私。""正义"见于《荀子·正名篇》："正利而为谓之事，正义而为谓之行；苟非正义，则谓之如邪。""公正"于《荀子·正论》："故上者下之本也……上公正则下易直矣。"可见公正、公平和正义的意义极其相近。《现代汉语大词典》中对"公平"的解释是"公正而不偏袒"，"公正"意为"公平正直"，"正义"指"正当、公正"，三者相互注释，无法对三者作出清晰的界限，可以说三者具有大致相同的含义。

我国现在使用的"公平"一词的含义既继承了中国古代汉语中公平、公正、正义的含义，也沿用了西方正义理论中公平公正的意义，加上公平正义所涉及的领域非常广泛，而不同的学者又从不同的层次和角度出发阐释公平正义之意义，故造成公正、公平、正义甚至平等几个词之间的关系非常难以理清。正如有学者所言，在与"公平"相关的几个中英文语汇中，只有平等（equality）是比较好区分的，其他几个概念均存在相互重合的意义成分。① 也有学者试图对公平、公正和正义作出区分，以便解决由语义引起理论阐述不清的弊病。有学者认为，公平与公正的区别在于公平侧重地位上"一视同仁"和衡量标准的"同一个尺度"，即在普遍人权、独立人格、人与人之间地位等方面上保证起点平等，而公正强调给每个人得其所应得，侧重于分配领域，所涉及的对象是社会资源，主要是社会权利和义务。公平与正义的区别在于正义具有理念色彩，带有明显的价值导向性，寄托着人们对理想社会制度和美好生活的向往，而公平强调客观性，注重衡量标准的"同一个尺度"，带有明显的中性和"工具性"意味。公平追求基本权力上的平等以及利益上的均衡，提倡公平是为了缩小贫富差距，缓和社会矛盾。正义追求社会制度的正义安排，利益分配上的对等。②

笔者认为，虽然公平、正义和公正在意义和用法上很相似，在某些情况下可以互通互用，但不等于说三者就没有区别。既承认三者的相似之处，又尊重三者的细微差别，可以更好地理解所用词语的精确含义，也可以更好地选择合适的词语来表达恰当的意思。

首先，正义可以指一个人的品质，或者指一个人的行为。比如说我们可以说一个人是不是正义的，一个人的某种行为是不是正义的。亚里士多德在《尼各马可伦理学》说道："所有人在说正义时都是指一种品质，这种品质使一个人倾向于做正确的事，使他愿意去做正义的事，使他正义地行动以及希望正义的事。"③ 正义也可以用于人与人之间的关系。如亚里士多德的正义观中就包含了"分配的正义"和"矫正的正义"。但是，公平总是涉及两个或多个人或利益群体的。我们说一件事情是否公平，总是针对人与人或群体之间而言的。即使我们说一个人的某种行为是否公平，也总是针对他的行为对谁而言是公平的或不公平的。总之，正义可以用于人与人之间，也可以用于特定的人，但公平通常只用于人与人之间。

----

① 陈辉、熊春文：《社会公平：概念再辨析》，《探索》2011年第4期。
② 陆树程、刘萍：《关于公平、公正、正义三个概念的哲学反思》，《浙江学刊》2010年第2期。
③ Aristotle, *The Nicomachean Ethics*, Translated by David Ross, Oxford: Oxford University Press, 2009, p. 80.

其次，公正也是用于人与人或群体之间的价值判断。判断某件事情是否公正，总是指它在特定的群体中对谁是公正的，对谁是不公正的。但是，相对于公平而言，公正的价值判断侧重于对行为或事情的正义方面，即针对事情对特定的人或群体的正义性质进行判断。例如判断一项政策是否公正，主要是判断这项政策是否保证了政策涉及的群体的应得利益，是否坚持了正义原则。相对而言，公平则在公正的基础上更加注重对量的判断。公平要求某事物在某群体内进行相对平等的分配，这种分配不但是公正的，而且还要求群体内的差距不至于过大。公平的理想状况是"公正的平等"，即在公正的前提下各方拥有平等的利益。正是在这个意义上，约翰·博德利·罗尔斯提出了"作为公平的正义"理论。亚里士多德也认为："公平就是公正，它之优于公正，并不是一般的公正，而是由于普遍而带了缺点的公正。纠正法律普遍性所带来的缺点，正是公平的本性。"[①]

总而言之，"正义是指原则，公正是指做法，而公平则是在比较中对做法公正所引发的不公平的一种纠正"[②]。公平是这样一个概念：首先，公平以正义为基础；凡是公平的事物均要求具有正义的品质，不正义的事物不可能是公平的。其次，公平用于人与人或群体间的价值判断，反映的是人们的利益关系。不涉及别人的单个个体的行为或事物无所谓公平或不公平。最后，公平不但要求公正地对待各方的利益，还倾向于相对平等地分配各方利益，使各方利益大体上趋于一致。

公平是一个社会性概念，公平产生于人的社会实践活动。为了更好地生存和发展，在征服和改造自然的活动中，人们必须结成一定的社会关系，组织起来，相互分工与协作，共同完成征服自然的使命。也正是在人与人的相互关系中，公平问题被提了出来。[③] 公平问题存在的前提是资源的稀缺性。在资源丰裕的环境中，每个人对资源的占有不影响其他人对资源的占有，人各自可以从环境中获得满足其需求的资源，这时人在获取资源的活动中只发生自身与自然的关系，与其他人不存在资源分

---

① 苗力田：《亚里士多德全集》（第八卷），中国人民大学出版社1994年版，第117页。
② 史瑞杰：《效率与公平：社会哲学的分析》，山西教育出版社1999年版，第46页。
③ 夏文斌：《走向正义之路：社会公平研究》，黑龙江教育出版社2000年版，第32页。

配问题。只有在资源稀缺，环境所提供的资源不能满足所有人的生存和发展需求，一个人对资源的占有意味着另一个人对资源占有的减少，如何处理相互之间的资源分配问题才被现实地提了出来。因此，公平是人与人之间的一种关系范畴，反映的是人与人之间的关系。"从根本上说，公平是社会关系的一种特有属性，公平是对某种社会关系进行规范和评价的基本尺度。"[①]

从表面上看，公平反映的是人与人之间的利益关系。公平问题总是以一部分人对生存和发展资源产生利益诉求，要求调整资源的分配关系为表现。所谓的生存和发展资源，既包括经济利益，也包括社会地位、文化利益和政治利益等社会价值。约翰·博德利·罗尔斯认为，社会合作使所有人有可能过一种比他们仅靠自己的努力独自生存所过的生活更好的生活，但由于这些人对由他们协力产生的较大利益怎样分配并不是无动于衷的，他们每个人都更喜欢较大的份额，这就产生了一种利益的冲突，就需要一系列原则来指导在各种不同的决定利益分配的社会安排之间进行选择，达到一种有关恰当的分配份额的契约。[②] 从这个意义上说，公平表现的也是一种竞争关系。但这种竞争关系不同于自然竞争，公平在深层次反映的是人与人之间的以合作为基础的交往关系。正如有学者所言，正是由于人与人的交往活动，才出现了人与人之间的利益冲突和价值分歧。主体间交往在本质上要求主体间的独立性、平等性，要求主体间利益交换的对等，要求交往程序的规范化和健康化，而公平就是对社会关系的平等和不平等的价值规范，这种价值规范又是以科学理想的交往实践形态为参照标准的。[③] 公平问题总是产生于人与人之间的交往，只有在人与人的交往中，人们才会发现他们之间资源占有的差距，进而对资源占有的份额和权利产生冲突。但人们并不会听任这种冲突的发展和升级，因为他们是在一定社会共同体中的人，具有利益的共同性、一致性，而正是这种共同性、一致性才使共同体得以存在。[④] 面对冲突，

---

① 夏文斌：《走向正义之路：社会公平研究》，黑龙江教育出版社 2000 年版，第 37 页。
② [美] 约翰·罗尔斯：《正义论》，何怀宏等译，中国社会科学出版社 1988 年版，第 2 页。
③ 夏文斌：《走向正义之路：社会公平研究》，黑龙江教育出版社 2000 年版，第 35 页。
④ 史瑞杰：《效率与公平：社会哲学的分析》，山西教育出版社 1999 年版，第 36 页。

人们总是试图通过一定的方式进行协商和协调，在这个过程中确立一定的规则，使人们为了共同利益而相互妥协，最终使人们之间的利益关系达到一定的平衡，也就是达到了公平的状态。公平问题总是以冲突开始，以平衡结束，而实现这个过程的正是人与人之间以合作为基础的交往关系。因此，从本质上说，"公平蕴含了人对自己、对他人、对人类的意义关怀"①，是人的"类意识"的反映。在这个意义上，"与其说公平是人际间各种利益关系、价值关系的反映，毋宁说公平本身就是一种价值，是蕴含着意义关怀的更高的价值"②。

作为人与人之间交往关系的反映和一种度量尺度，公平是一个永恒性与历史性相统一、现实性和理想性相统一、客观性与主观性相统一、相对性和趋同性相统一的范畴。首先，正如卡尔·海因里希·马克思所言："作为纯粹观念，自由和平等是交换价值过程的各种要素的一种理想化的表现；作为在法律的、政治的和社会的关系上发展了的东西，自由和平等不过是另一次方上的再生物而已。"③ 只要在人类社会中存在价值交换，只要人与人之间存在着经济、政治、社会和文化交往关系，公平就作为一个范畴存于人的活动中。从这个意义上说，公平永恒地存在于人类社会，伴随着人类发展的全过程。但同时，在不同的历史时期，由于人的交往方式和交往内容有所不同，人对资源的索取方式和分配方式不同，以及人对公平的认识和追求程度不同，公平的具体内涵和标准也各有不同。正如有学者所言："作为一个历史地建构起来的教育概念，'公平'应根据不同的时间和空间进行定义。"④ 其次，公平是对人与人之间现实关系的反映和度量，为人们处理现实生活中的各种资源分配和利益关系提供现实的、具体的参照标准，协调着现实生活中人与人之间的关系，维系和保证着社会共同体的存在和发展。换而言之，公平意味着对人的现实交往关系的肯定。公平又是人对人与人的交往关系的理想向往，在某种意义上总是对人的现实关系的否定、批判和超越，代表着

---

① 史瑞杰：《效率与公平：社会哲学的分析》，山西教育出版社1999年版，第37页。
② 同上。
③ 《马克思恩格斯全集》第三十卷，人民出版社1998年版，第362页。
④ Sirkka Ahonen, "From an Industrial to a Post-industrial Society: Changing Conceptions of Equality in Education", *Educational review*, Vol. 54, No. 2, 2002, pp. 173–181.

人与人交往的一种理想状况，有着比现实更高境界的精神寄寓和追求，具有鲜明的超越性和理想性。因此，"历史上任何一种公平，都既包含着对现实公平的某种形式的肯定，又包含着对现实公平的某种形式的否定和超越"①。再次，公平是对人的利益关系的一种度量，这种度量是对客观存在于人们之间的利益拥有量的对比关系的测量和确认，反映的是人与人之间的事实上的关系状态，无论承认与否，这种对比关系总是存在于人与人之间的。也就是说，公平是一种客观性的存在。但公平同时也是一种主观感觉，客观存在的公平状况不一定引起人对这种状况相同的评价，一个人对公平的评价和感受还取决于自身的各种因素。客观存在的公平状况能否对人起作用，对人起何种作用还要通过人对这种状况进行评价，并由此在人的心里产生所谓的公平感或不公平感。客观的公平状况只有形成了人对这种状况的主观感受才算达到了它的完成形式。最后，公平总是相对的，人与人之间的差距和差异不可能完全消除，因而完全公平也是不可能达到的。"两个人或一切人之间的平等、公平，只有在没有任何物质背景、社会背景，并且在消去了任何主观愿望的时候，才具有绝对的同一性。"② 但公平在不可能达到完全同一的前提下却总是试图尽量缩小人与人之间的差距，消除人的差异所带来的影响，表现出明显的趋同性。对公平的追求在量上表现为尽可能缩小人与人之间的差距，达到相同的人获得相同的利益；在质上表现为试图消除人与人之间的差异，达到人人都是相同的人的境界。从这个意义上说，公平的终极目标正是它所不可能达到的"绝对的同一性"。

公平是广泛存在于人类社会各领域的一个范畴，如果按领域划分，可分为经济公平、政治公平、文化公平和伦理公平几种类型。经济公平是指人们在物质财富的生产、交换、分配和消费等经济活动中公平交往。经济公平的基本要求是在经济活动中所有人拥有平等的权利，在平等的规则中各自追求经济利益。在不同的经济活动阶段，公平的具体要求有所不同。在经济生产和交换阶段，人们对经济公平的理解大体一致，强调参与经济活动的机会上的公平以及经济活动规则的公平。在物质财富

---

① 史瑞杰：《效率与公平：社会哲学的分析》，山西教育出版社1999年版，第54页。
② 郭志鹏：《公平与效率新论》，解放军出版社2001年版，第56页。

的分配和消费上则表现出更多的分歧，有人认为，按照公平的规则所取得的物质财富各自占有就是公平，有人则认为，应该按一定比例进行分配，还有人认为，要对在经济活动中处于劣势的人进行一定的补偿。政治公平指人们在政治活动中处于相同的地位，拥有相同的政治权利和政治义务。政治公平要求人人具有平等参与政治的权利，反对一部分人凌驾于另一部分人之上。文化公平指在文化活动中，人们拥有平等的权利和机会去占有文化资源促进自身的发展，各群体所拥有的文化具有平等的文化地位和发展权利，反对一部分人对另一部分人进行文化剥夺或文化侵占。文化公平的最高理想是人人都拥有平等自由、全面充分的发展机会和发展结果，各种文化达到平等共存、互补发展、共同繁荣的境界。伦理公平也可称为道德公平，是指人在道德生活中的权利平等和义务平等，表现为把人当人看的道义平等和人格平等，尊重人之为人的价值和尊严以及人我个群利益的兼顾与结合，强调公正地对待每个人及人所结成的诸种人伦关系，肯定人的生存权利和发展权利。[1] 伦理公平是公平的人权基础，是其他类型公平的最低底线。经济公平是公平的物质基础，是达到其他类型公平的基本条件。政治公平是公平的权力保障，为其他类型公平的实现提供制度支持。文化公平是公平的高级形式，体现着人的类本质，是其他类型公平的发展方向和归宿。在现实生活中，各种类型的公平并不是截然分开的，而是相互交织、相互影响、相互支持的。南希·弗雷泽（Nancy Fraser）在谈到经济不公正与文化不公正的关系时，认为它们"非但远远没有分裂成两个截然不同的领域，而且通常相互重叠而合乎逻辑地相互强化"[2]。经济公平、政治公平、文化公平和伦理公平统合于社会公平，社会公平是各种类型公平的综合体现，决定于各种类型公平的实现程度和综合水平。

　　从人的社会活动的过程来看，公平可分为起点公平、过程公平和结果公平三个层次。起点公平是指人们在某一社会活动过程的开始状态处于同一水平，从而使每个人在这一活动过程中拥有相同的参与机会和成

---

[1] 王泽应：《从伦理学的角度看公平》，《哲学动态》1998年第7期。
[2] ［美］亚历克斯·卡利尼克斯：《平等》，徐朝友译，江苏人民出版社2003年版，第99—100页。

功机会。起点公平具体表现为基本权利平等和机会平等两种形式。基本权利平等是指在社会活动中，每个人的基本权利，如生存权、发展权、受教育权以及其他平等参与社会活动的权利受到一致的保障，所有人在权利上处于同一地位。基本权利平等是起点公平的前提，是保证社会活动正义性的底线。机会平等指所有人拥有相同的参与机会和成功机会，前程为人才开放，"出身、民族、肤色、信仰、性别或任何其他无关的特性都不决定对一个人开放的机会，只有他的才能决定他所得到的机会"[1]。过程公平即规则公平，指活动规则对所有人一视同仁，在规则范围内进行活动的过程中所有人都具有相同的获益可能，没有人因为某些规则获得其他人不可能获得的特殊利益。在公平的规则之下，所有人进行社会活动是平等且自由的，没有人受到额外的阻碍和限制，也没有人拥有额外的便利和特权，因而所有人在活动过程中都是公平的。结果公平是分配尺度上的公平，是指按照相同的标准或尺度对每个社会活动参与者进行利益分配。相对于起点公平和过程公平来说，结果公平是一个很有歧义的概念，可将之分为两种基本主张：一种主张是指权利意义上的结果公平，该主张认为如果起点公平和过程公平，则个人所获得的财富和利益就是公平的，不管人与人之间所获得的财富和利益的差别如何；另一种主张是道义意义上的结果公平，该主张认为人人生而平等，因而在结果所得上也应该是平等的，结果上过大的差异是由于人们参与社会活动过程中受到不平等的待遇而产生，在道义上是不公平的，因此应该缩小过大的差距，将差距保持在一个合理的比例内，理想的状态是所有人的所得相等。现代公平理论在起点公平和过程公平上已经取得较为一致的认识，对结果公平的不同理解和主张是现代公平理论的主要分歧所在。

公平的判断标准也有多种，应得公平、比例公平和最优公平是获得比较多认同的几种。应得公平可以说是最古老也是最经典的公平标准。古希腊的梭伦认为，正义就是"给一个人以其所应得"，马库斯·图留斯·西塞罗（Marcus Tullius Cicero）提出，正义是"使每个人获得其应

---

[1] [美]米尔顿·弗里德曼、[美]罗斯·弗里德曼：《自由选择——个人声明》，胡骑等译，商务印书馆1982年版，第135页。

得的东西的人类精神取向",查士丁尼《民法大全》中对正义的解释是:"正义乃是使每个人获得其应得的东西的永恒不变的意志。"① 阿拉斯代尔·查莫斯·麦金泰尔（Alasdair Chalmers MacIntyre）也认为:"正义是给每个人——包括他自己——他所应得的东西以及不以与他们的应得不相容的方式对待他们的一种安排。"② 实际上，应得公平作为判断标准只能是抽象意义上的，因为对于什么是"应得的"总是需要在具体的情境中进行定义，这相当于用另一个标准来替换了"应得"标准了。比例公平从各方利益所得的量上进行判断，人们所得的利益在某个比例范围内就被认为是公平的。比例公平可进一步分为两种，一种是均等标准，均等标准要求各方所得利益或权利完全相等，可称之为绝对公平标准；另一种是差别标准，差别标准将公平的标准设定在某个可接受的范围内，允许各方利益有一定的差距，可称之为相对公平标准。比例公平是现代公平理论较为流行的一种公平标准，但在实践上也遇到一定的困难。首先是对一个具体的事物是适用均等标准还是差别标准的问题。比如在起点公平上，罗尔斯认为，应当适用均等标准，个人的天赋不应作为个体财产为个人所占有，诺齐克则坚决反对，认为个人天赋是个体不可剥夺的权利，在起点上人和人天生就是有差别的。其次是比例的大小的问题，由于公平不但具有客观性还具有主观性，在差别标准中每个人可接受的比例有所不同，在确定具体比例的时候通常会遇到一定的困难。最优公平作为一种公平的判断标准比较有特色，它不是对人们之间利益的占有量进行判断，而是以资源是否得到充分利用作为判断标准，认为当资源在人与人之间的分配达到"帕累托最优"从而使资源得到最优化利用，资源配置就达到了最公平的状态。然而，正如前文所述，真实的情况是资源的配置使资源利用达到最优并不意味着资源配置就是公平的，有可能每个人所得资源的差距是非常大的，甚至有可能将资源配置引向功利主义。

既然公平可以分为起点公平、过程公平和结果公平三个层次，公平

---

① ［美］埃德加·博登海默:《法理学:法律哲学与法律方法》，邓正来译，中国政治大学出版社2004年版，第277页。

② ［英］米勒:《社会正义原则》，应奇译，江苏人民出版社2001年版，第122页。

的达到也就可以从起点、过程和结果三个方面着手。一是控制起点，即采取一定的措施保证社会活动参与者获得平等的基本权利和机会。通过消除侵犯社会活动参与者基本权利的各种因素，取消各种特权参与、投机参与来保证参与者平等的基本权利；通过制定合理的准入条件保证所有参与者获得相同的参与机会和成功机会；通过提供补偿性支持使某些由于其他原因不能获得平等机会的参与者获得相同的参与机会和成功机会。二是控制过程，即制定公平合理的规则保证活动过程的公平公正，防止活动过程中的不正当竞争和各种侵权行为的发生。慎重遴选规则制定者以使规则的产生不受制定者偏好的影响，严格监控规则制定过程以保证规则制定过程的公开、公正，仔细审查规则程序以保证规则的透明、公正、合理，尽可能消除所有可能产生偏袒或徇私舞弊的规则和程序；采取严格的措施打击活动过程中产生的不正当竞争行为，取缔各种侵权行为并对侵权者进行处罚，消除因不正当竞争或侵权而获得的不当得利，对由于不正当竞争或被侵权而导致损失的参与者予以合理的补偿，以保证活动过程的公平进行。此外，通过增加活动过程中的合作性因素，制定合理有效的合作性规则，将对立性竞争转变为合作性参与，减少排斥性利益，增加共同利益，也是控制过程、促进公平的一种有效方法。三是事后补偿，即对在社会活动中获益较少或极少的参与者给予一定的补偿，缩小参与者所得之间的差距。制定一定的补偿规则，使在社会活动中失利或受损的参与者拥有更多的机会在活动中受益；对获利较低或极低者直接予以利益补偿；提供其他获益途径，增加获益渠道，形成多赢格局等都可以成为事后补偿的有效措施。

（三）效率与公平的关系

关于效率与公平的关系，人们可谓各执一词、莫衷一是，其中还不乏针锋相对、完全相反的看法和主张。有学者对经济学各流派的公平效率观进行了研究，梳理了13个流派的公平效率观，每个流派的具体主张都不一样。[①] 大致而言，效率与公平的关系可以分成效率优先于公平、公平优先于效率、相融或交替关系三种类型，各流派的观点大致都可以归

---

① 李松龄：《公平、效率与分配：比较研究与产权分析》，湖南人民出版社2005年版。

于其中的某一类型之内。

1. 效率优先于公平

效率优先论在资本主义传统中占有重要地位，长期占据着经济学的主导地位，在政治哲学上也有相当的影响力。持效率优先论的学者主要有亚当·斯密、哈耶克、米尔顿·弗里德曼、路德维希·艾哈德（Ludwig Wilhelm Erhard）、诺齐克等人。亚当·斯密是古典经济学的代表人物，与古典经济学的典型主张一致，他认为，收入分配是不可改变的，通过政府干预来减轻贫穷的任何企图都将是使整个馅饼缩小的愚蠢的努力。相反，人们"追求自己的利益，往往使他能比在真正出于本意的情况下更有效地促进社会的利益"①。亚当·斯密主张人人充分平等、自由地在市场中追求自己的利益就是公平的，任何人为地干预和阻碍这一自由过程的行为都会引起效率的降低，同时也是不公平的。如亚当·斯密一样，哈耶克主张自由市场经济，所谓的公平只能是形式公平，结果公平本身就是对自由的否定，政府的职能仅限于维护形式公平，而不能干预自由竞争和市场经济。他认为："一般性法律规则和一般性行为规则的平等，乃是有助于自由的唯一一种平等，也是我们能够在不摧毁自由的同时所确保的唯一一种平等。自由不仅与任何其他种类的平等毫无关系，而且还必定在许多方面产生不平等。"② 同样，米尔顿·弗里德曼也认为，公平就是机会均等而不是结果均等，一个社会如果把结果均等"放在自由之上，其结果是既得不到平等，也得不到自由"③。在机会均等的前提下，"在一个自由市场的社会里，收入分配的直接的道德原则是：'按照个人和他所拥有的工具所生产的东西进行分配'"④，这样的分配必然带来结果上的不均等。因此，机会平等从一种意义上反映了人与人之间是平等的，从另一种意义上又反映了人与人之间是不平等的。但"一个自由

---

① [英]亚当·斯密：《国民财富的性质和原因的研究》（下卷），郭大力等译，商务印书馆1974年版，第27页。

② [英]弗里德利希·冯·哈耶克：《自由秩序原理（上册）》，邓正来译，生活·读书·新知三联书店1997年版，第102页。

③ [美]米尔顿·弗里德曼、[美]罗斯·弗里德曼：《自由选择——个人声明》，胡骑等译，商务印书馆1982年版，第152页。

④ [美]弗里德曼：《资本主义与自由》，张瑞玉译，商务印书馆1986年版，第173页。

的社会……为今日的落伍者保留明日变成特权者的机会,而且在这一过程中,使从上到下的几乎每个人都享有更为圆满和富裕的生活"[1]。从这种意义上说,所谓的不平等又是平等的。路德维希·艾哈德认为:"与其喋喋不休地争辩国民财富的分配,倒不如集中所有的人力来增加国民财富要明智得多;何况争辩不休往往会走入歧途,耽误国民收入的增加。有了一个较大的蛋糕,就不难让每个人分得较大的一份,如果只有一个较小的蛋糕,尽管讨论了怎样分法,总不可能使每个人多得一点。"[2] 在这里,效率优先的主张已经不彰自显了。诺齐克在与罗尔斯的论战中也旗帜鲜明地主张效率优先,反对国家对个人权利和自由的干预和强行分配。

大致上来看,效率优先论主要包括以下几个方面:①捍卫自由。认为人的基本权利天然有差别且不可侵犯,即使政府也不能强行调节人的基本自由和基本权利。②利用竞争。效率优先论重视竞争机制的发展,认为竞争是创造财富的基本动力,因而限制竞争的机制和行为会降低效率,是不被提倡的。③主张机会均等和过程公平。将公平理解为机会均等和过程公平,认为只要每个人在竞争中拥有均等的机会和公平的竞争规则,每个人之间就是公平的。④反对结果均等。认为强制性调节个人的利益获得,不但会导致效率的降低,同时也是不公平的,因为每个人按公平的竞争规则所获得的利益是不可侵犯的。⑤保护效率,放任结果。效率优先论主要着眼于效率的提高,导致效率降低的所有措施和机制都必须非常谨慎,至于人与人利益获得的差距则大可不管,只要这种利益是在机会均等和规则公平的条件下获得的。⑥出发点主要基于个人。效率优先论重视个人的权利,其理论主要围绕基于个人权利的私权领域进行论证和构建,具有明显的个人主义色彩。⑦效率一般指经济意义上的效率。效率优先论主要集中于经济学领域,其论域主要是经济学意义上的,大致可称之为经济效率优先论。

---

[1] [美]米尔顿·弗里德曼、[美]罗斯·弗里德曼:《自由选择——个人声明》,胡骑等译,商务印书馆1982年版,第152页。

[2] [德]路德维希·艾哈德:《来自竞争的繁荣》,祝世康、穆家骥译,商务印书馆1983年版,第13页。

2. 公平优先于效率

主张公平优先于效率的学者主要有马克思、凯恩斯、庇古、罗尔斯等。马克思在研究资本主义经济和社会运行中发现了资本主义公平的虚伪性。一方面，马克思揭示了资本主义通过自由竞争获得高效率经济发展的机制和规律，承认资本主义实现了人类生产效率的大提高和生产力的大发展。另一方面，马克思又揭示了在资本主义生产过程中资产阶级对无产阶级的无情盘剥，揭示了资本主义社会也是"人数不多并且仍在不断缩减的少数人剥削绝大多数人的庞大机构"①，资本主义的高效率并不能带来真正意义上的公平。马克思认为："平等应当不仅仅是表面的，不仅仅在国家的领域中实行，它还应当是实际的，还应当在社会的、经济的领域中实行。"② 换而言之，公平不仅是经济的，也是政治的、文化的以及伦理的；不仅是形式的，也是实质的；不仅包括起点公平和过程公平，更重要的还要求结果公平。凯恩斯通过研究1929—1932年资本主义经济危机提出了国家干预经济理论。他认为，资本主义经济危机发生的原因是由于市场的有效需求不足，而这种不足难以通过市场的自我调节作用加以消除，必须借助政府的力量，具体的做法就是政府增加转移支付力度，提高低收入者的收入水平，促进收入的均等化，刺激他们的消费需求，从而拉动经济的发展。正如有学者指出："凯恩斯的收入均等化意义上的公平思想，是一种不同于马克思的生产资料占有意义上的公平和等量劳动获得等量收入意义上的公平的思想，他提出收入均等化的公平思想的目的在于提高经济效率，拯救资本主义经济。"③ 公平被凯恩斯放在了效率之前，但他却把公平作为一种手段，其目的在于提高经济效率。福利经济学家庇古依据两个命题提出了收入均等化学说。这两个命题是："第一，对于一个人的实际收入的任何增加，会使满足增大；第二，转移富人的货币收入于穷人会使满足增大。"④ 依据边际效用递减理

---

① 《马克思恩格斯选集》第三卷，人民出版社2012年版，第726页。
② 同上书，第484页。
③ 李松龄：《公平、效率与分配：比较研究与产权分析》，湖南人民出版社2005年版，第87页。
④ ［英］庇古：《福利经济学的几个方面》，转引自厉以宁、吴易风、李懿《西方福利经济学述评》，商务印书馆1984年版，第40页。

论，庇古认为，贫富之间的差距缩小有利于增进社会福利和提高效率，所以有公平就有效率，公平是效率的前提和保证。罗尔斯认为，"仅仅效率原则本身不可能成为一种正义观"①，"效率原则本身并不能选择一种有效率的对特殊产品的分配方式"②，因为选择一种制度的设计方案"不仅建立在经济的基础上，而且建立在道德和政治基础上"，公平才是"可以评价社会基本结构本身的阿基米德支点"③。因此，"在自然的自由体系中，效率的原则受到某些背景制度（background institution）的约束，一旦这些约束被满足，任何由此产生的有效率的分配都被承认是正义的"④。简而言之，公平优先于效率，效率要受到公平的约束。

尽管公平优先论者来自许多不同的流派，有的甚至在基本立足点上都完全不同，但其中仍然具有许多共同之处。概括起来说，公平优先论主要包括了以下几个方面的主张：①承认自由，但不主张无限制的自由。认为人的基本权利应无差别均等且不可侵犯，基本权利的差别部分应作为公共财富加以分配和调节。②承认竞争，但主张控制和调节竞争，以消除竞争所带来的不利影响。③支持机会均等和过程公平，但认为不能仅限于机会均等和过程公平，基于机会均等和过程公平所产生的结果不一定就是公平的。④主张结果公平，注重对社会中利益获得较少或极少者进行补偿，在不同程度上有平等主义倾向。⑤承认效率，但认为效率不仅仅来源于自由竞争，分配结果的公平与否对效率具有重要影响，公平也是效率的前提和保证。⑥注重经济效率，但更加注重社会效率和社会公平，经济效率仅作为社会效率和社会公平的一部分被纳入体系之中。⑦主要从群体或社会层面进行立论，将公平与效率纳入社会公共领域进行考察。

3. 相融或交替关系

相融或交替论者不认为效率和公平一方总是优先于另一方，他们或者认为，效率和公平在本质上是相融的，效率与公平可以同时获得，或

---

① ［美］约翰·罗尔斯：《正义论》，何怀宏等译，中国社会科学出版社1988年版，第67页。
② 同上书，第64页。
③ 同上书，第251页。
④ 同上书，第67页。

者认为，效率与公平在不同的历史时期有不同的优先性，关键是要适合当时的社会历史背景。阿瑟·奥肯（Arthur M. Okun）、维弗雷多·帕累托（Vilfredo Pareto）、西蒙·史密斯·库兹涅茨（Simon Smith Kuznets）、史瑞杰等人所持的观点即属于这一类型。奥肯认为，资本主义制度"在一定程度上是成功的，它创造出了有效率的经济。但是，这种对效率的追求必然会带来不平等。因而，摆在社会面前的便是在平等与效率之间作出权衡"①。或者为了效率牺牲某些平等，或者为了平等牺牲某些效率。当然，无论哪一方面的牺牲都必须是公正的，尤其是那些允许经济不平等的社会决策。从某种意义上说，效率和公平是"一种最不可能有的混合物"，但这也是"它们相互需要的原因"，需要做的就是"在平等中放入一些合理性，并在效率里添加一些人性"②。对效率与公平进行权衡的关键在于"度"，奥肯为此设计了一个"漏水桶模型"。根据"漏水桶模型"，"如果收入再分配的成本超过了因此而增加的纵向公平的收益，那么收入就不应进行再分配"③。帕累托根据边际效用理论提出了"帕累托最优状态"理论。在"帕累托最优状态"下，再也不能找出一种资源配置的方法使一个人的福利增加而不导致另一个人的福利减少，这时资源的配置是最优的，资源的利用是最有效率的，同时资源所产生的福利也是最大的，每个人也达到了自身对资源的最大程度的利用，因而也是最公平的。换而言之，"帕累托最优状态"下的资源配置同时实现了效率和公平，效率和公平在这里是相融的。库兹涅茨借助于基尼系数，提出了分析国民收入与平等之间关系的"倒U型理论模型"。该模型认为，"一国经济发展由初期收入分配比较平等开始，在其发展过程中，为了提高效率，收入差距必然扩大，社会日趋不平等；当经济发展到一定的人均GNP的发达阶段后，收入差距会不断缩小，收入分配又重新趋于平等"④。也就是说，在国家经济发展过程中，效率与公平是交替优先、交替实现

---

① ［美］阿瑟·奥肯：《平等与效率——重大的权衡》，王忠民、黄清译，四川人民出版社1988年版，第4页。

② 同上书，第156页。

③ 孟祥仲：《平等与效率关系思想研究——经济思想史视角》，博士学位论文，复旦大学，2008年，第90页。

④ 同上书，第92—93页。

的。我国学者史瑞杰则从结构性关系的角度考察了效率与公平的关系。他认为，效率与公平具有经济效率与经济公平、社会效率与社会公平、人类效率与人类公平三个层次的结构关系，在不同的层次效率与公平存在不同的关系，同时层次间也存在着关联，"一定的经济效率和经济公平不仅是社会效率和社会公平的基础，而且要以是否促进后者的发展作为判断经济效率和经济公平的依据。当然，在最高意义上，人类效率和人类公平才是效率和公平结构发展的最终价值归宿"[①]。这样说来，效率与公平在其结构关系内是相融的。

相对于效率优先论或公平优先论，相融或交替论的立场不那么鲜明，但还是有其自身的特点。这些特点大致可以概括为以下几点：①注重寻找效率和公平的结合点，努力在效率与公平之间做到取长补短，发挥效率与公平各自的优势并获得效率与公平的综合效应，试图避免效率与公平单独作用时所产生的局限性。②认为效率与公平互为目的与手段。一方面公平既是效率的目的和归宿，又可以作为提高效率的手段；另一方面效率是实现公平的前提和手段，在有些情况下效率也成为促进公平的目的所在。③在方法论上注重运用辩证法，在对立统一的关系中处理效率与公平的关系，充分尊重效率与公平的矛盾关系，在某些观点上有一定的中庸倾向。④采取比较现实的态度对待效率与公平的关系，注重从现实出发确定效率与公平的关系，主张随着时代背景和现实情况的需要灵活调整效率与公平的关系。相对效率优先论和公平优先论来说，相融或交替论的主张显得比较务实。

导致对效率与公平关系的认识分歧的原因是多方面的。笔者认为，人们在讨论效率与公平的关系时在以下几个方面的分歧造成了对效率与公平关系的不同认识和主张。一是目的与手段。效率与公平在某种情况下均可以成为彼此的目的或手段。在讨论两者之间的关系时，有人将提高效率作为目的，公平是提高效率的手段，有人则将公平作为目的，效率是实现公平的手段。在大多数情况下，目的优先于手段，手段是为实现目的而服务的。二是生产交换与分配消费。效率与公平存在于社会生活的方方面面，但人们在考察两者之间的关系时，往往有意无意地立足

---

① 史瑞杰：《效率与公平：社会哲学的分析》，山西教育出版社1999年版，第181页。

于其中的某个方面进行立论，这使得处于不同立足点的人得出了不同的结论。经济学一般基于社会的生产交换领域考察效率与公平的关系，由此得出效率优先的结论；政治学或哲学则更侧重从分配消费领域进行考察，从而得出公平优先的结论。三是竞争与合作。基于人与人之间是竞争关系还是合作关系的不同假设讨论效率与公平的关系往往也会产生不同的结果。竞争是人与人之间对利益的争夺，竞争关系的假设突出了人对利益的排他性追求，在效率与公平的关系上表现为效率优先；合作关系的假设突出了利益的共享性分配，表现为公平优先。四是个人与社会。着眼于个人权利和利益的保护一般会推导出效率优先的结论，而着眼于社会福利则会推导出公平优先的结论。五是排斥与共存。认为效率与公平相互排斥就会在效率与公平中择其一端或认为两者之间只能交替实现，认为效率与公平本质上是共存的或能够共存的则注重在效率与公平的相互作用中发挥各自的作用以实现互补。六是实然与应然。在讨论效率与公平的关系时，有人关注的是效率与公平在社会生活中实际上是怎样的一种关系，属于实然层面的考察，有人则侧重于讨论在社会生活中应该怎样处理效率与公平的关系，属于应然层面的考察。实然考察是一种现象描述，应然考察是一种价值选择，两种考察方法所得到的结论自然也有所不同。

更进一步地说，效率与公平的复杂关系实质上源于效率与公平在人类社会中的复杂特性。效率与公平是人类活动普遍存在的两个范畴，影响着人类社会的方方面面，贯穿着人类活动的全部历史，由此产生了效率与公平在人类社会的复杂特性，这些特性的存在是导致效率与公平的复杂关系的根本原因。其中，领域性、层次性、矛盾性、历史性和路径依赖性对效率与公平之间复杂关系的生成具有重要影响。首先，效率与公平广泛存在于人类生活的经济、政治、文化和道德等各个领域，并且在不同的领域内有特定的属性、作用及相互关系，对不同领域的效率与公平及其关系进行考察将得出不同的认识和结论。比如，经济领域中以个人的逐利行为为基础的效率与公平，在内涵和表现上就不同于文化领域中以人与人之间的交流和共享为基础的效率与公平，两个领域中效率与公平的关系也不相同。其次，效率与公平还具有层次性，效率与公平至少表现为个人活动的效率及其与他人的公平关系、群体或集团的效率与公平、社会的效率与公平以及全人类的效率与公平等几个层次。在每个层次上，效率与公平都具有不同的论域和具体关系，着眼于不同层次对效率与公平进行考察也会得到不同的认识和结论。再次，效率与公平还具有矛盾性，即效率与公平是对立统一的关系。在一定范围内效率与公平表现为统一关系，两者能够相融，并且相互促进。但超过了一定的范围，两者又表现为对立关系，效率的增加不一定能够提高公平的水平，甚至有可能会损害公平；反之，公平的促进也不一定能够提高效率，反而有可能降低效率。复次，效率与公平还具有历史性，效率与公平的内涵在不同的历史时期有所不同，其表现形式也不一样，两者的关系也随之改变。由效率与公平的历史性还衍生出了效率与公平的局限性、现实性和可变性。局限性是指效率与公平对社会发展的作用是有限的，更加注重效率或更加注重公平都不能永恒地促进社会的发展。因此，不管是效率优先还是公平优先的取向在社会中的作用都表现为，某一历史时期内能促进社会的发展，而在另一个历史时期内反而阻碍社会的发展。现实性是指效率与公平对社会的作用是依社会现实而定的，社会现实改变了，效率与公平对社会的作用及两者的关系就随之改变，脱离具体的现实谈论效率与公平的关系总会产生不同程度的偏差和谬误。由效率与公平的局限性和现实性自然就可推导出其可变性。在实然层面效率与公平对社会的作用具有可变性，因而在应然层面效率与公平的关系也是可变的，根据具体的社会发展，现实地调整效率与公平的关系是必然的选择。最后，效率与公平的关系具有路径依赖性。在一个具体的历史时期，效率与公平的具体关系要受到社会发展历史的影响。某一历史时期内公平问题被突出地提出来，可能恰恰就是因为在以往的社会发展中没有很好地解决公平问题。于是，判断效率与公平的关系不但要考虑当前的社会状况，还要考察社会的发展历史。

由此，武断地判定效率优先还是公平优先是不可取的，贸然将某一领域的效率与公平的关系推广到其他领域，或者将其上升或下降到另一个层次更不可取，抽象地断定效率与公平是恒定的相融或交替关系也有失偏颇。要正确地处理效率与公平的关系，首先要确定所考察的社会领域及社会层次，恰当地界定效率与公平的具体内涵和基本范畴，进而考察具体历史时期内社会的发展状况和发展趋势，确定效率与公平的具体作用，才能正确地确定效率与公平的具体关系。

二　基础教育课程改革中效率与公平的含义

课程改革是一个较为宽泛的概念，它可以是个人层面的课程改革，也可以是学校层面的课程改革，或者是地区范围内的课程改革或者学者带动下的实验性课程改革，还可以是国家层面的课程改革。[①] 基础教育课程改革同样可以包括以上几个层面。相对于其他层面的课程改革，国家层面的课程改革具有自身特有的性质和特点，其影响力和复杂性也是其他层面的课程改革所不可比拟的。如果把基础教育课程改革定义为由国家行政主管部门发动和组织实施的，或在国家行政主管部门的支持和参与下，由特定的机构、部门或团体组织实施的，在全国范围内推行的基础教育课程改革，即国家层面的基础教育课程改革，那么基础教育课程改革就因为其特定的改革主体、改革范围和牵涉面而具有了特有的改革主题和利益关系，而效率与公平在某种程度上是这些改革主题和利益关系的集中体现。换而言之，效率与公平是国家层面基础教育课程改革的重要主题，集中体现了基础教育课程改革中的各种利益关系，对基础教育课程改革具有重要的影响。本书所指的基础教育课程改革就是国家层面的基础教育课程改革。

但是，这并不意味着基础教育课程改革仅涉及对国家课程或官方课程的改革。约翰·I. 古德莱德（John I. Goodlad）按照课程运作的几个环节提出了五种不同的课程形态：理想的课程（ideological curriculum）、正式的课程（formal curriculum）、领悟或理解的课程（perceived curriculum）、运作的课程（operational curriculum）和经验的课程（experiential curriculum）。[②] 作为一项在国家范围内起作用的改革运动，国家层面的基础教育课程改革不仅涉及理想课程的改革和正式课程的改革，也必然要落实到领悟或理解的课程、运作的课程和经验的课程等层面，使改革的

[①] 龙安邦、范蔚：《试论课程改革的理论基础——兼论我国十年新课改的理论基础及其争论》，《河北师范大学学报》（教育科学版）2012年第4期。

[②] 蒋士会：《课程变革导论》，学苑出版社2003年版，第247页。

目标和意图在学生身上得到实现。因此，本书所指的基础教育课程改革包括了国家层面对基础教育课程的各种改革措施以及由此引起的学校课程在组织结构、运行过程和运作形式上的一系列变革。

（一）基础教育课程改革的实质

关于课程是什么，正如施良方所说，"几乎每个课程工作者都有自己的界定"①。纷繁复杂的课程定义在一定程度上造成了莫衷一是的局面。为了克服这种困难，许多学者将课程定义进行分类，从类别的角度对课程进行概括的把握。如施良方将课程的定义分为六种类型：② 课程即教学科目、课程即有计划的教学活动、课程即预期的学习结果、课程即学习经验、课程即社会文化再生产、课程即社会改造。张华则将课程定义分为三类：③ 课程作为学科、课程作为目标或计划、课程作为学习者的经验或体验。综合学者对课程的各种定义和分类，可以发现对课程的定义基本集中于课程作为内容、课程作为活动和课程作为经验三个方面。笔者认为，课程作为内容、课程作为活动和课程作为经验反映了课程的三种表现形态，是课程在不同运作阶段的不同表现。在课程进入实施之前，课程是一种为了促进学生发展而选择和组织的教学内容。在课程实施的过程中，课程表现为学生以某种教学内容为操作对象而进行的活动。课程实施的结果是学生获得一定的知识和经验，这就是结果状态的课程。综合起来，课程就是为了促进学生发展而选择和组织起来的教学内容及学生在以这些教学内容为操作对象的活动中获得的经验。课程的直接目的是促进学生的发展，课程促进学生的发展就是学生借助一定的内容，在一定的活动过程中获得一定的经验而实现一定的发展。

从根本上说，课程是一种发展资源。所谓发展资源，是指能满足事物发展需要，促进事物发展的一切事物。从内容上看，课程是人类文化的结晶，是经过选择和组织的人类优秀文明成果，其功能在于传承人类社会文化，培养具有一定文化素质的能适应和促进社会发展的人才。正

---

① 施良方：《课程理论：课程的基础、原理与问题》，教育科学出版社1996年版，第3页。
② 同上书，第3—7页。
③ 张华：《课程与教学论》，上海教育出版社2000年版，第67—68页。

是在这个意义上，有学者提出的"发展性课程观"认为，课程不仅可以促进个体本质力量的提升，还是改良社会基础的动能，发展性课程观是"一种以促进个体的全面发展与个性成长以及社会的可持续发展为终极旨归的课程思想信念体系，教化个体与改良社会是其核心要义"[①]。对个体来说，课程是其借以提升自身素质，发展自身个性，实现个体精神自由，以及获得适应社会发展的知识与技能，顺利实现社会化，积累文化资本以提升自身社会生存能力的资源。如果说课程对个体的发展来说是一种直接发展资源的话，那么课程对社会的发展来说则是一种间接性资源，课程促进社会发展的功能通过人的培养来实现。人力资源是社会的发展资源，而课程是培养人力资源的资源。社会通过课程培养其所需要的人才而实现社会文化的传承、社会共同思想观念和文化体系的形成，从而建立"社会共同体"，维持社会存在和社会稳定，并在此基础上依靠社会成员的创新和创造，发展社会文化、改良社会结构、提升社会生活水平，从而实现社会发展和社会繁荣。国家作为社会的总代表和组织管理者，承担着促进国家范围内社会成员发展和社会发展的职责，社会成员发展和社会发展集中表现在国家层面就是国家的发展。从这个意义上来说，课程也是国家的发展资源。一般来说，国家发展与社会成员发展和社会发展是一致的，但国家作为一个不等同于社会和个人的、以政府为实现形式的特殊实体，其发展的方式选择和路径选择与个体发展和社会发展存在一定的不一致。由此课程作为个人、社会和国家的发展资源在各主体上的实现便产生了复杂的关系，而这正是基础教育课程改革中效率与公平的复杂关系产生的根源。

从总体上来说，课程还是一种综合性资源。课程的基本功能是提高人的素质，这些素质包括人的经济素质、政治素质、文化素质和伦理素质。首先，通过课程，个人能获得关于社会生产和经济交换的知识，培养起参与社会生产和经济交换的相关技能，从而提高个人以"经济人"参与社会生产和经济建设的能力，增强个人对社会经济发展的作用。其次，一个人还能从课程中获得各种政治知识，形成特定的政治观念，获得一定的政治参与能力，从而提高自身的政治素质。再次，课程作为传

---

① 苏强：《发展性课程观：课程价值取向的必然选择》，《教育研究》2011 年第 6 期。

承人类文明的重要途径，精选和浓缩了人类在长期的历史进程中积累的文明成果，集中反映了人类的优秀文化传统。通过课程学习，个人能在相对较短的时间内了解人类各种优秀文化传统、风俗习惯和文化成果，获得一定的文化理解能力和文化创造能力，形成特定的文化观念，从而提高自身的文化素质。最后，课程还是培养一个人良好道德的重要途径，个人能从课程学习中习得特定的道德观念和伦理规范，获得正确、合理处理人与人、人与社会、人与自然等关系的知识和技能，养成良好的道德习惯，从而提高自身的伦理素质。社会和国家通过提高人的经济素质、政治素质、文化素质和伦理素质而提高其经济发展水平、政治发展水平、文化发展水平和伦理发展水平。这样，课程的效率意义就包含了经济效率、政治效率、文化效率和伦理效率等几个方面，课程的公平关系同样也从经济公平、政治公平、文化公平和伦理公平等几个方面表现出来。一般来说，课程同时兼具作为经济发展资源、政治发展资源、文化发展资源和伦理发展资源的全部功能或某几种功能，是一种综合性资源。但是在具体的课程上，某一特定的课程往往侧重其中的某种或几种功能，如语文课程比较侧重文化发展和伦理发展，科学课程比较侧重经济发展，社会课程比较侧重政治发展和伦理发展。也正是因为如此，某一时期的课程在整体上可能会突出地表现为侧重某种发展功能的课程形态。

　　基础教育是一个历史性的概念，伴随着国家教育制度的形成而出现。从18世纪下半叶开始，西方各国相继发生工业革命。工业革命的机器化大生产要求工人具有一定的文化水平，于是各国开始逐渐实施一定年限的义务教育，并逐步建立起国家教育制度。至20世纪中期，"西方各主要国家都先后确立起了自己的学制系统，初等、中等和高等教育的衔接已在相当程度上形成"[①]，国家对教育的控制力和管理程度逐渐居于主导地位，初等和中等教育也成为奠定一个国家全体国民基本素质的基础性教育，基础教育的概念随之产生。基础教育是指"一个国家对国民实施的基本的普通文化知识的教育，它担负着提高全体公民的基本素质和为

---

① 郑金洲：《教育通论》，华东师范大学出版社2000年版，第231页。

受教育者继续升学或就业奠定基础的任务"①。一般来说，基础教育包括小学、初中和普通高中三个阶段。义务教育属于基础教育，但基础教育不一定仅限于义务教育。因此，基础教育是在国家教育制度框架下的一个教育阶段，基础教育的形成过程就是国家对基础教育的控制和管理权力加强的过程。时至今日，基础教育已经成为以国家为主要的组织管理者，向全体国民提供的公共教育服务，基础教育的国家性质和公共性质凸显了出来。

由此，基础教育课程作为基础教育的核心组成部分，也伴随着基础教育的形成，经历了国家化和公共产品化的历程。在现代国家教育制度形成以前，课程更多的是由个人或社会团体编制，在一定范围内自由使用，国家对课程的介入程度比较低。随着现代国家教育制度的形成，国家开始不断深化对基础教育课程的介入程度。虽然各国干预基础教育课程的方式和程度各有不同，但国家主导基础教育课程的编制和发行的趋势已经形成，并处于继续深化之中。在这种背景下，基础教育课程在不改变作为个体发展资源的前提下，作为国家公共物品的性质在不同程度上凸显为基础教育课程的主要特征。基础教育课程作为国家公共物品的典型表现在于：首先，国家以某种形式掌握着课程编制和发行的权力，基础教育课程在某种程度上是国家意志的产物。其次，基础教育课程在国家的统一配置下，在全国范围内实施。最后，基础教育课程面向全体学生，对所有学生具有同等重要的意义。总之，基础教育课程不仅是一种发展资源，同时也是一种国家公共物品，在全国范围内进行资源配置。基础教育课程应平等地对待全体公民，平等地促进全体公民的发展，不能由于基础教育课程的原因而产生公民之间的不合理差距。

综上所述，基础教育课程不但是一种发展资源，能够促进个人、社会和国家的发展，还是一种综合性资源，对经济发展、政治发展、文化发展和伦理发展都具有促进作用，同时还是一种国家公共物品，在国家的主导下进行配置，对全体公民的公平发展具有重要作用。因此，所谓基础教育课程改革，就是改革基础教育课程，以充分发挥其作为发展资

---

① 张红：《新中国基础教育课程政策的价值取向研究》，博士学位论文，东北师范大学，2008年，第15页。

源的作用，增加基础教育课程对个人、社会和国家的效益，更好地促进人的发展，培养适应时代发展趋势的人才，进而更好地促进社会和国家的发展。所谓基础教育课程改革，就是改革基础教育课程，调整基础教育课程中作为经济发展资源、政治发展资源、文化发展资源和伦理发展资源的成分和结构，使其适应时代的发展需求，更好地推动经济、政治、文化和伦理的发展水平以及社会整体发展水平的提高。所谓基础教育课程改革，就是改革基础教育课程，调整其对社会各群体的作用和意义，使社会各群体得到相应的发展，从而使学校教育能够根据社会的发展趋势更好地完成社会分流和促进社会公平的功能。概括来说，基础教育课程改革包含着两种诉求或取向。一是提高效率。通过改革基础教育课程提高基础教育课程培养人的效率，进而提高社会和国家的发展效率。二是促进公平。改革基础教育课程，消除基础教育课程导致人与人之间不公平发展并由此导致社会发展不公平的因素，提升基础教育课程作为社会公共物品的公平品质。

　　课程政策、课程目标、课程内容、课程组织、课程实施和课程评价是课程的几个主要组成部分，基础教育课程改革一般也涉及这几个方面。基础教育课程改革正是通过对课程政策、课程目标、课程内容、课程组织、课程实施和课程评价等方面的变革来改变课程的结构与功能，改变基础教育课程所培养的人的素质规格，改变由于基础教育课程而形成的特定的人与人之间的发展关系，从而实现通过基础教育课程改革提高效率和促进公平的目标。课程政策变革是基础教育课程改革的宏观变革层面，国家层面的基础教育课程改革一般始于课程政策改革。通过课程政策变革，能够改变国家的课程运作模式和运作过程，改革国家课程管理方式，改变课程的宏观系统结构，从而在宏观上改善课程的性质和功能。课程目标规定了一门课程在培养人的质量和规格上的定位，课程目标变革是指重新规定或更新一门课程的具体培养目标从而改变该门课程对人才培养的质量和规格的作用。课程内容的选择是课程目标的具体实现，不同的课程内容所传递的知识、技能和价值观各不相同。基础教育课程改革的一个重要方面就是改革课程内容，选择什么样的课程内容对课程改革的目标是否能够实现具有重要的影响。课程的组织和课程的实施也能够影响到人才培养的效率和学生间的发展关系，基础教育课程改革在课程组织和课程实施上的不同选择会导致不同的结果。课程评价是对课程标准的一种再确认,基础教育课程改革选择什么样的评价方式和评价标准同样会影响课程的具体效率和公平状况。一般来说,对课程政策、课程目标、课程内容、课程组织、课程实施和课程评价等方面的改革会相互佐证、相互支持,共同为基础教育课程改革的目的服务。这些方面的变革所引起的作用综合在一起,就形成了特定的基础教育课程改革所表现出来的具体取向。

(二) 基础教育课程改革中效率的含义

"效率"一词用在基础教育课程改革中,可以作两种理解。第一种含义是指基础教育课程改革本身的效率,所讨论的问题是如何更快、更好地完成课程改革的各项任务,但这不是本书所讨论的问题。本书所指的效率,是基础教育课程在人才培养上的效率,即基础教育课程的效率。基础教育课程作为一种发展资源,其直接作用是促进学生的发展。但学生的发展在不同的主体看来具有不同的规格要求,不同的课程对学生发展之于某主体的有效性有所不同。基础教育课程改革就是要通过改革基础教育课程,使基础教育课程更加有效地为某主体培养具有特定素质的人才。因此,基础教育课程改革中"效率"的另一种含义就是指基础教育课程改革所形成的基础教育课程对满足某主体需要的人才的培养速度与培养质量。"更快更好"是效率的一种通俗表达,基础教育课程改革中的效率也可以表述为更快、更好地培养符合某主体需要的人才。"更快"即是使基础教育课程以更短的时间和更少的资源投入实现合格人才的培养。"更好"即是在相同的时间内和相同的资源投入下实现更加优质的人才产出。

个体、社会和国家是基础教育课程的三个主要意义主体,基础教育课程改革提高课程效率,就是指提高基础教育课程对个体、社会和国家的效率意义,使基础教育课程"更快更好"地为个体发展、社会发展和国家发展服务。因此,基础教育课程改革中的效率具体包括个体效率、社会效率和国家效率三种。基础教育课程改革的个体效率是指基础教育课程改革所形成的基础教育课程基于个体需求的促进学生自身发展作用的发挥的有效性。相应地,社会效率则指基础教育课程对促进社会发展作用的发挥的有效性，国家效率指基础教育课程对促进国家发展作用的发挥的有效性。对基础教育课程来说，个体、社会和国家三者对基础教育课程的需求内容和需求结构存在自身特定的规定性，它们之间既存在着某些一致之处，也存在着诸多不一致之处。个体效率意义高的基础教育课程并不一定具有较高的社会效率意义或国家效率意义，反之亦然。在考察基础教育课程改革的效率意义时，要区别对待其对个体、社会和国家的效率意义，三者不能混为一谈。实际上，正是基础教育课程改革对个体、社会和国家三者的效率意义的不一致性，在某种意义上成为基础教育课程改革诸多冲突和矛盾的根源。

基础教育课程的效率还可以分为政治效率、经济效率、文化效率和伦理效率几种。作为一种促进人的发展，进而促进社会和国家发展的社会性资源，基础教育课程不论对个体，还是对社会和国家都具有政治、经济、文化和伦理上的效率意义。首先，基础教育课程向人传授一定的政治知识，使人形成一定的政治观念和政治态度，对个体政治素质的提高，对社会和国家政治的发展都具有一定的促进作用。基础教育课程对人的政治素质的养成，进而促进社会和国家政治发展的功能，即基础教育课程的政治效率。其次，基础教育课程还向人传授一定的科学文化知识，提高人的生活能力，从而具有促进个人、社会和国家经济发展的功能，这就是基础教育课程的经济效率功能。再次，基础教育课程在本质上是一种文化资源，课程学习在本质上就是一种文化学习。通过基础教育课程，个人、社会和国家的文化水平都能够得到提高，这就是基础教育课程的文化效率。最后，课程作为一种文化，"明人伦"是基础教育课程的一种重要功能。在最根本的意义上，基础教育课程是一种"使人成为人"的事物。通过基础教育课程，个体、社会和国家在人与人之间的关系上，可以得到更好的构建与协调，从而使得基础教育课程具有伦理效率。一般来说，所有课程都同时具有政治、经济、文化和伦理等几个方面的效率意义。但在不同的基础教育课程中，这几个方面的效率意义并不能同时得到同等的发挥。在某些基础教育课程中，其效率意义主要表现为经济效率。在另外某些基础教育课程中，又可能是政治效率或文化效率处于主导地位。在分析基础教育课程的效率意义时需要根据其课程的性质具体分析。

(三) 基础教育课程改革中公平的含义

"公平"在基础教育课程改革中也有两种用法：一是指基础教育课程改革中各改革主体之间的权力关系，即课程改革主体之间的公平；二是指基础教育课程的公平，即基础教育课程改革所形成的学校课程使课程受益者之间形成的利益关系。本书指的是第二种用法。一般来说，公平用于分析人与人之间的利益关系，是指人与人之间资源分配的关系。但基础教育课程不同于其他具有数量性质的公共物品，它在某种程度上不具有切割分配的性质，而是以一种统一的物品呈现给学生。公平在基础教育课程中主要由基础教育课程所导致的学生发展来体现，基础教育课程的公平关系就是学生之间发展的对比关系。所谓基础教育课程公平，指的是学生在基础教育课程中获得平等的课程利益。学生的课程利益的差别主要体现在学生之间发展的差别上，即学生在课程学习中出现的分化程度上。因此，基础教育课程公平也可以表示为学生在基础教育课程中不出现不平等的等级或序差分化。学生在课程学习中不可能不出现分化，但只要这种分化不是等级或序差上的分化，学生在课程学习中所获得的课程利益就是平等的，这种课程在本质上就是公平的。

个体公平和社会公平是基础教育课程公平的两个方面。基础教育课程公平首先表现为学生个体之间的公平关系。学生是学校课程的直接对象，基础教育课程所形成的课程利益关系首先在学生之间体现出来。所谓基础教育课程的个体公平，就是指所有学生在基础教育课程中能获得平等的课程利益，学生之间不产生等级或序差分化，或者说不导致对比性的优劣分化。如果说个体公平是基础教育课程直接形成的公平关系，那么社会公平则是基础教育课程间接形成的公平关系。基础教育课程作为培养人的一种途径，其作用不但表现在促进个体的发展，同时也表现在促进社会的发展。但不同的社会群体在基础教育课程中获得不同的课程利益，各社会群体在基础教育课程中所获得的这种课程利益，会导致其在社会关系中形成相应的公平关系。简而言之，基础教育课程对社会公平具有影响作用。基础教育课程的社会公平，就是指各社会群体在基础教育课程中获得平等的课程利益，从而使各社会群体不因基础教育课程而产生不公平的社会关系。基础教育课程的社会公平是个体公平的发展形式，是分别属于不同社会群体的众多学生个体经由基础教育课程所获得的发展的公平关系集中在社会群体上的表现。因此，基础教育课程的个体公平与社会公平在宏观意义上是统一的，所有学生在基础教育课程中实现个体公平，即意味着基础教育课程的社会公平的实现，而学生在基础教育课程中产生的群体性不公平分化，则意味着基础教育课程的社会公平问题的产生。

公平具有经济公平、政治公平、文化公平和伦理公平几种类型，相应地，基础教育课程也包含着这几个方面的公平关系。首先，基础教育课程具有提高人的经济素质和经济能力的功能，人们在基础教育课程中获得的经济意义上的利益的对比关系，即反映了基础教育课程的经济公平关系。所谓基础教育课程的经济公平，就是指所有学生或社会各阶层在基础教育课程中获得平等的经济利益。其次，基础教育课程还能使学生或社会成员获致一定的政治利益和政治地位，基础教育课程的政治公平就是指基础教育课程有利于社会政治民主化进程，有利于促进社会各群体之间形成平等的政治关系。再次，基础教育课程作为一种文化资源，它平等地对待社会群体的文化传统，使所有学生或社会成员获得平等的文化利益，获致平等的文化地位就是基础教育课程的文化公平。最后，基础教育课程在培养人的过程中使每个学生作为人的基本权利都得到平等尊重，使学生不因基础教育课程而产生地位的分化，即学生在基础教育课程中形成平等的伦理关系就是基础教育课程的伦理公平。一般地，基础教育课程在实现着政治、经济、文化和伦理效率的同时总是包含着政治、经济、文化和伦理等几种公平关系，并且这几种公平关系在基础教育课程中处于相互结合的关系，其中伦理公平是基础教育课程的前提性公平，文化公平是基础教育课程公平的中心，而政治公平和经济公平是基础教育课程公平的两翼，四者共同形成了基础教育课程的公平品质。

第二章

基础教育课程改革价值取向的历史考察

古人云："以史为镜，可以知兴替。"历史是社会发展的重要航标，只有基于充分的历史考察的研究才具有坚实的历史基础和丰富的研究土壤。研究基础教育课程改革中的效率与公平，必然要考察基础教育课程改革的历史。本章对自新中国成立以来基础教育课程改革和美国20世纪以来基础教育课程改革的价值取向进行考察，为分析基础教育课程改革中的效率与公平提供历史素材和历史经验。

一 我国历次基础教育课程改革的价值取向

自新中国成立以来，我国一共进行了8次基础教育课程改革，各次课程改革的时间跨度分别为1950—1952年、1953—1957年、1958—1965年、1966—1976年、1977—1985年、1986—1991年、1992—2000年、2001年以来。我国基础教育课程改革在改革的频率上显得较为频繁，其中既有成功的经验也有失败的教训。这既反映了建立适应我国国情的基础教育课程体系之不易，也反映了我国对基础教育课程改革的充分重视。从改革的动机上来看，历次课程改革均与我国当时面临的社会问题和政治、经济环境有密切关系。从改革的措施和手段上来看，历次课程改革所采取的取向和措施均有其特点。从改革的效果来看，每次课程改革所产生的效果均有所不同。具体分析历次课程改革的价值取向，对考察基础教育课程改革中的效率与公平问题来说十分必要。

(一) 1950—1957 年：效率取向

1949 年 10 月，中华人民共和国成立，"中国的历史，从此开辟了一个新的时代"①，中国的教育事业随之也进入了新的发展时期。新中国成立的最初几年，在全国范围内继续完成民主革命，巩固人民民主专政，恢复和发展国民经济是国家的主要任务。在国家大政方针的指导下，教育的主要任务是改造旧教育，"以改变旧教育的性质和功能，完成半殖民地、半封建教育向新民主主义教育的转变，以建立与新民主主义政治与经济对应的崭新的新民主主义文化教育"②。因此，新中国成立初期，基础教育课程改革的主要任务是建立新中国的基础教育课程体系，为我国基础教育课程的改革和发展奠定基础。

新中国基础教育课程改革的性质与方向与新中国教育的性质是一致的。1949 年 9 月 29 日中国人民政治协商会议第一次全体会议通过了《中国人民政治协商会议共同纲领》，规定"中华人民共和国的文化教育为新民主主义的，即民族的、科学的、大众的文化教育。人民政府的文化教育工作，应以提高人民文化水平，培养国家建设人才，肃清封建的、买办的、法西斯主义的思想，发展为人民服务的思想为主要任务"③。1949 年 12 月 23 日至 31 日，教育部在北京召开了新中国第一次全国教育工作会议。会议指出，新中国的教育，"其方法是理论与实际一致，其目的是为人民服务，首先为工农兵服务，为当前的革命斗争与建设服务"，在课程改革方面确立了以老解放区新教育经验为基础，吸收旧教育有用经验，借助苏联经验，建设新民主主义教育的方针。④ 在此背景下，教育部开始着手改革旧的基础教育课程，建立新的基础教育课程体系，对基础教育课程进行了全方位的改革和重建。1950 年，教育部制定、印发了小学各科课程暂行标准作为规范各科教学的依据和要求。普通中学各科课程标

---

① 《毛泽东选集》第五卷，人民出版社 1977 年版，第 9 页。
② 彭泽平：《嬗变与超越——新中国基础教育课程改革史》，华龄出版社 2006 年版，第 1—2 页。
③ 何东昌：《中华人民共和国重要教育文献（1949—1975）》，海南出版社 1997 年版，第 1 页。
④ 同上书，第 8 页。

准（教学计划）也于 1951 年至 1952 年相继颁布。1951 年 8 月 10 日，政务院通过了《关于改革学制的决定》，并于同年 10 月 1 日颁布了新学制。1952 年 3 月 18 日，教育部颁发了《小学暂行规程（草案）》与《中学暂行规程（草案）》，规定了普通中、小学的宗旨和性质，进一步规范了新中国的基础教育。在教材编写和管理方面，1951 年政务院批准的《1951 年出版工作计划大纲》规定："人民教育出版社开始重编中小学课本，并于本年内建立全国中小学课本由国家统一供应的基础。"① 1950 年 7 月 5 日，教育部和出版总署联合颁发了《1950 年秋季中小学教科书用书表》，以解决各地中小学教科书版本不一、供应紊乱的问题，这个做法一直持续到 1958 年。

在课程管理上，1950—1957 年的基础教育课程改革确立了全国统一的管理体制。首先，新中国成立以后，中央政府迅速颁布了全国统一的教学计划和教学大纲，确立了国家在基础教育课程管理上的"统帅"地位。1950 年，"为增加教学的计划性，提高教学的效率，并便于学生升学、转学"，教育部颁发《中学暂行教学计划》。1952 年颁布的《小学暂行规程（草案）》和《中学暂行规程（草案）》详细规定了普通中小学的学制、学校设置与领导、教学计划与教学原则、成绩考查与升留级等基本制度。各科课程标准（教学计划）也相继发布，并要求各地按照教学大纲严格进行教育教学活动，不得随意删改。如《小学（四二制）教学计划（草案）》明确规定"除大、中、小城市各小学和乡镇农村的中心小学、完全小学必须遵照规定实施外，其余农村初级小学、民族小学，需变更教学科目和每周教学时间时，得由省、市教育行政部门另订科目时间表，报请中央人民政府教育部批准施行"②。其次，确立了国家对教材编辑、选用和出版的权利。《小学暂行规程（草案）》规定："小学课本由中央教育部统一编辑，但在未编出前暂用中央教育部指定的课本。"③

---

① 何东昌：《中华人民共和国重要教育文献（1949—1975）》，海南出版社 1997 年版，第 74 页。

② 课程教材研究所：《20 世纪中国中小学课程标准·教学大纲汇编：课程（教学）计划卷》，人民教育出版社 2001 年版，第 214 页。

③ 何东昌：《中华人民共和国重要教育文献（1949—1975）》，海南出版社 1997 年版，第 143 页。

《中学暂行规程（草案）》规定："中学所用各种课本须采用中央教育部审定或指定。"① 最后，确立了课程实施的基本原则和基本规范。如《中学暂行规程（草案）》规定："中学以课堂教学为教学的基本形式，教师须根据教学计划、课程标准的规定和学生身心发展的规律，充分掌握教材内容，运用正确的教学法，按照一定进度循序渐进地进行教学。"② 1950年《小学语文课程暂行标准（草案）》对读、说、作、写等方面的教学作了较为详细的说明，如对阅读教学，其指出："教学程序，也可因课文的性质而有所出入。大概文艺性的课文，可先概览全文，然后分段细读，随时解释生字、新词、难句。说明事物的课文，可先分段讲读，然后综合讲读全文，并随时解释生字、新词和难句。"③

在科目设置和课程内容选择上，第一次基础教育课程改革在改造旧教育的同时，吸收和借鉴苏联经验，根据当时革命和建设的需要设置科目、选择课程内容。新中国成立初期，我国基础教育课程改革面临着几项任务：一是肃清旧的政治反动课程和内容；二是加强政治教育，巩固新生政权；三是为新中国的经济社会建设和发展培养人才。因此，第一次基础教育课程改革主要从以下几个方面着手进行：一是取消了反动的训导制度，取消"党义""公民""童子军""军事训练"等反动课程，开设革命的政治课程和其他新课程。④ 二是既设置专门的思想政治课，又强调通过各科教学进行思想政治教育。1952年《中学暂行规程（草案）》设置了"中国革命常识""社会科学基础知识""共同纲领"和"时事政策"四科，其实质就是政治课程。除设置专门的思想政治课程外，还强调将思想政治教育渗透在各科教学中。如1950年《小学语文课程暂行标准（草案）》强调语文课程的目标之一，是"使儿童通过普通话和语体文并联系各科的学习，能获得初步的自然史地常识，并具有爱国主义思想和国民公德"，并指出"课文必须多取祖国所固有，足可发扬爱国主义思

---

① 何东昌：《中华人民共和国重要教育文献（1949—1975）》，海南出版社1997年版，第139页。
② 同上。
③ 林治金：《语文教学大纲汇编》，青岛出版社1998年版，第38页。
④ 中央教育科学研究所：《中华人民共和国教育大事记（1949—1982）》，教育科学出版社1984年版，第9页。

想、国际主义精神的资料","好些课文的教学,应尽可能地引起儿童的爱国主义情绪,使儿童热爱祖国,憎恨敌人,产生民族自尊心、自信心,以提高儿童的道德品质"①。三是建立以工具性课程和科学课程为主体的课程体系。1950 年《中学暂行教学计划(草案)》设置了政治、语文、数学、自然、生物、化学、物理、历史、地理、外国语、体育、音乐、美术、制图 14 门课程。1952 年《小学暂行规程(草案)》设置了语文、算术、自然、历史、地理、体育、图画、音乐 8 门科目。1952 年《中学暂行规程(草案)》则设置有本国语文、数学(包括算术、代数、几何、三角、解析几何五门)、物理、化学、生物(包括植物、动物、生理卫生、达尔文理论基础四门)、地理、历史、中国革命常识、社会科学基础知识、共同纲领、时事政策、外国语、体育、音乐、美术、制图 16 门课程,其中工具性课程和科学课程占全部课程时数的 63.4%。

在课程的组织结构上,第一次基础教育课程改革基本抛弃了民国时期形成和发展起来的课程体系,转而以苏联基础教育课程体系为参考,建立了结构单一、统一性强的基础教育课程体系。从科目设置上来看,不论是小学还是中学,均以分科形式设置,各科之间泾渭分明。从课程内容组织上来看,主要按学科逻辑进行编排,强调学科知识的严密性和系统性。如 1951 年人民教育出版社重新编写的《小学语文课本》第一、二册,在内容上比较系统地安排了思想教育内容,从认识学校生活、家庭生活到认识自然、社会,都有比较具体的安排。② 1952 年《中学数学教学大纲(草案)》将中学数学分为算术、代数、几何、三角 4 门课程,并分别按各自的学科逻辑进行编排,显示出很强的学科逻辑性。③ 从课程形式上看,所有科目均为必修课。

在课程实施上,《小学暂行规程(草案)》规定:"以上课为教学的基本形式。教师应在教学方面起主导作用,充分准备功课,掌握教材内

---

① 课程教材研究所:《20 世纪中国中小学课程标准·教学大纲汇编:语文卷》,人民教育出版社 2001 年版,第 62—69 页。
② 熊明安:《中国近代教学改革史》,重庆出版社 1999 年版,第 201 页。
③ 课程教材研究所:《20 世纪中国中小学课程标准·教学大纲汇编:数学卷》,人民教育出版社 2001 年版,第 357 页。

容，通过一定的教学过程，有计划有系统地进行教学，以完成教学计划。"①《中学暂行规程（草案）》规定："中学以课堂教学为基本形式，教师须根据教学计划、课程标准的规定和学生身心发展的规律，充分掌握教材内容，运用正确的教学法，按照一定进度循序渐进地进行教学。"② 1950 年《小学语文课程暂行标准（草案）》规定："语文教材以阅读为中心，写话和写字必须充分与阅读联系，阅读教学主要采用讲解法，教师应根据课文的性质讲解和分析课文，使学生较好地理解课文，并从中受到思想教育，发展读、说、作、写的能力"。1952 年《中学数学教学大纲（草案）》采用"讲授—练习—复习—课外作业"的教学模式。从总体上来看，第一次基础教育课程改革采用了重教师主导、重课堂教学、重知识传授的课程实施方式，比较注重教师主导下整齐划一的教学进度安排。此外，这一次课程改革也提倡理论与实际相结合的教育方法。如要求"科学性的课文教学，必须就实地、实物，用远足、观察等方法进行。同时并指导儿童实习工作，把儿童放在校园或工场中"③。在化学教学上要求"课外宜领导学生参观工厂、科学馆、展览会等，以使书本知识与实际相结合"④。但活动教学要以保证知识的系统性为基础。1952 年《中学数学教学大纲（草案）》指出，在数学教学中进行思想教育、理论联系实际等工作"应当与大纲所规定的教材有机地联系着，而不应当损害数学知识的系统性"⑤。

在课程评价和成绩考查上，《小学暂行规程（草案）》规定："小学儿童学业成绩考查包括平时考查、学年考查和毕业考查，采用五级制记分法，其中教师于儿童毕业时分科举行毕业考试，就成绩记分，和第五学年的学年成绩结合起来，作为毕业总成绩，小学儿童根据学年成绩或毕业成绩升级、留级或毕业。"《中学暂行规程（草案）》规定："中学生

---

① 课程教材研究所：《20 世纪中国中小学课程标准·教学大纲汇编：课程（教学）计划卷》，人民教育出版社 2001 年版，第 202—203 页。
② 同上书，第 209 页。
③ 林治金：《语文教学大纲汇编》，青岛出版社 1998 年版，第 39 页。
④ 课程教材研究所：《20 世纪中国中小学课程标准·教学大纲汇编：化学卷》，人民教育出版社 2001 年版，第 173 页。
⑤ 课程教材研究所：《20 世纪中国中小学课程标准·教学大纲汇编：数学卷》，人民教育出版社 2001 年版，第 355 页。

学业成绩考查包括平时考查、阶段考查及学期考试。在各科学期成绩中，平时考查及阶段考试成绩应占 60%，学期考试成绩应占 40%，各科上下两学期成绩的平均数即为该科的学年成绩。学生根据学年成绩升级或留级，根据初中或高中三年学年成绩和操行成绩毕业。在第一次基础教育课程改革中，各课程改革的政策性文件对成绩考查或课程评价并未作细致的规定和指导，考试①是成绩评定和课程评价的主要手段，考试成绩是学生升级、留级或毕业的重要依据，评价手段显得较为单一。

第一次基础教育课程改革是在国家刚刚建立，全国各地课程体系不一、管理混乱的背景下进行的，其主要任务是建立新中国基础教育课程的主体结构和基本框架，规范基础教育课程管理和课程实施，在全国范围内建立起基础教育课程运行秩序，为巩固新生政权和进行社会主义建设服务。从第一次基础教育课程改革的各项措施可以看出，本次基础教育课程改革具有明显的效率倾向，课程改革的直接目的是建立有效的基础教育课程秩序，提高基础教育课程为国家培养人才的效率。首先，本次基础教育课程改革突出了思想政治教育的重要性，从学科设置和学科渗透两个方面加强思想政治教育，贯彻了教育为政治服务的基本立场，强化了基础教育课程"为当前的革命斗争与建设服务"的取向。其次，本次基础教育课程改革初步建立了以工具性课程和科学课程为主体，以学科课程为基本形式，以系统的学科知识为基本组织形式的课程体系，着眼于提高国民的科学素养，贯彻了"教育必须为国家建设服务"的教育方针，努力为国家建设培养合格人才。最后，本次基础教育课程改革建立了一系列学科教学的规范、原则和指导，为规范教师的课程实施，提高教学质量提供了保证，其目的也在于提高基础教育课程的效率。从总体上看，本次基础教育课程改革的主要取向是效率取向，并且主要集中在着眼于培养具有高度社会主义思想政治觉悟和政治素质的政治效率，和着眼于培养具有合格的科学素养和科学技能、为国家建设服务的劳动者的经济效率两个方面。这种效率取向主要是国家效率取向而不是个人

---

① 《小学暂行规程（草案）》中"平时考查"规定"由教师于平时用口述和笔述的问题，叫儿童口答和笔答，随时就成绩记分"，其实质仍是考试，只不过形式有"口试"和"笔试"之分而已。

效率取向的，基础教育课程为国家服务凸显为主要价值取向，基础教育课程对个体的价值和作用被淹没在为国家服务和为社会主义服务的国家价值取向中。

1953年到1957年，我国在第一次基础教育课程改革所形成的课程体系的基础上，对中、小学课程计划和课程内容进行了多次修订和调整。虽然不能否认这些修订具有一定的促进公平的意义，但其总的目的仍然是要建立适合我国当时情况的基础教育课程体系，其中提高基础教育课程的质量，提升基础教育课程为我国经济社会建设服务的效率是其重要的目的。1953年6月，教育部在第二次全国教育工作会议中指出："当前教育工作存在两种不平衡：教育事业与国家建设需要及国民经济发展之间的不平衡；教育事业内部存在着各级学校供求关系的不平衡，教师量少、质差与学校发展规模、要求的不平衡，教材、校舍、设备与需要之间的不平衡。"① 为了使教育事业"适应国家建设的需要"，第二次基础教育课程改革延续了第一次基础教育课程改革所建立的以工具性课程和科学课程为主体的课程体系，并在此基础上进行了多次修订。虽然精简教学内容是第二次课程改革的一项重要内容，但精简的根本目的在于优化课程结构和课程内容，以使课程更加适应培养国家所需要的人才的需要，其实质是精简不适应国家建设需要的课程内容，优化课程结构，以提高基础教育课程对人才培养的效率。

（二）1958—1976年：公平取向

如果说1958年以前的两次基础教育课程改革是在苏联的影响下，以苏联的基础教育课程体系为重要参考进行的话，那么1958年开始的第三次基础教育课程改革则是我国独立自主探索基础教育课程改革道路的开始。此时国内正掀起一场轰轰烈烈的反右派斗争和"大跃进"运动。受政治的影响，1958年开始的基础教育课程改革没有继续在前一阶段基础教育课程改革的有益经验的基础上继续进行，而是跟随政治气候掀起了"教育革命"的浪潮，试图"多快好省"地建成中国的社会主义基础教育

---

① 中央教育科学研究所：《中华人民共和国教育大事记（1949—1982）》，教育科学出版社1984年版，第79页。

课程体系，"培养出一支数以千万计的又红又专的工人阶级知识分子的队伍"①。"教育革命"的主要内容有五：一是实施教育与生产劳动相结合；二是贯彻"两条腿走路"的方针，加快教育事业的发展步伐；三是加强学校的思想政治教育和教师的思想改造；四是开展学制和教学改革试验；五是下放教育事业管理权力。②

但是，由于"大跃进"客观上违背了社会发展规律，在"大跃进"思想主导下的"教育革命"未能实现"多快好省"地发展教育事业的目标，反而在事实上扰乱了国家教育事业的发展步伐，使整个国家的教育事业陷入局面乱、质量差、发展慢的低效率状态。1961年，中共中央在八届九中全会上提出了"调整、巩固、充实、提高"的八字方针，将国家经济社会建设由"大跃进"转向了大调整，教育事业随之也进入了一个调整和提高阶段。根据八字方针，我国在基础教育课程改革方面进行了一系列调整。首先，将基础教育课程的管理权收回国家，加强对基础教育课程的统一管理。1963年3月，中共中央颁发了《全日制小学暂行工作条例（草案）》和《全日制中学暂行工作条例（草案）》，对中小学教育的任务、培养目标、课程教学进行了一系列规定，并强调：全日制中小学必须根据教育部统一规定的教学计划、教学大纲和教科书进行教学，必须贯彻以教学为主的原则，加强基础知识的教学和基本技能的训练，为学生毕业后就业和升学打好必要的文化基础。其次，制订和颁布了新的教学计划。1963年7月，教育部颁发了《全日制中小学教学计划（草案）》，对中小学课程进行调整，大幅增加了工具性课程和科学课程的分量。最后，制定了新的教学大纲，并编写新教材。新的教学大纲重新确立了各学科的性质、任务，并强调对基础知识和基本技能的掌握和训练。

然而，1963年的调整和改革未及深入实施，1964年"教育革命"的宣传和实践再起。教育领域的阶级斗争和阶级斗争教育重新受到强调，

---

① 中央教育科学研究所：《中华人民共和国教育大事记（1949—1982）》，教育科学出版社1984年版，第231页。

② 彭泽平：《嬗变与超越——新中国基础教育课程改革史》，华龄出版社2006年版，第90页。

体力劳动再次被突出为培养无产阶级觉悟和无产阶级情感的手段，中、小学校的教育教学秩序再次受到冲击，正规的文化知识教育越来越受到忽视和削弱。1964年2月，毛泽东在教育工作座谈会（"春节教育座谈会"）上指出：现在课程多，害死人，使中小学生、大学生天天处于紧张状态。现在的考试办法是用对付敌人的办法，实行突然袭击。这种做法是摧残人才，摧残青年。学制、课程、教学方法、考试方法都要改。学制可以缩短。课程可以砍掉一半。学生天天看书，并不好，可以参加一些生产劳动和必要的社会活动。[①] 1965年7月3日，毛泽东再次指出："学生负担太重，影响健康，学了也无用。建议从一切活动总量中，砍掉三分之一。"[②] 年底，又论及："现在这种教育制度，我很怀疑。从小学到大学，一共十六七年，20多年看不见稻、粱、菽、麦、黍、稷，看不见工人怎样做工，看不见农民怎样种田，看不见商品是怎样交换的，身体也搞坏了，真是害死人。"

1966年5月7日，毛泽东在给林彪的信中指出：要使整个社会成为一所"大学校"，工、农、兵都要批判资产阶级，"学生也是这样，以学为主，兼学别样，即不但学文，也要学工、学农、学军，也要批判资产阶级。学制要缩短，教育要革命，资产阶级知识分子统治我们学校的现象，再也不能继续下去了"[③]。5月15日，中共中央将信件内容以"五·七指示"的形式发布全国。8月8日，中共中央通过了《关于无产阶级"文化大革命"的决定》，决定认为："改革旧的教育制度，改革旧的教学方针和方法，是这场无产阶级'文化大革命'的一个极其重要的任务。""必须彻底改变资产阶级知识分子统治我们学校的现象。""学制要缩短。课程设置要精简。教材要彻底改革，有的首先删繁就简。学生以学为主，兼学别样。也就是不但要学文，也要学工、学农、学军，也要随时参加

[①] 何东昌：《中华人民共和国重要教育文献（1949—1975）》，海南出版社1997年版，第1249—1250页。中央教育科学研究所：《中华人民共和国教育大事记（1949—1982）》，教育科学出版社1984年版，第353—354页。

[②] 人民教育出版社：《毛泽东同志论教育工作》，人民教育出版社1958年版，第288页。

[③] 何东昌：《中华人民共和国重要教育文献（1949—1975）》，海南出版社1997年版，第1396页。

批判资产阶级的文化革命的斗争"①。"文化大革命"使中、小学的教学秩序受到了严重冲击。为开展"文化大革命",各地甚至一度停课"闹革命"。1968年8月25日,中共中央、国务院、中央军委、中央文革发出了《关于派工人宣传队进学校的通知》,要求各地在革命委员会的领导下,以优秀的产业工人为主体,配合人民解放军战士,组成毛泽东思想宣传队("工宣队"),分批分期进入各学校,将大中城市的大、中、小学校逐步管起来。在农村则由贫下中农组成"贫宣队"进驻中、小学。这样,各地在"工宣队"和"贫宣队"的领导下,对中小学课程进行了一系列"革命",形成了自新中国成立以来最具"特色"的"课程体系"。总体上来看,突出无产阶级政治、突出生产实践,取消基础理论、取消基础知识,减少内容、减少课时,是"文化大革命"期间基础教育课程改革的主要特点。②

在课程内容上,彻底与新中国成立以来形成的相对科学和稳定的课程体系决裂,打乱知识的学科体系,降低科学知识的水平和地位,以生产劳动和革命的政治需要为依据来设置课程和选择课程内容。"文化大革命"期间,全国并没有统一的课程计划和教学大纲,课程设置和教材编写由各地各校自主进行。尽管如此,在"学制要缩短""课程设置要精简",批判资产阶级,突出无产阶级政治等"原则"的指导下,各地的课程设置和教材编写均表现出反学术、重实用、革命化、政治化等特点。1968年10月7日,中共中央、中央文革批转的《上海市革命委员会关于工人宣传队进入中、小学的情况报告》介绍,上海市在复课后,有学校将化学和生物合并为农业基础课,把数学和物理合并为工业基础课,还开设了一门革命文化课。兰州市第五中学则改为兰州铸造厂厂办中学,将原来的17门课程合并为5门,即毛泽东思想课、工业基础课、农业基础课、革命文化课、军事体育课。吉林省梨树县《农村中、小学教育大纲(草案)》规定:小学设5门课,分别是政治语文课、算术课、革命文

---

① 何东昌:《中华人民共和国重要教育文献(1949—1975)》,海南出版社1997年版,第1408页。
② 程晋宽:《"教育革命"的历史考察:1966—1976》,福建教育出版社2001年版,第374页。

艺课、军事体育课、劳动课。中学设毛泽东思想教育课、农业基础课、革命文艺课、军事体育课和劳动课 5 门课程。"课程大量被砍或合并,大大削弱了文化知识基础,并形成了许多知识空白。"① 在教材编写上,强调"群众路线",实行工、农、兵与师生合编教材。教材将原有学科体系打乱,依工、农业生产需要进行编写。如"农业基础"课由原生物、物理、化学等学科合并而成,按"三机一泵"(拖拉机、柴油机、电动机、水泵)"四大作物"等部类编写,物理学部分讲"三机一泵",化学部分讲土壤、农药、化肥,生物部分讲"四大作物"等。工业基础课按电工、化工等工业部类编写。数学教材中会计、测量等知识占很大比重。中学英语教材只有政治词汇,没有生活词汇。同时,政治宣传和革命宣传充斥着各门课程的教材。《上海市中小学语文教学大纲(供讨论用)》指出:"社会主义学校的学科,应该属于无产阶级的,为无产阶级政治服务的。它应该是学习、宣传、执行、捍卫毛泽东思想的工具,是阶级斗争、生产斗争和科学实验三大革命运动的工具。"② 在"以毛泽东思想挂帅""突出无产阶级政治"等政治要求下,语文教材实际上变成了政治语录汇编,物理、化学、生物等教材也大量引用语录,贴政治标签,甚至外语教材也牵强附会地使用许多政治口号,将外语教学作为政治宣传的工具。课程教材上的这一系列改革,"强调政治性和实用性(生产实践),取消了基础理论、基本知识,降低了文化知识水平,导致中小学教育质量严重下滑"③。

在课程实施上,否认了教师在教学上的主导地位,突出工、农、兵的作用,鼓励"学生教学生",对教学方法实施了一系列"反传统"、活动化、"实践"化的改革。吉林省梨树县《农村中、小学教育大纲(草案)》规定,要"实行官兵互教,师生评教评学,采用课堂教学和现场教学相结合,专职教师与兼职教师相结合等方法,把'学'和'用'紧密

---

① 卓晴君、李仲汉:《中小学教育史》,海南出版社 2000 年版,第 238 页。
② 彭泽平:《嬗变与超越——新中国基础教育课程改革史》,华龄出版社 2006 年版,第 136 页。
③ 同上书,第 140 页。

的结合起来"①。"文化大革命"期间,诸如"学生上讲台""开门教学"和"现场教学"等"新"教学形式被普遍采用。1969年11月18日,《光明日报》发表《小将上讲台——北京市草场地中学在教育革命中的一项创举》,介绍了北京市草场地中学在课程实施上的一项"创举":该校"军宣队"进校后,把二连(二年级)学生分成10人左右的小班,每个小班包教两门课程,在教师的帮助下,担负一部分内容的讲课,轮流上讲台,同时和教师一起研究这门课程的教学改革。同时,《光明日报》发表评论员文章《教育革命的一条好经验》,认为"小将上讲台,是在无产阶级专政条件下教育领域内的一场革命","进一步打破了旧教育制度加在学生身上的桎梏,正确地解决了师与生、教与学的关系问题,把蕴藏在学生中的社会主义积极性和创造精神发挥了出来"②,赋予了"学生上讲台"高度的政治意义。选调工农兵任讲师或兼职教师上课,充实和改造教师队伍,请老工人、老贫农等作政治报告和上实践课等"请进来"的方式也是课程实施改革的重要措施。1970年9月22日,《光明日报》发表了《改造学校教育阵地的一支重要的革命力量——关于北京市香厂路小学工农兵讲师团的调查报告》,介绍了香厂路小学1968年11月起成立工农兵讲师团的经验。该校工农兵讲师团共有37人,其中包括33名工人,2名贫下中农社员和2名解放军战士。调查报告称:"工农兵兼职教师,有丰富的三大革命斗争的实践经验,他们把书本知识和实践、小课堂和大课堂很好地结合了起来。工人师傅结合工厂的斗争实际讲课,贫下中农在田间、地头给学生讲活的农业基础知识课,效果都较好。"③ 上海中国五七中学从1968年到1973年间,先后请了多家工厂和单位的工农兵25人作固定教师,42人作临时教师到学校讲课。此外,"走出去",到工厂、田间去进行现场教学也被广泛采用。广东省增城县(1993年县改市)一小学某班在学习《五指山上大寨花》一课,去参观西水生产队的农田;学习《首次上阵》,去找妇女队长姚转娣讲斗争的事迹。上海市某

---

① 何东昌:《中华人民共和国重要教育文献(1949—1975)》,海南出版社1997年版,第1446页。

② 同上书,第1450页。

③ 同上书,第1468页。

中学讲到作物育种，人人动手搞水稻、棉花的系统选育和杂交配种；上数学的"极值"，让学生参观生产队的氨水池，再引出极值问题。①

在课程评价上，将考试看成"资产阶级对工农子女专政"，是"资产阶级教育制度的顽固堡垒"，提倡和实行"开卷考试""开门考试"等"开放"化、"实践"化课程评价方式。1966年6月7日，长沙一中高三（三）班共青团支部给团中央写信，列举了"升学考试"的21条罪状，包括封建科举制度的流毒和变种；为推行资产阶级教育路线大开方便之门；阻挠青年与工农群众相结合；打击革命力量，进行阶级报复；摧残同学的身体健康；一整套烦琐哲学等。② 1966年7月12日，教育部发出《关于中小学招生、考试、放假、毕业等问题的通知》，要求"城市和农村的高级中学、初级中学和小学各年级的学期考试，凡是没有举行的，一律不举行。本学期学生的成绩考核，可以采取师生民主评定的办法"③。吉林省梨树县的《农村中、小学教育大纲（草案）》提出要"采取开卷考试和实际操作等方法，提高、检验学生分析问题和解决问题的能力"④。《上海市中、小学教育革命纲要（草案）》提出要"废除旧的考试制度，建立新的考核制度。……按各门课程的具体要求，采取师生集体讲评、出题考核和实际操作等考试方法，实行民主评定"⑤。北京市密云二中高一红医专业课的考试就是由兼职教师和专职教师共同研究考试方案，要求学生对季节多发病病例作出理论和实际的分析和判断，然后在当地医院找了八位不同疾病的病人让学生进行实习治疗考试。⑥ 河北威县辛店学校小学五年级的语文考试则是由学生带中共十大文件去社员家念，让贫

---

① 彭泽平：《嬗变与超越——新中国基础教育课程改革史》，华龄出版社2006年版，第144页。

② 程晋宽：《"教育革命"的历史考察：1966—1976》，福建教育出版社2001年版，第218—220页。

③ 何东昌：《中华人民共和国重要教育文献（1949—1975）》，海南出版社1997年版，第1404页。

④ 同上书，第1446页。

⑤ 袁振国：《中国当代教育思潮（1949—1989）》，生活·读书·新知三联书店1991年版，第179页。

⑥ 彭泽平：《嬗变与超越——新中国基础教育课程改革史》，华龄出版社2006年版，第146页。

下中农来评定成绩，一、二年级的语文考试是写本队四类分子和贫下中农的名单。①

"文化大革命"期间的基础教育课程改革打破了自新中国成立以来形成的相对系统而稳定的基础教育课程体系，以一种包括极端的"实践"性课程内容、"开放"性课程实施和"民主"式课程评价等特点的课程体系来代替，试图实现无产阶级基础教育课程的"伟大革命"。在某种抽象的意义上，这种课程体系有其特定的价值和意义，然而，在"文化大革命"的激进甚至极端的政治氛围中，这种课程体系的"实践""开放""民主"等积极意义被一种极端的政治意图给扭曲，失去了其促进人、促进社会发展的意义。首先，课程内容的"实践化"，其实是突出阶级斗争，在文化课程上强调浅薄的实用主义，用"干啥学啥""立竿见影"来削弱基础知识教育，大大削弱了文化科学知识和基本技能的教学，既没有科学地反映工农业生产实践的需要，又脱离了学生的认识规律和教师的实际，完全忽视和否定课程改革的客观规律，与当时整个国际基础教育课程改革重视课程内容的现代化的趋势和走向背道而驰。② 其次，课程实施的"开放化"，即所谓的"小将上讲台""开门教学"和"现场教学"等，更多地不是遵循人类的认识规律，以科学的态度进行开放化的课程实施，而是为了彻底否定资产阶级的教育路线，为了否定"教学为主"的原则，降低教师的地位和作用，削弱知识和文化教育的价值，突出实践，突出生产劳动，突出无产阶级的革命性质。这样的课程实施无法使学生获得推动国家和社会发展所需要的知识和技能，更多地蜕变为一种泛化的政治教育。最后，"民主"式课程评价也不是一种真正的民主，而是为了与资产阶级的教育路线"对着干"，否定理论知识、否定教师的作用，打碎"资产阶级"对无产阶级的"关""卡""压"而采取的具有浓重政治意味的课程评价制度。这种突出政治性的课程评价，在很大程度上已经失去了检查文化知识学习情况的意义，更多地只是一种政治斗争的工具而已。事实上，"文化大革命"期间的基础教育课程改革，

---

① 周全华：《"文化大革命"中的"教育革命"》，广东教育出版社1999年版，第116页。
② 彭泽平：《嬗变与超越——新中国基础教育课程改革史》，华龄出版社2006年版，第134页。

与其他领域的各种"革命"一样,非但没有促进我国的经济社会发展,反而将我国的政治、经济、文化和社会发展拖入了崩溃的边缘。

"文化大革命"作为一种政治运动,使文化领域的一切都染上了浓重的政治色彩,将教育作为政治斗争的一种工具,将基础教育课程改革作为从"资产阶级"手中夺取教育的统治权,实现无产阶级文化专政的手段和途径,以极端的、非理性的"革命运动""群众运动"等方式来实现其政治目的,其"高度'革命化'的课程对'最高权威'的灌输,导致了对民主的摧残和封建愚忠思想的泛滥,造成学生严重的人格缺陷——普遍地缺乏应有的民主意识和批判精神,盲目顺从,甘当权威的'驯服工具',以至毅然地投入那骇人的狂潮中而无怨无悔"①,表现出极高的"政治效率"。但是,"文化大革命"所采取的泛政治化运动在反对一种"文化专制"的时候,陷入了另一种"文化专制主义",以"民主"的方式破坏了民主的精神,以极端的、非理性的政治运动阻断了国家政治建设的进程。显然,这种"政治效率"同样是与现代社会理性的民主化政治进程相违背的,并不是一种真正的政治效率,而是一种扭曲的、倒退的"政治效率"。

"文化大革命"中的"教育大革命"体现了一种试图建立人人平等、消灭"三大差别"的"大同社会"的社会理想。早在1958年,毛泽东就对我国50年代建立的学校教育制度不满,认为这种教育制度是"资产阶级"统治学校,将无产阶级置于不利地位,并为此发动了"教育大跃进"运动,试图通过突出"教育为无产阶级服务,教育与生产劳动相结合"消除教育与劳动大众的距离,实现教育的"平等化"。1966年的基础教育课程改革与1958年的基础教育课程改革可以说是一脉相承的,在改革措施上具有诸多的相似之处,只不过1966年的基础教育课程改革的方式更加彻底、更加激进罢了。为实现这样一种"平等的"教育,课程改革不惜否定教师的作用,否定理论知识的作用,无限抬高实践经验的作用,甚至鼓吹"读书无用论",以牺牲知识的发展、个体的发展甚至国家经济社会的发展为代价,将政治泛化到教育领域的每个角落,通过学工、学

---

① 彭泽平:《嬗变与超越——新中国基础教育课程改革史》,华龄出版社2006年版,第149—150页。

农、学军与教学并存，以课程实践化、经验化和实用化等方式建立以"无产阶级经验"为核心的课程体系，"在教育领域打破'资产阶级知识分子统治'，建立'无产阶级全面专政'，用军事共产主义模式的'大学校'，来改造现代正规教育，从而消灭三大差别，实现人人参加劳动和接受教育的共产主义理想境界"①。

（三）1977—1985 年：效率取向

"文化大革命"结束以后，在邓小平的亲自关心和指导下，随着教育领域的拨乱反正和恢复、调整、整顿工作的展开，我国基础教育课程逐步恢复了正常秩序，结束了当时全国各地学制混乱，教学计划、大纲不一，教材五花八门的混乱局面，使基础教育迅速走上了正常的发展轨道。1978 年 4 月 22 日到 5 月 16 日，全国教育工作会议召开，邓小平在会上指出：要"提高教育质量，提高科学文化的教学水平，更好地为社会主义建设服务"。他认为："我们要在科学技术上赶超世界先进水平，不但要提高高等教育的质量，而且首先要提高中小学教育的质量，按照中小学生所能接受的程度，用先进的科学知识来充实中小学的教育内容。""现代经济和技术的迅速发展，要求教育质量和教育效率的迅速提高，要求我们在教育与生产劳动结合的内容上、方法上不断有新的发展。""更重要的是整个教育事业必须同国民经济发展的要求相适应。"② 1978 年 12 月，中国共产党十一届三中全会作出了将党和国家的工作重点转到社会主义现代化建设上来的战略决策。随着国家工作重点的转移，我国教育工作的重点也转移到为社会主义现代化建设服务的轨道上来。1983 年国庆前夕，邓小平为北京景山学校的题词："教育要面向现代化，面向世界，面向未来"，指明了新的历史时期教育工作的战略方向。

在新的历史背景下，我国第五次基础教育课程改革迅速展开。1978 年 2 月 12 日，教育部颁发了《全日制十年制中小学教学计划试行草案》。9 月 22 日，颁发了《全日制中学暂行工作条例（试行草案）》和《全日

---

① 彭泽平：《嬗变与超越——新中国基础教育课程改革史》，华龄出版社 2006 年版，第 152—153 页。

② 卓晴君、李仲汉：《中小学教育史》，海南出版社 2000 年版，第 291—292 页。

制小学暂行工作条例（试行草案）》。中、小学各科教学大纲也于同年颁布。1981年3月，教育部颁发了《全日制五年制小学教学计划（修订草案）》；1981年4月，颁发了《全日制六年制重点中学教学计划（试行草案）》。1982年又相继颁发了多个学科的教学大纲。1984年颁布了《全日制六年制城市小学教学计划（草案）》和《全日制六年制农村小学教学计划（草案）》。随着这些文件的出台，我国对基础教育课程进行了一系列改革，确立了注重科学文化知识的学习，以知识和能力为核心，注重课程现代化和科学化，培养国家现代化建设所需人才的基础教育课程体系。

在课程管理上，重新确立了国家对基础教育课程的统一管理。《全日制中学暂行工作条例（试行草案）》和《全日制小学暂行工作条例（试行草案）》规定，教育部制定、颁布中小学教学计划和教学大纲，各地教育行政部门、学术研究机关、学校、学者、教师可以根据教育部颁布的教学计划、教学大纲编写教科书，经过教育部审定后，推荐全国选用。各全日制中、小学应按教育部颁布的教学计划和教学大纲进行教学，不得任意停课。如遇特殊情况必须停课，小学须经县（区）教育行政部门批准，并报请上一级教育行政部门备案，中学须经县（区）教育行政部门报请上一级教育行政部门批准，并在一学期或一学年内调整补上。①

在课程设置和课程内容上，重新确立了以学术性课程为主体，以分科课程为主要形式的课程体系，加强了工具性课程和科学课程的分量，重新确定了各门学科的性质和任务，强调对科学文化知识的掌握和各项能力的培养，更新、充实课程内容，力求反映现代科学技术和社会文化的先进水平。1978年颁布的《全日制十年制中小学教学计划（试行草案）》规定，小学开设政治、语文、数学、外国语（在重点小学和具备条件的小学开设）、自然常识、体育、音乐、美术8门课程，初中开设政治、语文、数学、外语、物理、化学、地理、历史、生物、农业基础、生理卫生、体育、音乐、美术14门课程，高中开设政治、语文、数学、外语、物理、化学、历史、生物、农业基础、体育10门课程。1981年颁布的《全日制六年制重点中学教学计划（试行草案）》规定，初中开设政

---

① 何东昌：《中华人民共和国重要教育文献（1976—1990）》，海南出版社1997年版，第1631、1636页。

治、语文、数学、外语、物理、化学、历史、地理、生物、生理卫生、体育、音乐、美术、劳动技术 14 门课程，高中开设政治、语文、数学、外语、物理、化学、历史、地理、生物、体育、劳动技术 11 门课程。1984 年《全日制六年制小学教学计划》规定开设思想品德、语文、数学、外语（农村小学不设）、自然常识、地理常识、历史常识、体育、唱游（农村小学开设农业常识）、音乐、美术、劳动等课程。1980 年《全日制十年制学校中学数学教学大纲》规定："中学数学教学的目的是：使学生切实学好参加社会主义革命和建设，以及学习现代科学技术所必需的数学基础知识；具有正确迅速的运算能力、一定的逻辑思维能力和一定的空间想象能力，从而逐步培养学生分析问题和解决问题的能力。要激励学生为实现四个现代化学好数学的革命热情，培养学生的辩证唯物主义观点。""教学内容的安排，要有利于精简课程门类，有利于教学内容的现代化，有利于学生学好基础知识和掌握基本技能，有利于数学知识的综合运用。"① 各科教材的编写也保证了知识的科学性和完整性，注意用先进的科学知识充实教学内容，加强了教学内容的学术性，强调对基础知识的掌握和基本能力的培养。

在课程实施上，强调课堂教学是教学的基本形式，恢复了教师的地位，要求在教学中要发挥教师的主导作用，强调基础知识的掌握和基本技能的训练。1978 年颁布的《全日制中学暂行工作条例（试行草案）》指出，"绝大多数教师是无产阶级自己的一部分，是办好学校的依靠力量。要热心帮助教师进行业务进修和思想改造，发挥教师在教学中的主导作用，充分调动教师的积极性，为社会主义教育事业服务"。要贯彻以教学为主的原则，必须按期完成教学计划。"课堂教学是教学的基本形式。教师必须钻研教材，了解学生的学习情况，改进教学方法，认真备课，提高课堂教学的质量。""必须切实加强基础知识的教学和基本技能的训练。"②

---

① 课程教材研究所：《20 世纪中国中小学课程标准·教学大纲汇编：数学卷》，人民教育出版社 2001 年版，第 471—472 页。
② 何东昌：《中华人民共和国重要教育文献（1976—1990）》，海南出版社 1998 年版，第 1630—1631 页。

在课程评价上，重新确立了考试和考查作为课程评价的基本方式，强调考试和考查对掌握和巩固知识的作用、对促进学生学习的作用和对改进教学的作用。1977年8月8日，邓小平在科学和教育工作座谈会上指出："今年就要下决心恢复从高中毕业生中直接招考学生，不要再搞群众推荐。从高中直接招生，我看可能是早出人才、早出成果的一个好办法。"① 9月，教育部召开全国高等学校招生工作会议，决定恢复高等学校入学考试，并从应届高中毕业生中直接招生。10月20日，《人民日报》发表社论《搞好大学招生是全国人民的希望》，认为"文化考试，是考查学生政治理论、文化水平的重要办法之一，是择优录取的主要依据之一，一定要抓好"。"要把文化水平最优秀的选拔出来上大学。只有这样，才能鼓励青少年沿着正确的政治方向去刻苦钻研科学文化知识，打好攀登科学技术高峰的基础，为实现四个现代化贡献他们的聪明才智。"② 1978年《全日制中学暂行工作条例（试行草案）》和《全日制小学暂行工作条例（试行草案）》规定："考查和考试主要是了解学生学习和运用基础知识的情况，督促学生复习功课，巩固所学的知识；同时便于研究和改进教学工作。"③ 高考制度的恢复和强调对文化知识的考试和考查，使基础教育课程实施转到了以文化知识的传授和学习为重心的方向上来，进一步加强了学术性知识的价值，巩固了文化知识和现代科学知识在基础教育课程中的地位。

特别地，为了摆脱"文化大革命"造成的中小学教育质量全面下降的状况，迅速扭转基础教育的局面，早日培养出社会主义现代化建设所需要的人才，1978年1月1日经国务院批准，教育部发出《关于办好一批重点中小学的试行方案的通知》，通知指出："切实办好一批重点中小学，以提高中小学的教育质量，总结经验，推动整个中小学教育革命的

---

① 《中国教育事典》编委会：《中国教育事典·中等教育卷》，河北教育出版社1994年版，第500页。
② 同上书，第501页。
③ 何东昌：《中华人民共和国重要教育文献（1976—1990）》，海南出版社1997年版，第1632、1636—1637页。

深入发展，具有重大意义。"① 同时确定了 20 所教育部办的重点中小学校。至 1979 年底，全国共有重点中学 5200 多所，在校学生 520 万人；重点小学 7000 多所，在校学生 510 万人。② 1981 年 4 月，教育部颁发了《全日制六年制重点中学教学计划（试行草案）》，对重点中学的课程与教学进行了规定。由于面向普通中学的教学计划一直没有颁布，事实上普通中学同样依照这个教学计划进行教学。直到 1990 年 3 月，教育部才颁发了《现行普通高中教学计划的调整意见》，对高中教学计划进行调整。

1977—1985 年的基础教育课程改革继承了 1963 年基础教育课程调整方案的许多内容，在价值取向是相同的。实际上，1978 年颁布的《全日制中学暂行工作条例（试行草案）》和《全日制小学暂行工作条例（试行草案）》就是在 1963 年《全日制小学暂行工作条例（草案）》和《全日制中学暂行工作条例（草案）》的基础上修改而成。在价值取向上，两次课程改革均注重提高学生的科学文化水平，强调基础知识的掌握和基本技能的训练，以促进国家经济社会的发展效率为旨归。1977—1985 年的基础教育课程改革在新的历史背景下还具有新的特点。其一，相对弱化了基础教育课程的政治意味，特别是消除了政治上"左"的思想对基础教育课程改革的影响，减少了课程中政治灌输、思想控制和政治宣传的成分，使基础教育课程在政治上走向更加实际和理性。强化了课程对国家经济、社会发展的功能，明确强调基础教育课程要为国家经济文化建设服务，突出了基础教育课程对国家经济发展效率和社会发展效率的促进作用。其二，更加注重课程内容的更新和充实，力求反映现代科学文化的先进水平，提升基础教育课程的现代化程度。在课程内容的选择和教材的编写上注意删除一些过于陈旧的知识，增加现代科学发展的一些新内容，力求反映现代科学文化发展中产生的新思想、新技术和新方法。其三，更加注重对重点中小学的建设，专门针对重点学校制订了教学计划并开发了教材，采用重点建设的方式进一步强化了基础教育课程

---

① 何东昌：《中华人民共和国重要教育文献（1976—1990）》，海南出版社 1997 年版，第 1591 页。

② 中央教育科学研究所：《中华人民共和国教育大事记（1949—1982）》，教育科学出版社 1984 年版，第 508 页。

对促进国家经济社会发展的作用。经过第五次课程改革，基础教育课程又回到了为促进国家经济社会发展服务的轨道上来，课程改革的效率取向再一次凸显，并以新的面貌开始了新的改革历程。

（四）1986—2000 年：效率优先，兼顾公平

1985 年 5 月，中共中央继发布《关于经济体制改革的决定》和《关于科学技术体制改革的决定》后，发布了《关于教育体制改革的决定》。《关于教育体制改革的决定》指出："必须极大地提高全党对教育工作的认识，面向现代化、面向世界、面向未来，为 90 年代以至下世纪初叶我国经济和社会的发展，大规模地准备新的能够坚持社会主义方向的各级各类合格人才。"[①] 1986 年 4 月 12 日，第六届全国人民代表大会第四次会议通过了《中华人民共和国义务教育法》。1993 年 2 月 13 日，中共中央、国务院颁布了《中国教育改革和发展纲要》，强调要加快教育的改革和发展，建立适应社会主义市场经济体制和政治、科技体制改革需要的教育体制，更好地为社会主义现代化建设服务。1999 年 1 月，国务院转批了教育部《面向 21 世纪教育振兴行动计划》。6 月 13 日，中共中央、国务院发出了《关于深化教育改革，全面推进素质教育的决定》。这一系列政策与文件的颁布，将我国教育推入了一个新的发展阶段，基础教育课程改革也随之有了新的发展。

1986 年，为实施义务教育，国家教委对全日制中小学 18 科教学大纲进行修订，并于 12 月正式颁布，从而展开了我国义务教育背景下的基础教育课程改革。人民教育出版社也随即对中小学各科教材进行了修订。1988 年 9 月，国家教委组织颁布了《义务教育全日制小学、初级中学教学计划（试行草案）》，同时颁发了义务教育阶段 24 个学科的教学大纲，并组织编写适用义务教育的各科教材。1992 年 8 月，国家教委颁发了《九年义务教育全日制小学、初级中学课程计划（试行）》，同时发布了义务教育阶段 24 个学科的教学大纲，拉开了第七次基础教育课程改革的序幕。1996 年 3 月，国家教委颁布了《全日制普通高级中学课程计划（试

---

① 何东昌：《中华人民共和国重要教育文献（1976—1990）》，海南出版社 1997 年版，第 2286 页。

验)》，对高中课程进行了系统改革。2000年1月，教育部颁发了《全日制普通高级中学课程计划（试验修订稿）》，对高中课程进行了进一步的修订和改革。从总体上来看，第六、七次基础教育课程改革是在第五次课程改革所形成的课程体系的基础上进行的，一方面坚持了原有课程体系的主体部分，另一方面又进行了一系列新的尝试和改革。

首先，改革课程管理体制，初步构建了国家、地方、学校三级课程管理体制。1992年的《九年义务教育全日制小学、初级中学课程计划（试行）》规定，中小学课程"主要由国家统一安排，也有一部分由地方安排"，首次明确将中小学课程分为"国家安排课程"和"地方安排课程"，并指出"地方课程由各省、自治区、直辖市教育委员会、教育厅（局）根据本地实际情况和需要制定"[①]。1996年颁布的《全日制普通高级中学课程计划（试验）》进一步扩大了地方和学校的课程管理权力，规定：普通高中课程由中央、地方、学校三级管理。课程计划中的12门学科课程（包括必修和限选学科）由国家教育委员会统一规定基本课时数，颁布学科教学大纲，并规划、组织编写和审查教材；各地省级教育行政部门可根据课程计划的精神和本地的实际情况，制订本省高中课程计划，指导学校执行。学校可从实际出发，对必修学科和限选学科做出具体安排，合理设置本校的任选课和活动课。2000年的《全日制普通高级中学课程计划（试验修订稿）》进一步强调："各级教育主管部门应结合当地经济、社会、文化教育发展实际，积极创造条件，努力开发、完善地方课程，并对综合实践活动和由学校安排的选修课的开发与实施给予全面的指导。"学校应"积极开发综合实践活动资源以及由学校安排的选修课资源，办出学校特色"[②]。

其次，在保持总体课程结构相对平稳的前提下对课程设置进行了一定的调整。一是调整各门课程在课程体系中的分量。相对于1981年颁布的《全日制五年制小学教学计划（修订草案）》，1988年的《义务教育全日制小学、初级中学教学计划（试行草案）》将语文、数学占全部学科的

---

① 课程教材研究所：《20世纪中国中小学课程标准·教学大纲汇编：课程（教学）计划卷》，人民教育出版社2001年版，第373—376页。

② 同上书，第408页。

总课时数从 65.1% 降到了 57.8%，自然课从 4.7% 增加到 5.9%，劳动课从 1.6% 增加到 2.2%，音乐、美术、体育三科总课时从 21.8% 增加到 25.9%。1992 年的课程计划初中部分将历史由 200 课时增至 234 课时，地理由 153 课时增至 170 课时，物理由 132 课时增至 164 课时（与"六·三"制初中相比）。总体上来看，适当增加了社会类、音体类和活动类课程，工具类和科学类课程相对有所减弱。二是初步改变课程形式，改变各科课程均为分科课程的局面，设置活动性、实践性综合课程。1988 年教学计划专门设置了"活动"课程。《现行普通高中教学计划的调整意见》也规定在高中开设活动课程，包括课外活动、社会实践活动两个部分。1992 年的课程计划明确将课程分为"学科类课程"和"活动类课程"两大类。1996 年的《全日制普通高级中学课程计划（试验）》规定，普通高中活动类课程包括校会、班会、科技艺体活动、课间操、眼保健操和社会实践活动，其中社会实践活动每学年安排二周，三年共六周，其他活动三年共 315 课时。三是改变所有课程均必修课程的格局，设置选修课。在 1988 年的教学计划中，"五·四"制初中的三、四年级增加了选修课，各校可根据条件和需要，开设职业选修课或文化选修课。1990 年颁布的《现行普通高中教学计划的调整意见》也开设了选修课，包括单课性选修和分科性选修两种。1991 年国家教委颁发了《关于在普通高中开设选修课的意见》，指导各地开设选修课。1996 年的课程计划规定：普通高中学科类课程分为必修、限定选修和任意选修三种方式。四是开设职业指导课，加强中小学生的职业、就业指导。1992 年的课程计划规定在初中阶段开设短期职业指导课，"使学生了解关于就业和升学的方针政策，了解当地有关学校和主要职业的情况、职（专）业特点和不同职（专）业人员的素质要求，学习择业的一般常识。使学生能够根据国家需要及自身条件正确选择升学和就业方向"[1]。2000 年的课程计划指出："各地要根据本地实际，充分利用当地资源，积极创造条件开设职业技术类课程。"[2]

---

[1] 课程教材研究所：《20 世纪中国中小学课程标准·教学大纲汇编：课程（教学）计划卷》，人民教育出版社 2001 年版，第 376 页。

[2] 同上书，第 407 页。

最后，在课程内容上降低课程难度，强调面向所有学生。在 1986 年颁布的中小学各科教学大纲中，小学语文教学大纲对学生识字的要求从 3000 个降到 2500 个左右，中学语文教材规定的基本篇目也从原来的 360 篇降到了 190 篇（其中初中 110 篇，高中 80 篇）。小学数学教学大纲则删去了正负数和正负数四则运算等内容，中学数学将微积分初步、行列式和线性方程改成选学内容，并降低了对方程、不等式同解原理等的要求。中学外语、物理、化学、生物等科目都在一定程度上降低了难度。1988 年颁布的教学计划进一步"力求体现义务教育是公民教育的性质，使每个学生都受到必要的各学科的教育，教学内容的确定尽可能考虑我国大多数教师和学生的实际，精选作为每个公民所必需的各学科中最基本最有用的部分，习题难度和理论要求力求适当"[①]。为此，在 1986 年教学计划的基础上，进一步精简了课程内容，降低课程难度和课程要求，如初中代数删去了同解概念和方程、不等式同解原理、分式方程、高次方程、对数等内容，简化了二元二次方程组和二次函数的内容，几何则删除了否命题和逆否命题、四种命题之间的关系，三角函数的诱导公式和斜三角形的解法等内容。教材的编写也更加注重面向所有学生，适当拓宽知识面，降低理论难度和深度，不过度追求概念的严密性和知识系统的完整性，适当地引入了职业教育因素，重视联系生产实际、自然和社会实际以及学生的生活实际。在教学上同样强调面向全体学生，如 1988 年的《九年义务教育全日制初级中学数学教学大纲（试用修订版）》要求教学要面向全体学生，因材施教，指出"由于本大纲中所规定的教学要求是基本要求，是全体学生都应当达到的，还由于学生在知识、技能、能力方面的发展和志趣、特长等都有差异，所以在教学时既要面向全体学生，又要因材施教"[②]。

1986—2000 年的基础教育课程改革延续了原有课程的主体内容和主体结构，在此基础上进行修订和改革，在价值取向上是"效率优先，兼

[①] 彭泽平：《嬗变与超越——新中国基础教育课程改革史》，华龄出版社 2006 年版，第 212 页。

[②] 课程教材研究所：《20 世纪中国中小学课程标准·教学大纲汇编：数学卷》，人民教育出版社 2001 年版，第 554 页。

顾公平"。一方面，工具性课程和科学课程仍然在基础教育课程体系中占据主导地位，学科课程所占的分量比活动类课程要大得多，学科课程的学术性倾向仍然是主导取向，基础知识的掌握和基本技能的培养仍然是课程和教学的主要任务，基础教育课程改革的主要目标仍然是为了"全面提高教育质量，更好地适应社会主义现代化建设的需要"①。另一方面，这一时期的课程改革促进了基础教育课程的"重心下移"，更加注重课程的多样化、民主化和开放化，增加地方和学校的课程权力，突出了学生的主体地位，重视学生综合素质的培养，重视非升学取向的知识、能力和态度的教育和培养。这一系列改革措施在一定程度上降低了基础教育课程的学术性、精英化和竞争性的倾向，改变了基础教育课程的升学取向和效率取向，削弱基础教育课程产生学生竞争性分化的作用，使基础教育课程进一步面向全体学生，努力提高基础教育课程对所有学生的适应性，更加公平地对待所有学生。

（五）2001 年以来：公平取向

1999 年 1 月，国务院转批了教育部《面向 21 世纪教育振兴行动计划》，提出要"改革课程体系和评价制度，2000 年初步形成现代化基础教育课程框架和课程标准，改革教育内容和教学方法，推行新的评价制度，开展教师培训，启动新课程的实验。争取经过 10 年左右的实验，在全国推行 21 世纪基础教育课程教材体系"②。6 月 13 日，中共中央、国务院发出了《关于深化教育改革，全面推进素质教育的决定》，强调要"调整和改革课程体系、结构、内容，建立新的基础教育课程体系，试行国家课程、地方课程和学校课程。改革课程过分强调学科体系、脱离时代和社会发展以及学生实际的状况。抓紧建立更新教学内容的机制，加强课程的综合性和实践性，重视实验课教学，培养学生实际操作能力"③。由此，我国启动了第八次基础教育课程改革。2001 年 5 月 29 日，国务院发出了

---

① 课程教材研究所：《20 世纪中国中小学课程标准·教学大纲汇编：课程（教学）计划卷》，人民教育出版社 2001 年版，第 396 页。

② 何东昌：《中华人民共和国重要教育文献（1998—2002）》，海南出版社 2003 年版，第 218 页。

③ 同上书，第 288 页。

《关于基础教育改革与发展的决定》，要求"加快构建符合素质教育要求的新的基础教育课程体系"①，并对基础教育课程改革的方向和内容作了进一步的规划和规定。2001 年 6 月 8 日，教育部颁发了《基础教育课程改革纲要（试行）》，第八次基础教育课程改革正式拉开了帷幕。7 月，教育部颁发了义务教育阶段 17 个学科 18 种课程标准，并审定了 20 个学科的中小学课程实验教材。2003 年 3 月，教育部颁发了《普通高中课程方案（实验）》和 15 个学科课程标准，开始在普通高中推行新一轮课程改革。第八次基础教育课程改革在课程理念上有了新的突破，系统设计了新的课程体系，构建了新的课程结构，在课程内容、课程实施和课程评价等方面都获得了新的进展，表现出一种新的课程风格。

在课程管理上，确立了国家、地方、学校三级课程管理体制，进一步下放课程管理权力，扩大地方、学校和教师的课程权力，增强课程对地方、学校及学生的适应性。在三级课程管理体制下，教育部负责总体规划基础教育课程，制定基础教育课程管理政策，确定国家课程门类和课时等，对基础教育课程实行宏观管理。省级教育行政部门可依据国家课程管理政策和本地实际情况，制订本省（自治区、直辖市）实施国家课程的计划，规划地方课程，报教育部备案后组织实施，也可经教育部批准后，单独制订本地区范围内使用的课程计划和课程标准。学校在执行国家课程和地方课程的同时，还可根据本地的社会、经济发展情况，结合本校的传统和优势、学生的兴趣和需要等，开发或选用适合本校的课程。三级课程管理体制赋予了学校较大的课程权力，使学校成为课程开发和课程实施的重心之一。一方面，学校获得了较大的课程开发权力和开发空间。在 2001 年颁布的《义务教育课程设置实验方案》中，地方与学校开发或选用的课程占到了全部课程总课时的 10%—12%。在 2003 年颁布的《普通高中课程方案（实验）》中，学生要在学校开设的选修模块中获得至少 6 个学分（总学分 144 分）方可毕业。② 另一方面，学校在

---

① 何东昌：《中华人民共和国重要教育文献（1998—2002）》，海南出版社 2003 年版，第 889 页。

② 彭泽平：《变革与反思——改革开放以来我国基础教育课程改革研究》，中国文史出版社 2005 年版，第 242—244 页。

课程实施上也获得了更大的权力。学校可在确保实施国家课程的基本精神和基本内容的前提下，对国家课程和地方课程进行校本化实施，也可自行开发基于本校实际的校本课程，实现学校的特色化发展。

在课程设置上，改革课程门类，调整各科课时比例，形成新的课程结构体系。第八次基础教育课程改革打破了以往基础教育课程以分科为主的课程体例，加强综合性课程的建设，按小学以综合课程为主、初中分科与综合相结合、高中以分科课程为主的思路整体设置基础教育课程。除语文、数学、外语等学科课程外，小学开设品德与生活（品德与社会）、科学、艺术、综合实践活动等综合课程。初中开设历史与社会、科学、体育与健康、艺术、综合实践活动等综合课程。高中以分科课程为主，但以学习领域、科目、模块等方式将不同学科组合起来，形成"语言与文学""数学""人文与社会""科学""技术""艺术""体育与健康"和"综合实践活动"等学习领域以及"必修学分""选修学分Ⅰ"和"选修学分Ⅱ"等模块。其中"综合实践活动"为中小学必修课程，主要包括信息技术教育、研究性学习、社区服务与社会实践以及劳动与技术教育等方面。一至九年级综合实践活动课程占全部课程总课时数的6%—8%，高中综合实践课程共为23学分。在课时比例上，义务教育阶段语文占全部课程总课时数的比例从1994年的23.78%（"六·三"制）、23.71%（"五·四"制）下降到了20%—22%，数学从15.79%（"五·四"制）、15.72%（"六·三"制）下降到了13%—15%，地方与校本课程则由6.14%（"六·三"制）、7.41%（"五·四"制）增加为10%—12%。改革以后，义务教育阶段综合实践活动、地方课程和校本课程加起来占全部课程总课时数的比例达到了16%—20%，高中阶段综合实践课程与"选修学分Ⅱ"加起来也占了总学分数的20.1%。

在课程内容的选择和组织上，改变课程内容以学术性内容为主，以学科逻辑进行组织的状况，转到面向学生的生活需要选择课程内容，以学生的经验为基础组织课程内容的方向上来。第八次基础教育课程改革着力对原有课程中"难、繁、偏、旧"的内容进行了删减，引入更多与学生生活密切联系，反映现代社会和科技发展的新内容，使课程内容体现出鲜活的生活气息和时代气息。课程内容的组织也不再刻意追求学科体系的严密性、完整性和逻辑性，而是以学生的生活经验为线索进行组织，使课程内容的呈现更加符合学生的认知规律，更加贴近学生的经验和生活实际。《全日制义务教育生物课程标准（实验稿）》指出，该课程标准"力求更加注重学生的发展和社会的需求，更多地反映生物科学技术的最新进展；更加关注学生已有的生活经验；更加强调学生的主动学习，并增加实践环节"①。其课程理念包括"面向全体学生""提高生物科学素养"和"倡导探究性学习"三项，其中生物科学素养是指"参加社会生活、经济活动、生产实践和个人决策所需的生物科学概念和科学探究能力，包括理解科学、技术与社会的相互关系，理解科学的本质以及形成科学的态度和价值观"②。为此，选择了科学探究，生物体的结构层次，生物与环境，生物圈中的绿色植物，生物圈中的人，动物的运动和行为，生物的生殖、发育与遗传，生物的多样性，生物技术，健康地生活 10 个主题作为基本内容，并指出学科逻辑与学生的认识逻辑是不尽一致的，内容标准的框架也不等于教材的体系，同一主题下的内容可以编写在一个单元，也可编排在不同单元中，教材内容的呈现方式应"注意从学生的生活经验出发，创设情境，引导学生自主学习、主动探究"③。

在课程实施上，改变过于注重知识传授，强调授受学习、死记硬背、机械训练的状况，"倡导学生主动参与、乐于探究、勤于动手，培养学生搜集和处理信息的能力、获取新知识的能力、分析和解决问题的能力以及交流与合作的能力"④，从"以教师为主导"的课程实施转到"以学生为主体"的课程实施，从关注课程实施的知识性和学术性转到注重实践化的课程实施上来。在学科教学中，充分尊重学生的主体地位，强调发挥学生的自主性和主动性，注重在教学中设计各种活动增加学生的参与度，使学生在参与和进行活动的过程中获得发展。如《全日制义务教育生物课程标准（实验稿）》（简称《标准》）在"生物与环境"中要求

---

① 教育部：《全日制义务教育生物课程标准（实验稿）》，北京师范大学出版社 2001 年版，第 1 页。

② 同上书，第 2 页。

③ 同上书，第 43 页。

④ 何东昌：《中华人民共和国重要教育文献（1998—2002）》，海南出版社 2003 年版，第 907 页。

"教师应指导学生通过对一片草地、一个池塘、一块农田等生境的研究，学习调查和观察的方法，加深对生物与环境关系的认识"①。《标准》还针对不同主题的教学提出了活动建议。如在"生物圈是人类与其他生物的共同家园"中提出让学生通过各种途径调查、收集生物圈的相关资料，模拟召开"国际保护生物圈"研讨会，结合本地实际讨论如何保护生物圈。第八次基础教育课程改革还通过综合实践活动课程、地方课程和校本课程等课程形式，为学生提供题材广泛、形式多样的实践机会，让学生在与本地区社会生活的密切联系中进行学习，增加学生的实践机会。为此，课程改革强调积极开发和利用校内外的各种课程资源。《基础教育课程改革纲要（试行）》指出："学校应充分发挥图书馆、实验室、专用教室及各类教学设施和实践基地的作用；广泛利用校外的图书馆、博物馆、展览馆、科技馆、工厂、农村、部队和科研院所等各种社会资源以及丰富的自然资源；积极利用并开发信息化课程资源。"② 为学生提供丰富多样的课程资源，使学生得以在广阔的社会环境中进行课程实践，实现学生的自由、充分、多样化发展。

在课程评价上，改变以往课程评价过于注重对知识的检查和测评，过分强调甄别和选拔的功能，形成有利于促进学生发展、教师提高和改革教学实践的课程评价体系，从选择性课程评价转到了发展性课程评价的方向上来。第八次基础教育课程改革所倡导的课程评价不再突出对基本知识和基本技能的掌握，而是以知识与技能、过程与方法、情感态度与价值观为核心构建起"三位一体"的课程评价体系，以发挥课程评价促进学生全面发展的功能。《基础教育课程改革纲要（试行）》指出："评价不仅要关注学生的学业成绩，而且要发现和发展学生多方面的潜能，了解学生发展中的需求，帮助学生认识自我，建立自信。发挥评价的教育功能，促进学生在原有的水平上的发展。"③《普通高中课程方案（实验）》提出要实行学生学业成绩与成长记录相结合的综合评价方式，

---

① 教育部：《全日制义务教育生物课程标准（实验稿）》，北京师范大学出版社2001年版，第12页。

② 何东昌：《中华人民共和国重要教育文献（1998—2002）》，海南出版社2003年版，第908页。

③ 同上书，第909页。

学校应根据目标多元、方式多样、注重过程的评价原则,综合运用观察、交流、测验、实际操作、作品展示、自评与互评等多种方式,为学生建立综合、动态的成长记录手册,全面反映学生的成长历程,以促进学生的发展。这样,新的课程评价从注重结果转到了注重过程,力求通过多种评价途径和评价方式来反映学生的成长历程,使学生看到自己的成长轨迹并以此激励自己进步,从而使评价的过程成为学生的成长过程;从注重共性对比转到了注重个性展现,改变以往以统一的标准衡量所有学生,并以此作为评价学生优劣的标准的做法,将课程评价看作学生展现自己学习成绩和成长历程的平台,努力将学生各自最优秀、最有特色的成绩、成果展现出来,使课程评价的过程成为学生个性展现的过程。

正如有学者所言,第八次基础教育课程改革"体现了我国基础教育由精英化向大众化的价值转型,从底线意义上体现了对每个人发展权的保障和维护,进而体现了对每个人缔结社会的基本贡献和对人的种属尊严的肯定"[①]。第八次基础教育课程改革突出了基础教育的公平性,强调基础教育"为了每位学生的发展"。课程标准所确定的是对学生学习结果最低的、基本的要求,立足于让所有学生都能够达到的一个基本标准。课程内容的选择充分关照学生的生活世界和现实需要,力求使课程内容贴近学生的生活实际,增强课程内容对学生生活的适应性,注重培养学生在现代社会生活中所需要的最基本的知识和技能,养成与现代社会发展相适应的情感、态度和价值观,提升每位学生在社会生活中的适应能力和发展能力。课程的实施充分尊重学生的生活经验,突出学生在课程实施中的主体地位,强调利用并发展学生的生活经验,努力使课程实施成为学生生活世界的一部分,将课程实施融入学生的生活世界中,使学生在参与课程实施的实践活动中发展自身的知识与经验,提升自身的生活能力和生活品质,实现自身的个性发展。课程的评价尊重每个人的学习历程和学习结果,尊重每个人发展的价值,努力通过多种途径和方式反映每个人的成长和进步,力求使每位学生都获得各自充分、自由、个性化的发展。在新的课程体系中,课程的中心是作为个体的"人",整个

---

① 彭泽平:《嬗变与超越——新中国基础教育课程改革史》,华龄出版社 2006 年版,第 265 页。

基础教育课程体系充分体现了为了"人"、基于"人"、通过"人"的人文理念，人的尊严、人的价值、人的发展权利成为基础教育课程改革的理念基础。通过尊重每个人的生活经验，尊重每个人的发展方式，尊重每个人的发展路径，尊重每个人的发展结果，新的基础教育课程体系维护着课程对每个人的价值和意义，实践着"为了每位学生的发展"的公平理念。在这里，基础教育课程的升学意味被消解了，课程的最根本目的是为了学生作为"人"、作为"现代人"的属性的发展；课程学习与他人对比和竞争的性质被消解了，课程学习只是一个自主发展的途径和手段，是一个自我对比的过程；课程实践的功利性被消解了，课程实践更多的是提升人的素质和能力，实现人的自由发展和个性解放；课程的工具性被消解了，课程不再是为了实现未来生活的一种手段和工具，课程本身就是生活，课程与学生的生活在本质上是融为一体的。所以，在新的课程体系中，课程对每位学生都具有同等的价值和意义，每位学生都能从课程中获得属于自己的成功和发展。课程的公平意义被凸显了出来，成为第八次基础教育课程改革的显著特点。

（六）小结

纵观我国 60 余年来的基础教育课程改革，效率与公平始终是历次课程改革的主要价值取向，并且在不同的历史背景下有着不同的表现和影响。1950—1957 年的课程改革建立了以工具性课程和科学课程为主体，以分科课程为主要形式的基础教育课程体系，确立了基础教育课程为提高国家经济社会建设效率培养人才的价值取向。但 1958 年的基础教育课程改革开始偏离这种价值取向，并在 1966—1976 年的课程改革中形成了为实现彻底的社会公平而采取极端的方式进行的课程改革，最终使基础教育课程陷于混乱和瘫痪。1977—1985 年的课程改革结束了基础教育课程体系混乱、效率极端低下的局面，再次建立了国家集中管理、课程体系单一、以工具性课程和科学课程为主体、以分科课程为主的课程体系，效率取向的基础教育课程再次被确立起来。1986—2000 年的基础教育课程改革在坚持原有课程体系的主体内容和主体结构的前提下对课程进行了修订和改革，形成了"效率优先，兼顾公平"的课程改革取向。2001年以来的第八次基础教育课程改革系统构建了新的课程体系，形成了一种具有鲜明公平精神和追求的基础教育课程，使基础教育课程再次从效率取向转向了公平取向。我国的基础教育课程改革就是这样在效率取向与公平取向之间摆动着前进（见表1）。

表1　新中国成立以来我国基础教育课程改革的主要措施及价值取向

	主要措施	价值取向
1950—1957年	确立全国统一的课程管理体制 以工具性课程和科学课程为主的课程体系 分科课程 强调学科知识的严密性和系统性 重教师主导、重课堂教学、重知识传授	效率取向
1958—1976年	下放教育管理权力 课程设置与教材编写由各地各校自主进行 以生产劳动和革命的政治需要为依据选择课程内容 突出学生、工农兵的作用，实行"学生上讲台""开门教学"等教学方式 实行"开门考试"，强调民主评定和实践考试	公平取向
1977—1985年	恢复国家对基础教育课程的统一管理 重新建立以学术性课程为主体、分科课程为主要形式的课程体系 强调教师的主导地位，强调课堂教学，强调知识掌握和技能训练 重新确立考试和考查的作用和地位	效率取向
1986—2000年	（在继承先前课程体系下的局部改革） 初步构建三级课程管理体制 调整课程结构，适当降低学术性课程的份量，设置综合课程、选修课程和活动课程等 降低课程难度	效率优先，兼顾公平
2001年以来	确立三级课程管理体制 形成小学以综合课程为主，初中分科与综合相结合，高中以分科为主、适当综合的课程体系 面向学生生活选择课程内容，以学生经验为基础组织课程内容 提倡课程实施的活动化和实践化 强调发展性课程评价	公平取向

二 20世纪以来美国历次基础教育课程改革的价值取向

与我国基础教育课程改革"自上而下"的改革路径不同，美国基础教育课程改革具有比较明显的"自下而上"的特征，课程改革主要由一些学术团体、教育组织发起和推行。直到20世纪50年代，国家力量在基础教育课程改革中的作用才占突出地位。即便此时，国家也主要通过发布咨文、报告和律法等方式对基础教育课程改革产生影响和作用。实际上，在19世纪末期以前，美国基础教育课程的变革是一个局部性、自发性的变化过程，全国性的、自觉的、成体系的基础教育课程改革直到19世纪末期才出现。1893年，由查尔斯·威廉·埃里奥特（Charles William Eliot）为主席的全国教育协会"十人委员会"发表了关于中等学校课程计划的报告，可以说是美国现代基础教育课程改革的开端。然而，"十人委员会"的报告激起了众多反对之声，并由此产生了以实用主义为基础的进步主义课程改革运动和以科学管理为旨趣的科学化课程改革运动，这两股力量形成了20世纪上半叶美国基础教育课程改革的主要力量。到1958年《国防教育法》的颁布，美国基础教育课程改革进入了一个新的历史时期，国家力量开始成为美国基础教育课程改革的一股主导力量，使美国基础教育课程改革产生了新的转向。进入20世纪60年代，美国国内社会矛盾日益严重，社会公平问题成为美国的突出问题，社会公平也随之成为基础教育课程改革的重要方向。1983年，《国家在危急中：教育改革势在必行》发表，美国国家力量再次介入基础教育课程改革，使美国基础教育课程改革再次发生转向。此后，基础教育课程改革一直为美国政府所重视，不断以各种方式影响或主导着基础教育课程改革的方向和进程。

（一）20世纪初期到20世纪50年代末：公平取向

20世纪初期美国基础教育课程改革是在批判传统教育，尤其是"十人委员会"的课程改革主张的基础上发展起来的。在"十人委员会"成立之前，美国中学课程在面向升学和面向就业的两边摇摆不定，学校教学效果很差。"十人委员会"研究中学课程,即旨在解决中学与大学的关系的问题,以统一中学课程。但"十人委员会"所提的建议却是中学课程为学生升入大学做准备,削弱和忽视了中学为学生参加社会生活做准备的职能,由此引起了人们的普遍不满。批评者认为:"十人委员会"的报告"没有认真地考虑社会的变化和学校学生的变化,把学校引回到为升大学做准备的老路,把中学引向了倒退"①,"在委员会看来是面向普通教育所有学生的学术课程在后来的改革者看来是只适应能够升入大学的那部分中学生而已"②。

为使中学教育更加适应社会的发展,全国教育协会于1913年成立了"中等教育改组委员会",经过几年的调查研究,于1918年发表了报告《中等教育基本原则》。报告认为:中等教育应面向所有适龄青年,它的所有课程都应在一个统一的组织中提供。中等教育应当根据社会需要、个人的发展以及教育理论和实践的知识来决定,应当使每个社会成员都能发展他的个性,发展每个人的知识、兴趣、理想、习性和能力,使他能找到自己的位置,并通过它来改造自己和社会,从而使他们能够完满地和有价值地生活。报告还确立了中学教育的七项目标,分别是:1. 促进身体健康;2. 掌握基本技能;3. 有效的家庭成员;4. 发展职业能力;5. 胜任公民职责;6. 善用闲暇时间;7. 养成道德品格。报告"第一次以文件的形式明确肯定充分的中等教育对所有青少年来说是必不可少的"③。《中等教育基本原则》"被认为是现代美国中学教育的分水岭,其中关于中学的目标、综合中学以及加强中学课程的实用性、多样性的主张,奠定了现代美国中学教育的基础,对20、30年代美国中学课程转变的影响尤为深刻"④。进步主义教育思潮对这一时期基础教育课程改革的影响也是广泛而深刻的。随着进步主义教育思潮影响力的不断增加,1919年美国"进步主义教育协会"成立,并于1920年发表了进步教育

---

① 袁振国:《对峙与融合——20世纪的教育改革》,山东教育出版社1995年版,第144页。

② Herberty M. Kliebard, *The Struggle for the American Curriculum*: 1893 – 1958, New York: Routledge Falmer, 2004, p.13.

③ 滕大春:《外国教育通史·第五卷》,山东教育出版社1993年版,第259页。

④ 汪霞:《国外中小学课程演进》,山东教育出版社2000年版,第16页。

"七项原则"：①学生有自然发展的自由；②兴趣是全部活动的动机；③教师是一个指导者，而不是一个布置作业的监工；④注重学生发展的科学研究；⑤对儿童的身体发展给予更大的注意；⑥适应儿童生活的需要，加强学校与家庭之间的合作；⑦进步学校在教育运动中是一个领导者。①

经过美国各种学术团体、教育组织以及其他各界的持续努力，至20世纪20、30年代，美国基础教育课程终于摆脱了传统学术性课程的藩篱，形成了强调课程与现代社会生活联系，尊重学生的经验、兴趣和生活需要的课程体系。在课程设置和课程内容的选择上，学术性课程被置于不重要的地位，围绕儿童生活经验和生活需要的课程成为基础教育课程的主体部分。在小学，传统的"读、写、算"（"3R's"）等科目的比例持续下降，音乐、图画、户外活动等科目却不断增加。有学者统计发现，美国小学课程中，"3R's"等科目占总课程时间的比例在1826年为91.7%，至1926年下降到了51.7%，社会和理科则上升到11.8%，音乐、图画、活动、休息等从8.3%上升到36.5%。中学课程也减少了拉丁语、希腊语等古典语言科目，增加了许多新的实用性科目，如消费教育、家政、体育及健康教育、成人指导、性格及宗教教育等。即使学术性科目也增加了不少新的内容，如英语课加入了演讲、新闻、辩论、戏剧、当代文学、广播、电视等。在课程实施上，学生成为课程实施的中心，课程的各种要素均围绕学生来组织。课程实施强调以学生的直接经验为出发点，并注重发展学生的直接经验，在具体的做法上就是重视通过学生的实际操作和活动进行学习，强调学生课程学习的自主性和主动性，强调个性化和主体性的课程实施，其中比较典型的代表有华虚朋（Carleton Wolsey Washburne）创立的文纳特卡制（Winnetka Plan）、帕克赫斯特（Helen Parkhurst）创立的道尔顿制（Dalton Laboratory Plan）和克伯屈（William Kilpatrick）创立的设计教学法。道尔顿制废除了年级、班级和课堂教学等传统教学形式，代之以课题作业。学生根据自己的课题作业，利用参考资料目录、实验仪器、标本以及教师对如何完成作业的建议等自行完成自己的任务。教师的任务只是帮助学生安排课题作业，解决学生可能

---

① 滕大春：《外国教育通史·第五卷》，山东教育出版社1993年版，第356页。

遇到的共同问题，回答学生的问题并评定学生的工作，在性质上更像是一个顾问而不是知识的传授者。

　　进入20世纪30年代，美国爆发的空前严重的经济危机在一定程度上改变了美国基础教育课程改革的方向。面对经济危机所引发的社会动荡和社会危机，美国教育界更关心学校在改善社会状况、解决社会问题所起的作用。许多人认为美国学校在解决社会问题方面软弱无力，并认为，进步主义教育对此应负主要责任，由此引发了要素主义和永恒主义对进步主义的猛烈抨击。进步主义教育阵营也出现分化，并进一步使进步主义教育思潮发生了转向，一部分进步主义教育论者从"儿童中心"转向了"社会中心"，开始强调教育在改造社会中的作用，成为"社会改造主义者"。他们认为，"儿童中心论者忽略了社会形势的变化及其所引发的价值观念的改变，因而依然固守原有的主张，其结果是使进步主义教育受到损害"[①]。1932年，乔治·康茨（George Sylvester Counts）出版了《学校敢于建立新的社会秩序吗?》，指出学校要成为建立一个根除贫穷、战争和种族主义的全新社会的中心，进步主义教育必须"公正而勇敢地面对每个社会问题，勉力对付严峻的生活的所有方面，同社区建立一种有机的联系，发展一种现实的、全面的福利理论，形成一种激动人心的挑战的人类命运观……总之，进步教育不能把希望放在儿童中心的学校上"[②]。要发挥教育改良社会的职能，"第一步就是要建立一种以变化着的社会的问题、观念和特征为导向的新的课程"[③]。为此，美国中小学更加注重在基础教育课程中加入社会中存在的各种问题，增加课程的社会改造因素。以社会问题为导向的课程更加受到重视和欢迎，如哈罗德·拉格（Harold Ordway Rugg）出版的《社会科学手册》，1929年出版时销售量为20000册，1930年达到60000册，1929年至1939年间共销售了1317960册，外加2687000册的工作手册。

---

　　① 张斌贤：《社会转型与教育变革——美国进步主义教育运动研究》，湖南教育出版社1998年版，第182页。
　　② 陆有铨：《躁动的百年——20世纪的教育历程》，山东教育出版社1997年版，第217页。
　　③ Herberty M. Kliebard, *The struggle for the American curriculum*: 1893-1958, New York: Routledge Falmer, 2004, p. 169.

第二次世界大战结束以后，基础教育课程改革再次回到适应学生生活需要的方向上来。1944年，美国教育政策委员会发表了《为所有美国青年的教育》报告。报告更多地强调与民主、世界公民及儿童和青年的一般性需要相关的目标，指出教育必须满足青年发展的十大需要：经济及职业技能、健康的体魄、社区及公民责任、家庭责任、消费技能、科学技能、文学艺术及音乐技能、消遣活动、道德价值、推理能力。1947年，美国联邦教育局成立了"青年生活适应教育全国委员会"，发起了"生活适应教育运动"。该委员会主张：1. 中学教育必须使所有青年完成学业；2. 中学教育的办学目标不应仅限于学术方面，而应满足学生社会的、职业的各种需要；3. 反对统一、固定的课程，采取多样化的课程以满足学生及社会的多种需要；4. 衡量学生的进步不能仅以其在学科中所掌握的抽象概念为依据，还应该包括那些通过参与家庭、工作及各种公民活动所获的各种技能。在"青年生活适应教育全国委员会"的推动下，全国有数千所学校采纳了生活适应训练计划。① 1951年至1954年，联邦教育局陆续发表了《为每个青年适应生活的教育》《富有生气的中等教育》和《展望为适应生活的中等教育》，教育面向适应生活的方向得到进一步加强。

20世纪上半叶，美国的基础教育课程改革从总体上说是一种公平取向的课程改革。课程改革的发起，最先就是源于对只为少数能升入大学的学生服务的升学取向的传统课程以及"十人委员会"提出的改革方案的批判，其目的是要改变基础教育课程脱离学生的现实生活状况，只适合少数学生的性质，建立面向全部美国学生，能够提升全部学生生活能力和生活品质的基础教育课程。在课程改革运动中占据主导地位的进步主义教育的核心理念就是通过教育和课程改革建立和巩固民主主义社会。在进步主义教育运动的核心人物约翰·杜威（John Dewey）看来，当时美国社会出现的种种危机是由于各种社会集团之间缺乏交流，或者只有权威主义的单向式交流，从而造成了社会的对抗。传统的二元论哲学是造成这种对抗的根源，这种二元论表现在教育上，就是教育目的的二元化，

---

① 陆有铨：《躁动的百年——20世纪的教育历程》，山东教育出版社1997年版，第328页。

即"上层闲暇阶级的孩子将受文雅教育而下层劳动群众的孩子则受职业训练"①。因此,"民主社会的教育问题在于消除教育上的二元论,制定一种课程,使思想成为每个人自由实践的指导,并使闲暇成为接受服务责任的报偿,而不是豁免服务的状态"②。解决的办法是"共同交流经验"。通过共同交流经验,"人们参与一种有共同利益的事,每个人必须使自己的行动参照别人的行动,必须考虑别人的行动,使自己的行动有意义和有方向,这样的人在空间上大量地扩大范围,就等于打破阶级、种族和国家之间的屏障"③。由此,杜威提出"学校即社会",学生在学校这样一种"雏形的社会"中模拟"职业"(occupation)生活而获得"共同交流的经验",从而成为一个能够维护和建设民主主义社会的公民。20世纪30年代的课程改革虽然从"儿童中心"转到了"社会中心",但课程改革的基本出发点仍然是发挥学校在改良社会,促进社会公平和社会发展的作用,只不过其手段从学生自由的、实践的经验发展转到了明确地、有意识地培养学生的社会意识和社会责任感上来而已。即使到了20世纪40年代"生活适应教育"的兴起,其主旨还是在于增强学生的社会适应和社会生活能力,课程改革仍然面向学生的现实需要和现实生活,面向社会的大众阶层,在改革精神上沿袭了战前美国教育的主流,即教育旨在使学生适应生活。正因为如此,"生活适应教育成为现代教育的象征,成为以前的四十年进步主义教育改革的体现(不管这会如何歪曲那些改革的意义)"④。从这个意义上说,社会公平仍然是"生活适应教育"的主导价值取向。

(二) 20世纪50年代末到20世纪60年代中期:效率取向

虽然20世纪上半叶,美国基础教育课程改革将美国基础教育课程的方向从升学取向转到了生活适应取向,将基础教育课程的重心从精英阶

---

① 陆有铨:《躁动的百年——20世纪的教育历程》,山东教育出版社1997年版,第189页。
② [美]约翰·杜威:《民主主义与教育》,王承绪译,人民教育出版社1990年版,第276页。
③ 同上书,第92页。
④ 瞿葆奎:《教育学文集·美国教育改革》,人民教育出版社1990年版,第401页。

层下移到了大众阶层，顺应了美国基础教育快速发展，走向普及化、大众化的趋势。但同时，以进步主义为主导的生活适应取向的基础教育课程却不利于提高学生的学业成绩，不利于培养国家所需要的具有扎实知识基础和从事高层次研究工作的精英化人才，在20世纪50年代后期面对国际竞争的日益激烈受到了越来越多的批评，最终失去其优势。批评者认为："进步主义的改革太强调适应，强调鼓励孩子追求他们自己的兴趣，强调社会活动、个体发展以及降低了基本的学术或训练技能的设计教学法（project method）。简言之，学校变得不够严格，因为学校忽视了重要的、学术的、用脑筋的和困难的学科。一些人认为，这些典型的现代学校与其说是一个学术性机构，倒不如说更像马戏场。"①

1957年，苏联成功发射第一颗人造地球卫星，美国朝野震动，普遍认为美国的科学技术已经落后于苏联。要想在科学技术方面超过苏联，就要培养一大批具有高深知识和专业训练的科学家和工程技术人员，教育改革成为全国各界共同关注的焦点。1958年，美国颁布《1858年国防教育法》，为美国基础教育课程改革提供了动力、方向和财政支持。法案采取加强自然科学、数学和现代外语（"新三艺"）等学科，强调"天才教育"，加强职业技术教育，增拨大量经费等措施，力图改变学校不利于培养拔尖人才的局面，提高学校教育的效能。1959年，美国科学院和美国科学促进会在伍兹霍尔召开会议，讨论改革美国中小学自然科学教育的问题，将课程改革推向纵深。1965年，美国又颁布了《初等教育与中等教育法》，强调中小学教育要为学生接受专业训练打好基础，还明确指出，中学应为向高校输送人才作准备。与此相呼应，美国众多学者、学术团体和教育组织也纷纷采取各种措施和行动，对课程改革起到了推波助澜的作用。1959年，詹姆士·布赖恩特·康南特（James Bryant Conant）经过两年时间的深入调查，出版了《今日美国中学》（《康南特报告》）。报告认为，美国中等教育的主要问题是学术质量低，有才能的学生没有得到充分的发展，并提出强调文理并重的普通教育；实行能力分组，加强对天才学生的教育；发展综合中学等措施以改进中学教育。1960年，杰罗姆·S.布鲁纳出版了《教育过程》，集中阐述了伍兹霍尔

---

① 瞿葆奎：《教育学文集·美国教育改革》，人民教育出版社1990年版，第402页。

会议的改革主张和理论依据，为美国20世纪60年代课程改革提供了核心思想。1961年，全国教育协会教育政策委员会通过了《美国教育的中心目标》，指出"学校教育年限有限，不足以完成许多教育目标，学校的中心任务是训练学生的独立思考能力、发展学生的推理和理解能力，以便让学生自己去完成其他的教育目标"①，并将加强学术教育、发展学生智力确立为中学教育的主要职能。

在国家和社会各界的共同推动下，这一时期美国基础教育课程发生了很大的变化。一是改变以往学校课程选修课过多，课程选择过于自由的状况，大幅度提高了必修课的比例。1960年关于北卡罗来纳州、俄亥俄州、纽约州及埃而帕索三州一市高中毕业标准的分析表明，必修课的比例大都占至全部课程的二分之一以上，如纽约州规定高中毕业应修满16学分，其中必修课占11.5学分，选修课仅占4.5学分。② 二是加强学术性课程，强化课程的学术性。学校课程中学术性课程上升到很大的比例，必修课大多是学术性学科，即使是选修课，也大多是在必修课的基础上进一步充实学术性课程，以培养天才学生。三是强调科学课程。科学课程受到空前重视，国家财政对课程的资金支持也主要流向学术性课程，特别是科学课程的研究和开发。《1958年国防教育法》中，国家重点援助的课程开发是自然科学、数学、现代外语三类。1964年，美国国会通过了《国防教育法修正案》，增加了对历史、地理、公民、英语等学科的援助，加强了人文学科的教育，但自然科学课程仍然占据最主要的部分。在国家的政策支持和财政援助下，物理、化学、生物等自然科学课程开发方兴未艾，"物理科学教学委员会"（PSSC）"生物学课程研究会"（BSCS）"化学教材研究会"（CHEMS）"普通学校数学研究会"（SMSG）"小学科学规划会"（ESS）等组织编写了大量新的课程和教材，其中小学科学常识3套，中学数学2套，高中物理学2套，高中化学2套，高中生物学1套，高中地理学2套。③ 四是强调学科的独立性、系统性和完整性。学校课程以学科课程为主，数学、物理、化学、生物等课程具有鲜

---

① 汪霞：《国外中小学课程演进》，山东教育出版社2000年版，第23页。
② 同上书，第27页。
③ 滕大春：《外国教育通史·第六卷》，山东教育出版社1994年版，第93页。

明的学科界限，就连社会学科这样综合性较强的课程也采用了像"中学社会学""中学人类学""中学经济学"这样的学科形式，英语也分为文学、写作、语法等学科。

结构主义成为这一时期课程改革运动的主导思想。结构主义起源于让·皮亚杰（Jean Piaget），经由这一时期课程改革的直接发起人和理论代言人布鲁纳和施瓦布的传播和发扬而对课程改革产生深刻影响。结构主义者认为："知识乃是人们赋予经验中的规律性以意义和结构而构造起来的模式，任何一个知识领域内总存在着基本的知识结构，它通常是由一定的概念体系所组成，揭示着这门学科的主要内容，并制约着这门学科的探索活动。"① 布鲁纳认为："一门学科的课程应该决定于对能达到的、给那门学科以结构的根本原理的最基本的理解。"② 换而言之，就是"不论我们选教什么学科，务必使学生理解该学科的基本结构"③。所谓"学科结构"，一是指由一门学科特定的一般概念、一般原理所构成的体系，二是指一门学科特定的探究方法和探究态度，即学科的实质结构和句法结构。④ 课程和教学必须让学生掌握一门学科的基本概念、基本原理和基本知识，形成良好的知识结构。良好的知识结构具有简约性和生成性等优点，有利于学生的学习和发展。掌握学科的基本结构具有多方面的意义：一是可以使学科更容易理解，二是有助于记忆，三是有利于学习的迁移，四是能缩小"高级"知识和"初级"知识之间的差距。在结构主义的影响下，各门课程的开发和编制都强调学科的基本结构，围绕学科的基本结构进行课程内容的组织和呈现。如"物理科学教学委员会"（PSSC）编制的物理学课程更加强调物理学中的基本概念，包括了"波粒二象性"和"现代原子概念"等现代物理的中心概念，而不是工艺上的应用。耶鲁大学"数学研究组"（SMSG）强调数学最重要的不是掌握具体的数学运算规则，而是对数学特点和基本原理的理解以及养成学生

---

① 吴式颖、任钟印：《外国教育思想通史》（第十卷），湖南教育出版社2002年版，第48页。
② ［美］杰罗姆·S. 布鲁纳：《教育过程》，邵瑞珍译，文化教育出版社1982年版，第47页。
③ 同上书，第31页。
④ 张华：《课程与教学论》，上海教育出版社2000年版，第17页。

正确的思考方法。即使是英语这样的学科，也强调句型，努力使学生掌握并熟悉各类句子特有的基本结构。

此外，在教学上还采取了一系列改革措施，革新教学制度和教学方法，以提高教学效率，如强调发现法，激发学生的学习动机，加快教学手段的现代化，使用机器教学，重视个别化教学等。布鲁纳认为，在教学中，可以保留一些令人兴奋的部分，让学生去发现它，但这种发现又不同于科学家从事科学活动的发现活动，对学生而言，"发现不限于只是寻求人类尚未知晓的事物的行为，确切地说，它包括用自己的头脑亲自获得知识的一切方式"[①]。"发现法在课堂教学中就是要使学生在教师的帮助下，能够亲自发现事物的结构和规律，像数学家那样思考数学，像历史学家那样思考历史。"[②] 通过发现法，可以激发学生的学习动机，培养学生的探究思维能力和直觉思维能力。教学的现代化水平也得到了很大的提高。在对课程研究和开发进行资助的同时，联邦政府还投入了大量资金推动教学手段现代化改革，使得唱片、收音机、录音机、电视、电影等教学手段得到较广泛的应用。新行为主义心理学家斯金纳发明的教学机器也得到了广泛的推行和应用。个别化教学迅速发展，产生了如程序教学、个别化规定教学（IPI）、个别指导教育（IGE）等新的个别化教学形式。

20世纪50年代末到20世纪60年代中期，美国基础教育课程改革在政府和社会各界感受到来自苏联的科技挑战的背景下发起，课程改革的主要目的是提高美国教育为国家培养科技人才的能力和效率，强调教育服务于国家的需要，特别是提高国家科技水平的需要，具有明显的国家效率主义倾向。这种倾向首先表现在美国联邦政府一改不直接干预学校教育的态度，以积极的态度、迅速的行动、强有力的措施直接主导了这场课程改革运动。虽然联邦政府仍然没有达到对美国基础教育实施集权化管理的程度，联邦政府的各种改革措施和政策也不具有对学校管理的法律效力和政策效力，但显然联邦政府历史上第一次实现了对全国课程

---

① 高觉敷、叶浩生：《西方教育心理学发展史》，福建教育出版社2005年版，第262页。
② 吴式颖、任钟印：《外国教育思想通史》（第十卷），湖南教育出版社2002年版，第76页。

改革的统一领导，通过其政府影响力和政策号召力使美国课程改革呈现出历史上从没有过的步调一致的局面，第一次使"教育为国家服务"成为社会共识。这种倾向还表现在社会各界对联邦政府课程改革政策和措施的响应和支持上。如果说在美国这样一个多元化的社会中，基础教育课程改革从来都存在着各种派别和主张，它们之间总是处于相互争论和角力之中的话，那么在这一时期的基础教育课程改革中，"教育为国家服务"的国家效率主义取向显然在社会舆论中占据了绝对优势。不仅是教育界，其他社会各界都纷纷声援这场课程改革运动，支持联邦政府的课程改革政策和措施，并且纷纷投入各种力量积极参与到课程改革中来，许多学术团体、社会组织更是直接参与了课程的开发和编制，极大地推动了课程改革运动的发起、发展和深入。这种倾向还表现在课程改革运动所表现出来的少有的危机感和紧迫感上。1957年苏联卫星上天，马上引起了美国社会各界的普遍恐慌，并迅速将矛头指向了教育，联邦政府也迅速做出反应，1958年就颁布了《1958年国防教育法》。法案也表现出少有的力度、明确性和系统性，不仅为课程改革增拨了大量经费，还明确提出加强自然科学、数学和现代外语的教学，并为此大力推进学校建设和教学设备升级与更新，保证和促进新课程的实施。法案的各项措施均指向了提高学校培养国家所需要的科技人才的能力的目标上。与此相呼应，社会各界也迅速投入力量进行课程开发，在较短的时间内开发出了多种课程和教材。这种倾向具体表现在课程上，就是几乎彻底拒斥了美国20世纪上半叶"生活适应"的课程取向，大量排除非学术性学科和生活化课程内容，加强和突出学术性学科，特别是自然科学学科，精选有利于培养科技人才的课程和课程内容，重视以培养科学家的方式培养学生，以科学家的素质作为标准来衡量学生的素质和学校的教育质量。在课程编制中突出科学家的作用，忽视甚至排斥了教育学家，极大地强化了课程的学科逻辑，削弱了课程的心理逻辑。总而言之，20世纪50年代末到20世纪60年代中期的基础教育课程改革运动将美国基础教育课程从重视公平猛然拉到了过分重视效率，使课程改革带上了某些非理性狂热。而正是这种非理性狂热，为这场轰轰烈烈的课程改革运动的最终命运埋下了伏笔。

(三) 20 世纪 60 年代中期到 20 世纪 70 年代中期：公平取向

20 世纪 60 年代中期美国各种民权运动的兴起使社会公平成为社会关注的焦点，美国社会对过分强调智力发展、压抑学生个性、脱离社会生活的学校教育日益不满，这导致了对"学科结构主义"课程改革的反叛，从一个极端走向另一个极端。为反对这种学校课程，20 世纪 60 年代末到 20 世纪 70 年代，美国掀起了一场"选择制学校运动"（alternative school movement），产生了许多不同于主流学校模式的选择制学校，如"开放学校""没有围墙的学校""学习中心""继续学校""磁石学校""自由学校""马路学校"，等等。与主流学校强调学术课程不同，这些学校突出强调学生的生活需要，强调学生的个性自由发展，在课程选择上侧重与学生生活密切联系的内容，在课程组织上注重按生活逻辑和学生的心理逻辑安排和组织课程。各种学术团体和学者的观点也逐渐发生了改变，开始更多地"提倡多样化、多元主义，更多地注重对所有青年的全面发展——情感的发展、社会责任感的培养、职业的准备及学术的发展。主张用非传统的学校、教育场所、教学计划、校外活动作为中等教育的组成部分"[①]。美国教育研究会中等教育研究委员会主席威廉·范蒂尔（William Van Til）认为，20 世纪 70 年代美国中学课程计划应包括战争、和平及国际关系；人口过剩；污染及能源；不同文化之间的关系；世界观；娱乐和闲暇；艺术及美学；自我理解和个人发展；家庭、伙伴及学校；健康；社区生活；职业；交流；对未来的多种选择 14 个方面的知识，这些知识可以通过社会研究、语言艺术、外语、科学、数学、体育、家政、经济学、商业教育、工业艺术、消费教育、生物学、文学、音乐、手工等学科获得，或通过跨学科的综合课程获得。在这些提议中，学术性课程不再是学校课程的中心，学科也不再是学校课程的主要形式，社会问题和社会生活、个人职业和个人生活、个人的个性与自由成为学校课程的重要组成部分。

这一时期美国中小学的课程发展表现出与 20 世纪 50 年代末到 20 世纪 60 年代中期课程改革几乎相反的特点。首先，必修课的比例下降，选

---

① 汪霞：《国外中小学课程演进》，山东教育出版社 2000 年版，第 30 页。

修课的比例上升。为使学校与社会生活密切联系，加强课程与学生生活的适切性和实用性，尊重学生的自由选择，促进学生的个性化发展，许多学校降低了必修课在学校课程中的比例，开设更多的选修课供学生选择。这一时期，美国中学的必修课比例下降为50%，选修课则上升至50%，达到与必修课比肩的水平，学生选课拥有很大的自由。如里奇费尔德（Ridgefield）中学要求学生修满21学分才能毕业，其中必修课为11.5学分。其次是课程内容的选择更加注重实用化、生活化和职业化。据卡内基教学促进会调查，1964年至1980年间，高中课程增加最快的10个科目是：体育、音乐表演、补习英语、驾驶教育、合作教育、健康教育、分配教育、普通销售、婚姻和成人训练、职业家政，大多是一些与生活密切相关的实用科目。① 即使是必修课，也增加了生活课程和实用课程的分量。亚拉巴马州和南达科他州要求每个中学都必须提供驾驶教育课程。里奇费尔德中学的必修科目为：交际（包括英语、文学、演讲）3学分，社会研究（美国及世界历史）2学分，数学1学分，科学1学分，艺术1学分，体育2学分，实用研究（家政、销售等）1学分，打字0.5学分，生活课程和实用课程在必修课中占有一定的分量。其次，选修课的生活化和实用化倾向更加明显。虽然选修课中有一部分是为学生升入大学而准备的学术性课程，但更大一部分是非学术性的，与生活密切相关的生活课程和实用课程，如婚姻及家庭指导、药物教育、性教育，等等。职业课程也大幅度增加，其比例甚至高于其他学科。据古德莱德统计，这一时期职业课程在高中课程结构中的比例平均达到24%，比英语、数学、社会研究、科学等任何学术性课程都高，在初中的比例也达到了11%之多，个别学校如费里德（Fairold）中学、欧几里得（Euclid）中学的职业课程比例更是达到了47%和41%。② 再次，课程实施更加尊重学生的生活经验，鼓励学生的自由表达和自主活动，重视发展学生的个性。最后，多元主义在课程中得到更充分的体现。在课程内容选择和课程实施的时候更加重视文化的多元性，努力体现对不同群体的文化和价值观的尊重，黑人、少数民族、女性等群体的诉求和利益得到了更多的尊重

---

① 汪霞：《国外中小学课程演进》，山东教育出版社2000年版，第33页。
② 同上书，第34—35页。

和体现。

　　与 20 世纪上半叶的基础教育课程改革和 20 世纪 50 年代末至 20 世纪 60 年代中期的基础教育课程改革不同，20 世纪 60 年代中期到 20 世纪 70 年代中期美国的基础教育课程改革没有形成一种强有力的思潮，也没有政府层面的系统、明确和坚定的政策支持和财政支持。这一时期的课程改革更多是出于对"学科结构主义"思想主导下而形成的过于强调学术课程，压抑学生个性，造成学生两极分化的学校课程的不满和反叛而自发形成的。它没有明确的理论主张，也没有统一的改革方案和改革计划，因而各地各学校课程改革的具体做法也各有不同，在社会影响上也不及前两次课程改革大。但总体来看，这一时期基础教育课程改革还是具有比较鲜明的特点，这些特点表明这一时期的课程改革与 20 世纪上半叶，以进步主义教育思潮为主导的基础教育课程改革运动在价值取向上是一致的。它们都是反对以升学为取向的学校课程，反对学校课程只为少数人服务的不公平性，主张基础教育课程应面向所有学生，强调课程对所有学生具有同样的价值。它们都重视课程对学生生活的价值，主张学校课程适应学生的实际生活，强调学校课程与学生生活、社会现实密切联系，主张学校课程的生活化，提升学校课程的实用价值。它们都重视学生的生活经验，尊重学生的选择和个性发展，重视通过学生的自由活动和自主学习促进自身的自由发展。它们的目的都是试图通过生活化、实用化、实践化和多样化的课程使所有学生都能获得充分、自由的发展，以此消除产生社会不公平的课程根源，从而促进社会的公平发展。正是在这个意义上，人们将这一时期的课程改革运动称为"新进步主义教育运动"，虽然它与"进步主义教育运动"并没有直接的传承关系，也没有系统采用进步主义教育的教育主张和具体做法，更没有对进步主义教育进行更多的创新和发展，甚至并没有形成一种统一的"运动"。

（四）20 世纪 70 年代末以来：效率优先、兼顾公平

　　20 世纪 70 年代中后期，美国教育界掀起了一场"回到基础"运动，其目的是恢复学术课程在学校中的主体地位，加强学生的基础知识和基本技能的训练，提高学生的学术基础，以提高美国基础教育的质量。"回到基础"运动的主要做法包括：取消像安全驾驶教育、性教育等非学术性课程，去掉学校课程中各种修饰性、点缀性课程，限制职业课程的数量，降低生活课程和实用课程在学校课程中的分量和地位；加强学术性课程，提高学术性课程的地位，如小学要更多地以读、写、算为重点，中学要更多地注重英语、科学、历史、数学的教学，强调课程内容要以基本的事实、概念、原理为主；大量取消选修课，降低选修课的比例，提高必修课的分量，且将必修课的重心放在学术性课程上；强化教学，强调教师的主导作用，将更多的时间用于英语、科学、数学、历史等学术性科目的教学上，更多地强调练习、复述、作业和评定等，以保证学生在学术性科目上的学习质量；加强考试、测验和评定的作用，严格中学的升级制度和考试制度，主张严格要求学生，加强对学生基础知识和基本技能的检查和测验，主张以学生基本知识和基本技能的测验成绩作为学生升学或升级的依据，而不是学生的在学年数。但是，"回到基础"运动主要由各州自发采取的各种改革措施形成，没有全国性的组织或论坛，也没有系统的理论主张，因而没有形成一股统一的、强有力的改革力量，运动缺乏有效的组织，对提高美国基础教育质量的影响也相对有限。

进入20世纪80年代，联邦政府作为一种国家力量再次介入基础教育课程改革，为提高美国基础教育的质量作出努力。1981年8月，美国成立"国家教育优异委员会"。委员会对美国的教育现状进行了长达18个月的调查，于1983年4月发表了报告《国家处于危险之中：教育改革势在必行》，揭开了美国新一轮基础教育课程改革的序幕。报告认为：美国基础教育课程存在缺乏学术性的中心目标，选修课所占比例过大，学术性课程比例下降，课程内容过于浅显等问题，这些问题正腐蚀着美国的教育基础，威胁着整个国家和人民的未来。报告旨在"从根本上改变我国教育制度，恢复国家不可推诿的责任，把全国各地的大中小学办成高质量的学校"[1]。1989年，美国科学促进会出版了《为全体美国人的科学：达到科学、数学和技术脱盲目标的2061计划报告书》（简称"2061计划"）。报告指出：在人类下一个发展阶段，人类的生存环境和生存条

---

[1] 吕达、周满生：《当代外国教育改革著名文献》（美国卷·第一册），人民教育出版社2004年版，第1页。

件将发生迅速的变化，科学、数学和技术是变化的中心，它们将成为教育今日儿童面对明日世界的基础。另外，美国未能给予学生足够的教育，从而导致了国家衰退。"不论出于何种考虑，美国没有任何事情比进行科学、数学和技术教育改革更为迫切。""美国没有正当理由（包括智力的、社会的和经济的理由）不能改革其学校教育，使所有的学生都具备科学基础知识。"[1] 1990 年 2 月，布什（George Herbert Walker Bush）总统签署了《国家教育目标》报告，提出了到 2000 年，美国教育要实现以下目标：高中学生的毕业率至少增加到 90%；学生在四年级、八年级和十二年级三个阶段结束时必须在英语、数学、科学、历史和地理等关键的学科中显示出应有的能力，每所学校都要保证所有学生能够充分运用他们的智力以为有效履行公民的权利和义务、进一步学习或就业作准备；美国学生的科学、数学成绩将是世界一流的。1991 年 4 月，布什总统签署《2000 年的美国———一种教育战略》，制定和规划了教育改革的战略，明确了中小学教育发展的目标和任务，对基础教育课程改革进行了具体的部署。1993 年 4 月，威廉·克林顿（William Clinton）总统签署了《2000 年目标：美国教育法》，在继承布什政府的教育改革方案的基础上，将基础教育课程改革进一步推向纵深。2002 年 1 月，美国国会通过了《不让一个孩子掉队》法案，提出"在美国，不能让一个孩子掉队。每个孩子都应该受到发挥其全部潜能的教育"[2]，努力将"优异"与"公平"结合起来，在新的高度上推进美国基础教育课程改革。2009 年，巴拉克·奥巴马（Barack Obama）总统提出了以 K–12 阶段为主要对象的"全面教育改革计划"，并开始在追求实现《不让一个孩子掉队》法案的基础上修订该法案，以便修正法案的不足，改变法案实施不力的状况，更加有效地提高美国的教育质量。

从《国家处于危险之中：教育改革势在必行》发表开始，这场由联邦政府主导的基础教育课程改革持续至今，历经罗纳德·里根（Ronald

---

[1] 吕达、周满生：《当代外国教育改革著名文献》（美国卷·第二册），人民教育出版社 2004 年版，第 14、16 页。

[2] 吕达、周满生：《当代外国教育改革著名文献》（美国卷·第四册），人民教育出版社 2004 年版，第 194 页。

Reagan)、布什、克林顿、乔治·沃克·布什（George Walker Bush）、奥巴马五任总统，整整有三十余年，始终保持着对美国教育高质量的追求。历届总统还根据课程改革的实际进展，对改革方案进行修订或深化，不断为课程改革注入新的血液。虽然各方案在具体的措施上有所不同，但它们始终贯穿着努力提高美国教育质量的追求，在课程改革的价值取向和基本措施上也具有高度的一致性。综合起来看，这一时期美国主要采取了设置核心课程、建立国家课程标准、加强测验和提高入学标准等措施对基础教育课程进行改革。

首先，在课程设置上，加强基础学科的教学，设置核心课程，提高对核心课程的要求，强化对学生的学术训练，以使学生具有扎实的知识基础和基本技能，保证学生在学术性学科上获得成功。《国家处于危险之中：教育改革势在必行》将英语、数学、科学、社会、计算机5门基础课程作为"现代课程的核心"，要求中学生在4年期间要学习4年英语、3年数学、3年科学、3年社会方面的课程和半年计算机科学。"2061计划"将科学、数学和技术作为课程的核心，把科学教育、数学教育和技术教育放在一种日常的、历史的背景中，通过具有实效性的、适合全部美国学生的科学教育、数学教育和技术教育的课程，增强美国公民的文化素质和以科学理解力为核心的文化能力。《2000年的美国——一种教育战略》将英语、数学、自然科学、历史和地理5门学科确定为核心学科。《2000年目标：美国教育法》进一步扩展了核心学科，增加了公民和政府、经济、艺术3门课程，使国家界定的核心课程增至8门。《不让一个孩子掉队》法案将阅读、数学和科学作为课程改革的重点，实际上也是将这3门课程作为学校课程的核心。从这几个改革方案看，英语、数学、科学始终被置于学校课程的核心地位，学术性课程在学校中的地位不断得到加强，这反映了这一时期美国政府对学生以基础知识和基本能力为核心的学术素养，特别是科学素质的重视。

其次，提高课程标准和学习要求，建立国家教育标准（课程标准），以高标准带动基础教育质量的提高。一直以来，美国的教育并没有全国统一的标准，教育标准或课程标准主要由各学区或各州自行制定和实施。直到20世纪80年代，随着联邦政府对教育干预力度的不断加大，干预的程度不断加深，建立国家教育标准（课程标准）逐渐成为联邦政府推进教育改革的一项重要措施。所谓国家教育标准,是指"一个有适当教育的年轻美国人,一个中学毕业生,在他进入成人期时应知道什么和会做什么,也就是说,指每个人都须得有的全国最低限度的核心知识和技能"[①]。1983 年《国家处于危险之中:教育改革势在必行》没有提出建立国家课程标准,但提出学校应当对学生的学业成绩和品德采取更严格和可测度的标准,提出更高的要求,以有助于学生面对"挑战性的学习材料,能全力以赴地学习"[②]。美国科学促进会继 1989 年完成"2061 计划"报告之后,于 1993 年完成了《科学文化的标准》,对 K-12 不同年级学生的学习制定了 12 个主题的原则性的标准,还规定了二、五、八和十二年级末的学生在科学、数学和技术学习方面应当达到的标准。虽然《科学文化的标准》不是一种课程标准,但它仍然为美国在科学教育、数学教育和技术教育上提供了一种参照标准,指明了美国学生在科学、数学和技术方面的素质标准。《2000 年的美国——一种教育战略》将建立英语、数学、理科、历史和地理 5 门学科的全国统一标准作为课程改革的一项主要任务。为完成这一任务,美国国会还设立了"全国教育标准与检测委员会",负责指导开发全国课程标准和测评标准,将国家课程标准的制定付诸实施,开启了美国基础教育"课程标准化"运动。《2000 年目标:美国教育法》更加重视国家教育标准的建设工作,成立了"国家教育标准和改进委员会"(NESIC),领导编订供各地采用的课程标准,并且将国家教育标准发展成为包括课程内容标准、学习机会标准和评估体系在内的系统化标准体系。法案还规定,国家课程标准的制定主要由 NESIC 负责。NESIC 指定全国性的学科机构编订国家课程内容标准,由 NESIC 审查课程标准并报"国家教育目标专门小组"复审。各州可依国家标准编订自己的课程标准,但需提交 NESIC 审查并确定是否通过。这表明,国家课程标准已经对各州课程标准具有了约束效力。《不让一个孩子掉队》法案更是将国家课程标准与

---

① 袁振国:《对峙与融合——20 世纪的教育改革》,山东教育出版社 1995 年版,第 186 页。

② 吕达、周满生:《当代外国教育改革著名文献》(美国卷·第一册),人民教育出版社 2004 年版,第 16 页。

成绩测验结合起来,并通过责任制给学生学业成绩测验赋予了奖惩性质,进一步加强了国家课程标准的效力,强化了国家对基础教育课程的管理和控制。

最后,加强学业成绩的测验和评估,提高学生毕业的标准,以高要求保证基础教育的高质量。《国家处于危险之中:教育改革势在必行》明确指出:"成绩(分数)应该是学习成就的指示器,是证明学生继续学习的可靠证据。"[①] 报告要求提高四年制的学院和大学的入学要求,以5门基础课程的标准化成绩测验(不是性向测验)作为入学录取的重要依据。《2000年的美国——一种教育战略》提出要开发和建立全国统一的"美国学力测试"(american academic tests) 制度,以英语、数学、自然科学、历史和地理5门核心课程的全国课程标准为标准对四、八和十二年级的学生进行统一考试,将测试成绩作为学生升入大学的基本条件和谋求职业的重要参考依据。此外,还设立了"总统优异成绩奖学金",对在全国统一考试中取得优异成绩的中学生进行奖励。《不让一个孩子掉队》法案进一步加强了考试和测验的作用,将学业测试成绩作为奖惩学校的重要依据。法案要求各州每年都对三至八年级学生进行州级测验,并要求各州四年级和八年级的学生必须每年参加全国教育评估计划进行的阅读和数学课程评估。联邦政府将根据这些成绩对各州、学区和学校进行奖励或"惩罚":法案实施两年内达到责任制要求的学校将获得一次性奖金;对在缩小学生成绩差距方面成绩显著的学校给予"不让一个孩子掉队"奖金;对减少学生之间成绩的差距和提高学生英语熟练程度方面成绩卓著的地方政府给予"教育成就"额外津贴奖金;对于没有达到目标的州、学区和学校,会被要求整改,并将失去部分教育投资。这样,通过突出数学、英语和科学等核心课程的课程评价的作用和地位,联邦政府将学校的侧重点和注意力引导到了学术性课程上来,使学校将更多的时间和精力用于学术性课程的教学,以确保学生获得扎实的学科基础知识和基本技能,最终使美国基础教育达到"高质量"。

---

① 吕达、周满生:《当代外国教育改革著名文献》(美国卷·第一册),人民教育出版社2004年版,第16页。

显然，这一时期美国的基础教育课程改革具有明显的效率倾向，"高质量"是课程改革的主旋律，国家力量在课程改革中的作用越来越大，对课程改革的影响也越来越深入。在这一次基础教育课程改革中，虽然各改革方案没有明确抵制生活课程，没有明确反对课程为学生的实际生活服务以及课程以学生的生活经验逻辑进行组织，但各方案重点突出了英语、数学、科学等工具性课程和科学课程，客观上降低了生活课程和职业课程在基础教育课程体系中的地位，提高了学术性课程的分量。选修课的比例下降了，必修课的比例得到较大的提高，学校教育的重心从注重学生的生活适应转到了加强知识教学和能力训练，着力提高学生的学业成绩和学术能力上来。这一取向的转变反映了美国政府努力使基础教育课程为国家的经济、社会和科技发展服务，为国家的发展培养人才的意图。如果说加强英语、数学等工具性学科的教学不足以体现课程改革为国家利益服务的话，那么在科学对提升国家竞争力的作用越来越大的时代背景下，加强科学教育则直接体现了联邦政府在基础教育课程改革上的效率取向。国家课程标准的确立有效地结束了美国各州基础教育"各自为政"的局面，直接加强了联邦政府对基础教育课程的管理和控制，有效地使国家意图贯彻到全国各地的基础教育课程改革中，使学校教学集中到国家所需要的内容上来，减少"不必要"的分散和浪费，对提高基础教育课程的效率具有直接的推动作用。强调学生学业成绩的检测，甚至将国家课程标准与学业成绩测验"捆绑"在一起，进一步加强了国家课程标准的影响力和约束力，甚至使国家课程标准具有一定的强制性，更加强化了国家课程标准在基础教育课程中的作用，进一步突出了基础教育课程中的国家意志和课程改革的效率取向。这一系列措施集中到一点，就是要加强中小学的学术性课程，培养具有扎实基础知识和基本能力，能为国家经济、社会、科技发展提供动力的新一代美国公民，以提升美国的国家竞争力，保持美国在全球的领先地位。

但是，这一时期的基础教育课程改革并不像20世纪50年代末到20世纪60年代中期的课程改革那样，为了培养拔尖学术人才而一味强调学术型课程，加大课程难度，造成基础教育课程对大部分不能升入大学的学生的不公平。这一时期的基础教育课程改革在强调"高质量"目标的同时，也试图恰当地处理公平的关系，努力使课程改革兼顾效率与公平。《国家处于危险之中：教育改革势在必行》指出："公平和高质量教育这一对目标对我们的经济和社会有着深远和实际意义。不论在原则上或实践中，我们不能同意让一个目标屈从于另一个目标。""那样做的话，就不能让年轻人根据个人的志愿和能力来学习和生活。这样一方面会导致我国社会普遍将就平庸的教育；另一方面，又会造成不民主的英才至上主义。"[①]《2000 年的美国：一种教育战略》和《2000 年目标：美国教育法》着力推进国家课程标准建设，是提高课程效率的一项重要措施，但这时的国家课程标准已不似 20 世纪 50 年代末的课程改革那样以培养少数拔尖人才为目标，而是以全体美国学生应该具备的基本知识和基本技能为基础，更多地是素质取向而不是升学取向的。这种标准是着眼于全体美国中小学生而制定的，是一种面向全体美国学生的标准，其"高质量"目标是指全体美国中小学生的学业成绩达到"高质量"，是在保证教育质量的同时，尽可能设置一种全体学生都能达到的标准，保证所有学生都能达到"高质量"的水平。从这个意义上来说，建立国家课程标准既是一种提高效率的措施，也是一项确保公平的措施。《不让一个孩子掉队》法案更是把公平放在了突出的位置，强调在美国没有一个儿童应该落后，包括身心残障和不以英语为母语的儿童。法案要求各州、学区和学校必须保证包括处境不利学生在内的所有学生达到较高的学业标准，将缩小学生成绩差距作为各州、学区和学校教育工作评估的一项重要指标，对不能在此项工作中取得成绩的州、学区和学校进行"惩罚"。在这里，"高质量"不再只是少数学生达到优异的"高质量"，而是全体学生都达到优异的"高质量"，"高质量"包含了公平的意义，从而将公平融入到对效率的追求中。当然，也应该看到，追求高质量始终是这一时期基础教育课程改革的主导价值取向，公平并不是其核心目标。从某种意义上来说，它更多地是"高质量"的内涵在时代背景下转变和丰富的结果，是基础教育课程改革在提高效率的过程中所带来的"副产品"。

---

① 吕达、周满生：《当代外国教育改革著名文献》（美国卷·第一册），人民教育出版社 2004 年版，第 6 页。

（五）小结

纵观美国20世纪以来的基础教育课程改革，在效率取向与公平取向之间摆动同样是美国基础教育课程改革的显著特点。从20世纪初开始，在进步主义的主导下，美国基础教育掀起一场长达半个世纪的课程改革。这场课程改革改变了美国传统的基础教育课程模式，建立起面向全体学生的、以生活适应为主旨的基础教育课程，奠定了美国现代基础教育课程传统。20世纪50年代末，面对来自另一个国家的科技挑战，基础教育课程改革走向另外一极，效率取向取代公平取向在基础教育课程改革中占据了主导地位。在"学科结构主义"主导下的课程改革建立了以学术性课程为主体的新课程体系，将基础教育课程的中心转移到了为国家培养拔尖科技人才的轨道上来。20世纪60年代中期到20世纪70年代中期，一场虽缺乏统一纲领和组织领导，但仍具有明显的价值诉求和基本特征，以加强学校课程与社会生活的联系，强调生活适应，强调社会公平的"新进步主义教育"运动取代了"学科结构主义"课程改革，将美国基础教育课程拉回到促进公平这一个极端。进入20世纪70年代末，美国政府再次介入基础教育课程改革，为提高基础教育的质量作出努力，重新确立了以学术性课程为中心的基础教育课程体系，并通过建立国家课程标准，建立问责制等措施加强了国家对基础教育课程的管理和控制，使基础教育课程又回到了效率取向一边。与前几次课程改革不同，20世纪70年代末以来，课程改革努力将效率与公平结合起来，在保证效率的同时尽可能兼顾公平，努力探索一种兼顾效率与公平的基础教育课程（见表2）。

表2　　20世纪以来美国基础教育课程改革的主要措施及价值取向

	主要措施	价值取向
20世纪初至20世纪50年代末	反对传统课程 强调课程与学生生活密切联系 开设生活课程和职业课程 尊重学生的兴趣和选择 强调活动课程	公平取向

续表

	主要措施	价值取向
20世纪50年代末至20世纪60年代中期	大幅度提高必修课的比例 加强学术性课程 强调学科的基本结构 强调学科的独立性、系统性和完整性 突出科学课程	效率取向
20世纪60年代中期至20世纪70年代中期	提高选修课的比例 强调生活适应，加强课程与学生生活和社会生活的联系 开设大量生活课程、职业课程等实用课程 主张多样化、多元化，提倡多元主义 尊重学生的兴趣和选择	公平取向
20世纪70年代末以来	强调基础知识和基本技能 突出工具性课程和科学课程等学术性课程 设置核心课程 建立国家课程标准 加强学业测验和评估 重视处境不利的学生	效率优先兼顾公平

第三章

基础教育课程改革中效率诉求的形成与实现

　　课程作为一种发展资源，对个人、社会和国家的发展都具有重要意义。对个人来说，课程学习是个人获取知识、提高能力、获取文化资本、提高自身生存和生活能力，实现人生价值的重要途径。对社会来说，通过学校课程培养社会成员的公民意识，提高学生参与社会生活、参与社会建设的能力，是一个社会提高其文明水平、实现社会发展的重要途径。对国家来说，通过学校课程培养国家经济社会发展所需要的人才是一个国家提高其经济、政治和文化实力，从而提高国家竞争力和国家发展水平的重要途径。质言之，课程同时具有个人效率意义、社会效率意义和国家效率意义。因此，在效率的角度上来看，推动课程改革的驱动力同时有个人效率诉求、社会效率诉求和国家效率诉求三种力量。

　　应当说，课程对个人、社会和国家的发展意义在任何时候都是同时存在的。然而，在课程变革史上，个人效率诉求、社会效率诉求和国家效率诉求在推动课程改革上的作用却既不是同一的，也不是同步的。如果将课程定义为促进人的发展的一切活动，那么个人效率诉求是推动课程变革的最原始、最根本动力。在最广泛的意义上，课程正是为了提高人的生存能力和生活质量而产生、发展和完善的。课程对人的发展意义和对社会的发展意义是基本同一的，但社会效率诉求作为推动课程变革的一股力量，却要到组织化课程活动产生之后才产生。只有当人类生活的组织化到达一定的程度，某一社会群体产生了共同的价值观念和生活方式，形成了共同的利益集团，产生了共同的发展诉求并将这种诉求的实现诉诸组织化课程活动之后，社会效率诉求才最终成为推动课程变革的自觉力量。在此之前社会效率诉求对课程变革的推动作用，更多地只是个人效率诉求简单集合的一种自发力量而已。课程变革的国家效率诉求的产生则是更晚的事。只有当国家产生之后，课程变革的国家效率诉求才是可能的。事实上，在国家出现之后的相当长的历史中，课程变革的国家效率诉求并没有形成，个人效率诉求和社会效率诉求在相当长的历史时期内仍然是推动课程变革的主导力量。即使在国家公共教育运动产生后的一段时间内，公共教育体系中课程变革的主要驱动力也不是来自国家效率诉求，而是社会效率诉求和个人效率诉求。实际上，国家效率诉求在 20 世纪以前就一直没有成为推动课程改革的主导力量。直到 20 世纪以后，国家才开始深度介入课程改革，国家效率诉求才逐渐成为课程变革的主导性力量。

基础教育作为公共教育运动的产物，其形成与国家力量的推动密不可分。但是，在国家基础教育体系形成之初，国家力量对基础教育的影响集中在基础教育学校体系的构建上，对基础教育课程的干涉程度并不深，学校和地方设置什么样的课程，如何进行教学比较自由，社会力量对基础教育课程的影响从某种程度上说比国家力量还要大些。以美国为例，基础教育学校体系在 19 世纪中叶就已经基本成型，但国家力量深度介入基础教育课程改革却直到 20 世纪中叶才出现。然而，国家力量一旦介入基础教育课程改革，就显示出极强的影响力，在基础教育课程改革中起着主导作用，甚至是支配性力量。纵观我国历次基础教育课程改革和美国 20 世纪以来的基础教育课程改革，每次基础教育课程改革中效率取向的凸显，都是国家效率诉求推动的结果，效率取向的基础教育课程改革均强调基础教育课程为国家经济社会发展服务，满足国家发展需求成为基础教育课程改革的主要目标。个人效率诉求与社会效率诉求要么被同化到国家效率诉求中去，要么被置于次要地位，在作为基础教育课程改革的驱动力上再没有形成与国家效率诉求同样的影响力。换而言之，国家效率诉求是 20 世纪以来基础教育课程改革的重要驱动力，在基础教育课程改革中发挥着重要作用，引导着基础教育课程改革向为国家经济社会发展，提高国家政治、经济、文化实力，提升国家竞争力服务的方向发展，最终出现了国家效率取向的基础教育课程改革。20 世纪以来，基础教育课程改革的效率取向突出地表现为国家效率取向的基础教育课程改革，基础教育课程改革中效率取向的凸显主要来自国家效率诉求，国家效率诉求是20世纪以来效率取向基础教育课程改革的第一驱动力。在这种背景下，本书所探讨的基础教育课程改革中的效率主要所指实际上就是国家效率，课程改革中的效率诉求就是国家效率诉求。为行文方便，除非特别指明，下文中"效率"即指国家意义上的效率。

　　国家效率包括政治效率、经济效率和文化效率等方面，国家对以奠定国民基本素质为目标的基础教育课程的效率诉求自然也包括政治效率诉求、经济效率诉求和文化效率诉求等方面，这就决定了国家对基础教育课程的效率诉求是综合性的。任何一个国家都不会放弃培养其国民拥有国家所需要的主流意识形态和政治素质的努力，也不会放弃培养其国民促进国家经济发展、提高国家经济力量所需要的各种素质和技能，当然也不会放弃提升其国民文化素质、提升国家文化水平的努力。基础教育课程改革的效率取向是一种综合性效率取向，内含着政治效率、经济效率和文化效率等取向，因而在具体的课程改革措施上也总是综合性而不是单一性的。然而，从我国基础教育课程改革的历程和美国20世纪以来基础教育课程改革的历程来看，效率取向的基础教育课程改革在具体措施上是有所侧重的。其一，效率取向的课程改革普遍重视工具性课程和学术性课程，重视基础知识的掌握和基本技能的训练。这固然可以奠定国民的基本文化素质，但在效率取向的支配下，这种措施的主要目的是为学生将来学习专业性学科、从事专业性工作打下坚实的基础，其最终目的是培养国家经济发展所需要的人才，并经由经济发展带动国家政治影响力和文化影响力的提升。其二，20世纪以来，科学课程在效率取向的基础教育课程改革中占据越来越重要的地位。在现代社会，科学技术是国家经济发展的第一推动力，科学课程在基础教育课程体系中的凸显更加直接地表明了效率取向基础教育课程改革对经济效率的侧重。总而言之，效率取向的基础教育课程改革以经济效率为中心，通过经济效率带动政治效率和文化效率，以此实现国家发展效率的提高。落实到基础教育课程，就是将工具性课程、科学课程等学术性课程放在中心地位，通过培养学生扎实的知识基础和能力基础，培养学生的科学基础和科学精神，使学生获得将来推动国家科技进步和从事国家经济建设的基本素质，提升学生为国家经济社会建设的服务能力。因此，基础教育课程改革的效率诉求主要是对有利于促进国家科技、经济发展所需要的，拥有扎实科学文化基础知识和基本技能的，将来能够推动国家科技进步和经济发展，进而推动国家政治、文化发展的学生素质的追求。

一　效率诉求的形成

基础教育课程改革国家效率诉求的产生与形成是历史发展的产物，20世纪国际政治、经济和文化的发展趋势与发展格局的变迁是基础教育课程改革国家效率诉求产生的历史背景。20世纪以来国际竞争日益激烈，科学技术飞速发展，人才和教育对国家经济社会发展的作用日益增大，客观上要求国家加强对基础教育的管理和控制，引导基础教育培养国家建设所需要的人才，以更高的效率和更好的质量进行人才生产，满足国家经济社会发展的需要。所以，"在国际竞争日趋激烈的今天，各国公共教育中都不同程度地存在着国家主义问题，教育被不同程度地视为国家进步的工具"[1]。国际竞争是基础教育课程改革国家效率诉求形成的客观环境，国家危机感是国家效率诉求产生的主观动力，教育对国家发展驱动作用的增加是效率诉求形成的内在机制，国家发展对人才规格的需求是效率诉求形成的内在根据。

（一）国际竞争与国家发展压力

20世纪是一个"全球化"的世纪。15世纪末克里斯托弗·哥伦布（Cristoforo Colombo）发现"新大陆"促进了"全球"地理意识和观念的诞生，世界各国的经济、政治和文化交流日益频繁。至19世纪末，世界形成了以欧洲资本主义国家为主要宗主国，亚洲、非洲和南美洲为殖民地的帝国式全球化格局。进入20世纪，帝国主义之间的利益冲突和利益争夺引发了两次世界大战，引起了世界格局的大变动。一方面，帝国主义国家之间形成新的联盟，美国作为新的帝国主义国家迅速崛起。另一

---

[1] 贾玉超：《功利教育及其敌人——从杜威、努斯鲍姆到古特曼》，《教育学报》2012年第6期。

方面，社会主义运动蓬勃发展，产生了一批社会主义国家，这种新的国家形态在世界政治舞台上产生了强大的影响力，深刻地影响着世界的发展格局。另外，一大批殖民地在民族运动中获得独立，产生了众多民族独立国家。至第二次世界大战结束，世界更是形成了资本主义国家阵营和社会主义国家阵营两大对立政治阵营，世界进入"冷战"时期。"冷战"结束以后，世界又进入了"多极化"发展时期，世界各国进入了新的竞争时期。从根本上来看，20世纪世界格局的风云变幻乃是在全球化浪潮中世界各国之间进入深度竞争的结果。全球化的进程加剧了世界各国的利益冲突和碰撞，国际竞争日益进入国家政治、军事、经济、文化、科技力量的全面较量态势。在全球化浪潮中，"最受政府重视和实际上更具根本性的'全球化'观念，是以经济为核心和支撑的经济全球化，以及由此衍生的政治、文化等各个领域的全球化"①，国际竞争重心也转到了以国家经济实力为核心的国家综合实力竞争。国际竞争的加剧，尤其是两次世界大战，推动了科学技术的进步，最终催生了以信息技术、生物技术、空间技术等高新技术为主体的第三次科技革命。科学技术的飞速发展深刻改变了人类社会的发展模式，世界各国的经济发展，乃至军事、政治、文化的发展越来越依赖于科技进步。一个国家能否在国际竞争中取胜，越来越取决于这个国家的科技实力，取决于这个国家的科技发展水平。于是，发展科学技术成为一个国家提高国际竞争力的重要内容。质言之，20世纪以来，国际竞争形成了一种以科技发展为动力，以经济发展为核心，包括政治、军事、文化等领域的发展为内容的综合国力竞争的态势，世界进入深度全球化、全面竞争化的国际竞争时期。

这种深度、全面的国际竞争给世界各国带来了强烈的危机感和国家发展压力。为了在国际竞争中占据有利地位，世界各国均不遗余力地进行改革，努力加快自身发展速度，尽可能地提高本国在世界政治经济体系中的地位。经济实力是一个国家国际竞争力的重要指标，为提高本国经济力量，各国均采取各种措施不断刺激本国的经济发展。20世纪以来，科学技术对经济发展的推动力量显著增加，一个国家的经济发展越来越

---

① 叶澜：《"新基础教育"论：关于当代中国学校变革的探究与认识》，教育科学出版社2006年版，第28页。

依赖于国家的科技进步和科技力量的提升。为此,各国均十分重视科学技术的创新和发展,努力提升国家科技创新和发展的能力,加快科学技术向生产力转化的力度和速度,尽可能发挥科学技术对经济发展的推动作用。不仅如此,国家科技力量也在很大程度上决定着一个国家的军事、政治、文化实力。进入20世纪,军事的发展与科学技术的关系越来越密切,高科技武器是衡量一个国家军事力量的最重要指标。实际上,对世界主要国家而言,国家科技进步与国家军事发展存在着相互促进的关系,军事科技研究往往是国家科技进步的前沿,而国家科技进步又进一步提升国家的军事力量。国家军事力量的提升是国家综合实力的重要成分,并且为其他领域的发展提供了重要保障。在这种背景下,国家科技力量还决定着一个国家的政治影响力。拥有先进科学技术水平的国家往往在国际竞争中占据着有利地位,在世界政治舞台上拥有较强的话语权,对世界政治格局产生有利于本国的影响。在以科学技术为主要特征的现代文化体系中,一个国家的科学技术水平同样影响着这个国家在国际上的文化地位和文化影响力,先进的科学技术往往代表着先进的文化,并对其他国家的文化产生影响,从而使本国的文化地位得到提升。由此,日益激烈的国际竞争带给世界各国日益强烈的危机感和日益紧迫的发展压力,各国努力推动自身经济、政治、军事、科技、文化的发展,其中科技进步成为各国提升自身综合实力和国际竞争力的重要手段,科学技术的竞争成为国际竞争的焦点。

从基础教育课程改革的历史看,基础教育课程改革国家效率诉求的产生与国际竞争和国家发展压力的加剧不无关系。

美国20世纪50年代末"学科结构主义"课程改革发起的直接原因就是来自另一个国家的威胁。作为资本主义世界和社会主义世界代表的两个国家,美国和苏联在第二次世界大战以后进入了白热化竞争阶段,其中任何一个国家的发展对另一个国家而言都是一种威胁。1957年苏联成功发射了第一颗人造地球卫星,这在美国激起了强烈的危机感,让美国政府和社会感到自己的科技已经落后于苏联。正是在这种危机感和国家发展压力的推动下,美国迅速发起了一场以培养科技人才为中心任务的课程改革运动,第一次明确把国家需要作为基础教育课程改革的主旨和方向。美国20世纪80年代以来的基础教育课程改革同样与国家发展压力存在密切的关系。20世纪70年代以后，美国经济陷入衰退；相反，日本、欧洲等国家和地区的经济实力不断提升，世界进入了多极化发展阶段，美国在世界体系中的霸主地位再次受到挑战，这让美国再次感到危机的来临。《国家处于危险之中：教育改革势在必行》开篇即说："我们的国家处于险境。我国一度在商业、工业、科学和技术上的创造发明无异议地处于领先地位，现在正在被世界各国的竞争者赶上。"[①] 正是这种危机感推动美国政府再次介入基础教育课程改革，开启了新一轮效率取向的基础教育课程改革。

我国基础教育课程改革效率取向的产生和形成同样与国家面临的国际竞争环境和国家发展压力有关。新中国成立伊始，面对的是一个千疮百孔、百废待兴的局面，国家工业基础几乎为零。新生的中国政权还面临着资本主义世界的全面封锁和阴谋颠覆。如何迅速恢复国民经济，建立完整的国民经济体系，快速提高国家经济实力，巩固新生政权是国家必须解决的紧迫问题。新中国基础教育课程改革在这样的环境下开始，必然要求基础教育课程有利于国家经济社会建设，迅速为国家经济社会建设培养大批人才，国家需要自然是基础教育课程改革的主导方向。"文化大革命"结束以后，我国面对的同样是一个国民经济濒临崩溃的局面，发展国民经济、提高国家经济实力同样是国家面临的一个紧迫任务。并且，这时世界各国正在第三次科技革命的推动下，经济社会发展不断走上新的台阶。世界格局向多极化发展为我国的发展提供了契机的同时，也使我国面临着新的、更加复杂的国际竞争局面。集中精力发展国民经济，迅速提高国家科技、经济、文化水平，提升国家综合实力成为我国国家和社会发展的必然选择。这样的历史使命决定了我国20世纪70年代末开始的基础教育课程改革必须为社会主义现代化建设服务，培养国家现代化建设所需要的科技人才和建设人才。

（二）人才与教育对国家发展的意义

科技竞争归根结底就是人才的竞争。在科学技术对国家经济社会发

[①] 吕达、周满生：《当代外国教育改革著名文献》（美国卷·第一册），人民教育出版社2004年版，第1页。

展的决定作用越来越大,国家的竞争力越来越取决于本国科技力量,国际竞争越来越集中地表现为科技竞争的现代社会,人才对国家发展的意义自然也越来越明显、越来越突出。正如《教育——财富蕴藏其中》所指出的:"技术进步的速度与人的干预的质量之间的联系变得越来越明显,培养能够利用新技术和具有革新意识的经济人才的必要性也愈来愈突出。"[1] 于是,一个国家的经济社会发展能力和发展潜力,以及这个国家的国际竞争力,就取决于这个国家拥有人才的数量和质量。所以,20世纪以来,世界各国均越来越重视人才,特别是科技人才的引进和培养。第二次世界大战中美国之所以能够迅速发展成为世界第一强国,一个很重要的原因就是它引进了一大批德国知识分子和科技人才。进入20世纪后半叶,美国更是通过各种方式和途径从世界各国引进人才。从某种程度上说,人才的大量引进是美国战后保持世界领先地位的重要原因。为吸引和培养大量科技人才,世界各国纷纷出台各种人才战略,营造更好的工作环境和学习条件,向国家急需的各种专业人才,尤其是科技人才提供丰厚的条件,不断为国家人才培养、引进和留用提供动力和刺激,努力提高本国的人才数量和质量。

人才的培养归根结底要依靠教育。20世纪以来,"教育需要和教育要求,无论其各自的增长率如何不平衡,无论其结果如何不一致,这两方面都正在日益猛增。这种教育需要与要求增加的影响几乎在全世界都可以见到"[2]。本杰明·基德(Benjamin Kidd)认为,教育在社会效率中扮演着主要角色,"离开强有力的领导下的、精心周到的学校教育,不论是个体还是国家层面上的社会效率都变得不现实"[3]。在人才对国家发展的意义不断增加的背景下,教育对国家发展的意义同样不断增加。加快教育发展,提升教育培养国家建设所需要的人才,成为一个国家提升自身综合实力和国际竞争力的必然选择。正如联合国教科文组织所指出:巨大的经济运动总是伴随着教育上的扩展,经济发展的要求和新的就业机

---

[1] 联合国教科文组织:《教育——财富蕴藏其中》,教育科学出版社1996年版,第57页。

[2] 联合国教科文组织:《学会生存——教育世界的今天和明天》,职工教育出版社1989年版,第56页。

[3] Michael Knoll, "From Kidd to Dewey: The Origin and Meaning of 'Social Efficiency'", *Journal of Curriculum Studies*, Vol. 41, No. 3, 2009, pp. 361 – 391.

会的出现强烈地激起了教育上的扩张。① 现代经济活动的一系列新特点赋予教育对国家发展新的意义,提升了教育对于国家发展的作用。"教育系统不仅要确保十分必要的学校教育年限和职业培训年限,而且要培养科学家、革新者和高水平的技术干部。"② 首先,现代经济的发展越来越依靠科技创新和科技发展,科学技术与经济社会发展的关系越来越紧密和直接,科学技术转化为生产力的周期越来越短,这决定了学校教育与社会经济运行的关系更加紧密,学校教育为社会经济活动服务的功能被凸显出来。正如有学者所言:"教育在广义上说对社会具有经济价值,现代化过程的一个很大部分涉及发现和培养新的人才,使他们能卓有成效地运用创新性的新技术。"③ 一个国家要实现本国经济社会的快速发展,必然要求学校充分发挥其促进经济发展和社会进步的功能,培养能够推动国家经济社会发展的创新人才和科技人才,满足国家经济社会建设的需要。其次,国家的发展不仅仅要依靠像科学家这样的现代科学技术创新人才,还取决于是否能够培养与现代经济社会相适应、具有现代精神和现代科学素质的公民和劳动者,而这同样需要学校教育来完成。最后,20 世纪的教育发展还出现了"教育先行"的特征,在人类历史上第一次出现了要求教育的发展先于经济的发展,第一次出现了为一个尚未存在的社会培养新人的要求。教育对国家发展的意义被赋予了"现在时"和"将来时"的双重意义,任何一个国家都再也不能无视或轻视教育之于国家发展的作用,教育必然也必须成为国家优先关注的对象。

基础教育虽然不直接培养推动国家科技创新和经济社会建设的各种专门人才,但它要为专门人才的培养奠定坚实的基础。基础教育能否为学生打下坚实的知识基础和能力基础是专门人才培养能否获得成功的前提。因此,国家对科技创新人才以及其他各类专门人才的需求落实到基础教育,必然要求基础教育有利于培养具有专业知识和创新能力、能够推动国家科技创新和经济社会发展的各种专门人才,要求基础教育课程

---

① 联合国教科文组织:《学会生存——教育世界的今天和明天》,职工教育出版社 1989 年版,第 59 页。
② 联合国教科文组织:《教育——财富蕴藏其中》,教育科学出版社 1996 年版,第 57 页。
③ [美] 沃尔特·范伯格、[美] 乔纳斯 F. 索尔蒂斯:《学校与社会》(第 4 版),李奇等译,教育科学出版社 2006 年版,第 27 页。

为培养专门人才服务，以为专门人才的培养奠定知识基础和能力基础为导向构建基础教育课程体系。这种要求在基础教育课程中具体表现为以学术性课程为主体，以基础知识的掌握和基础技能的训练为重点，注重培养学生的科学素养和创新能力，突出基础教育的"升学导向"，强调基础教育为高等院校输送人才的功能。基础教育课程作为专业课程学习的预备，侧重以学科逻辑建构课程体系，以使将要进入高等院校的学生尽快做好专业学习的准备。同时，国家经济社会发展还依赖于具有现代知识基础、现代精神和现代科学素质的公民和劳动者，这也必然要求肩负着为全体公民奠定文化基础和社会精神任务的基础教育按照现代国家的需要培养具有相应知识和素质的现代国民，为国家的经济社会建设提供坚实的社会文化基础和国家人力资源。总而言之，基础教育对国家经济社会发展的基础性意义，决定了国家要对基础教育施加作用和导向，强化基础教育为国家发展服务的职能。

（三）国家发展对基础教育培养规格的要求

培养什么样的人是一种教育价值取向对教育实现其价值取向所提出的培养标准。任何一种教育价值取向都会对教育提出自己的人才培养规格标准，这种规格标准是教育价值取向在教育目标上的具体表述。基础教育课程改革的国家效率诉求同样会提出有利于促进国家经济社会发展效率、提高国家综合实力和国际竞争力的人才培养要求。国家的发展通常需要基础教育课程培养具有扎实的基础知识和基本能力，具有良好的科学素养，将来能够从事高层次、创新性专业工作或适应现代科学技术发展、能有效提高社会生产效率的人。这种人才培养规格是由国家对能够推动国家科技创新和发展，提高社会生产效率，促进经济发展，进而带动国家综合国力和国际竞争力提升的效率诉求决定的。

首先，国家的发展需要基础教育培养具有一定学术性向的人。国家需要一大批具有深厚专业知识和研究能力的知识分子为国家经济社会发展提供创新和发展动力，基础教育虽然不直接培养专业人才和专门的学术性人才，但需要为专门人才的培养奠定必要的学术基础。一方面，基础教育要培养学生一定的学术兴趣。这种学术兴趣并不一定是指向明确或意义明确的，而是通过一定的课程学习使学生受到某种学术熏陶，在潜移默化中使学生对学术研究和学术工作产生某种兴趣，使学生在心理上和情感上趋向未来的专门性学术研究或专业工作，从而有利于学生将来接受专业训练和进行专业工作。另一方面，基础教育还要培养学生一定的学术能力，包括一定的学术性知识、学术思维能力、学术探究能力和学术表达能力，使学生初步了解、熟悉某些专业工作，为将来从事专业研究和工作奠定最基本的能力基础。同样，在基础教育阶段，学生学术能力的培养具有模糊性、泛在性和非意识性等特点，不指向特定的能力或领域，但在基础教育阶段对学生进行这样的学术能力培养能使学生更快更好地适应将来的专业学习和工作，从而提高国家高层次、创新性知识分子和专业人才的产出速度和质量。

其次，国家的发展需要基础教育培养具有良好科学素养的人。邓小平指出："四个现代化，关键是科学技术的现代化。没有现代科学技术，就不可能建设现代农业、现代工业、现代国防。没有科学技术的高速度发展，也就不可能有国民经济的高速度发展。"[1] 在科学技术对社会发展的推动作用日益显著的现代社会，国家的发展在很大程度上依赖于本国科学技术的发展和进步，国家对科技人才的需求日益突出，这就要求基础教育为国家科技人才的培养做出贡献，着力培养学生的科学素养，为学生将来从事专业的科技学习和科技工作奠定基础。基础教育不直接培养科技工作者，也不对学生进行专门的科学工作训练，而是着力于对学生进行包括传授科学文化知识、发展学生的科学探究能力、培养学生科学精神等基本科学素养的培养工作。基础教育需要向学生传授必要的科学知识，使其对现代科学发展具有基本的了解，对现代科学知识体系有初步的接触和把握。基础教育还要对学生进行初步的科学探究能力的培养，以有利于学生尽早学会科学探究，形成一定的科学探究技能，从而为从事专业的科学探究工作打下初步的基础。通过科学课程的学习，使学生学会用科学的眼光观察事物，用科学的思维探究事物，以科学的态度对待事物，从而养成良好的科学精神，这同样是基础教育为国家培养科技人才不可忽视的一项工作。良好的科学素养是从事科技工作的重要前提，在基础教育阶段奠定学生良好的科学素养有利于国家培养专业的、

---

[1]《邓小平文选》第二卷，人民出版社1994年版，第86页。

高层次的科技人才。正因为如此，一个重视科学技术发展的国家必然会加强基础教育科学课程的建设，强调基础教育对学生良好科学素养的培养。

最后，国家的发展需要基础教育培养具有扎实的基础知识和基本能力的人。在这里，基础知识通常指学科基础知识，主要包括语文、数学、科学以及其他学术性学科的基础知识。这种知识通常具有较强的专业性，知识的组织主要按学科逻辑进行，具有严密的知识结构。这种知识与学生的生活实际联系并不紧密，甚至很容易脱离学生的生活实际，但这些知识的学习却是学生将来从事特定学科专业工作的重要基础。换而言之，这些知识的学习并不能直接改善学生的生活，但却有利于学生将来进行更加专业的学科学习和科学工作训练。基本能力通常指学生的阅读、写作、计算能力，以及在学科学习中获得的从事本学科专业工作所需要的基本思维能力、操作能力和发现能力等。阅读、写作和计算等基本能力对所有人固然都是重要的，但对于从事高层次、创新性工作的人才来说，具有扎实的、高水平的读、写、算能力显得尤为重要。在基础教育阶段培养良好的、将来从事学科专业工作所需要的各种能力，直接有利于学生将来接受学科专业训练和科学研究工作，进而提高学生的科技创新能力，有利于国家科技创新和发展能力的提升。

二 效率诉求的实现

一种诉求的产生实质上就是一种动力的产生，这种诉求会对事物的发展产生有利于这种诉求实现的动力而影响事物的发展，尽可能使事物的发展有利于这种诉求的实现。基础教育课程改革的效率诉求要求基础教育课程有利于课程效率的提高。当效率诉求成为基础教育课程改革的主导诉求时，就形成了效率取向的基础教育课程改革。效率取向的基础教育课程改革围绕提高课程效率的目标，对基础教育课程的课程管理、课程目标、课程内容、课程组织、课程实施和课程评价等方面进行一系列改革，形成一种有利于提高课程效率的基础教育课程体系。从基础教育课程改革的历史来看，虽然不同国家在不同时期的课程改革具有不同的具体改革措施和改革内容，但它们在许多方面都采取了相对一致的改革做法。这表明，某种特定的措施具有提高基础教育课程效率的内在意义。

(一) 集权式的课程管理

所谓的课程管理，是指"基于达成目标之需求，对于课程组织、课程实施、课程评价等过程建立管理机制并发挥影响力，以达成预期目标的过程"[1]。一般地说，课程管理的主体有国家、地方和学校三者。从组织社会学的角度来看，课程管理实质上是一种权力运作，是课程主体"为确保成功地进行课程的编制、协调、实施、支持、评价和改进而履行的责任和行使的权力"[2]。在现代基础教育学校制度中，基础教育课程的运作主要由国家、地方和学校三种主体以某种方式组合起来共同进行，国家、地方和学校在课程管理权力上的分配和组合形成了课程管理体制，三者间不同的组合方式就构成了相应的课程管理体制。集权式管理体制和分权式管理体制是基础教育课程管理的两种基本体制。在集权式管理体制中，国家拥有较大的课程管理权力，地方和学校的课程管理权力相对较小。国家对学校课程的管理和规范较为严格，学校课程的运行机制，包括课程设置、课程内容选择、课程实施和课程评价等，主要由国家进行设计和管理。地方和学校只在国家允许的范围内拥有相应的课程管理权力，并按国家的规定行使课程管理权力。分权式管理体制则相反，地方尤其是学校拥有比较大的课程管理权力，学校课程的目标厘定、课程设置、内容选择和组织、课程实施和评价等过程主要由地方或学校自主进行，国家不干涉或不直接干涉学校的课程运作，即使对学校课程进行干涉也不对学校课程产生主导作用，课程的决定权仍在地方或学校的手中。

在课程管理上，效率取向的基础教育课程改革倾向于集权式管理，通过加强国家对基础教育课程的管理和控制使基础教育课程更符合国家的利益和需求，强化基础教育课程为国家发展服务的功能。在效率诉求的主导下，国家往往会加大对基础教育课程的介入深度和干涉力度，采

---

[1] 季诚钧：《课程管理与课程领导辨析》，《教育研究》2009 年第 3 期。
[2] 张相学：《"课程管理"概念的多维分析与建构》，《江西教育科研》2007 年第 5 期。

取一系列措施，制定一系列课程政策，规定或要求地方和学校按照国家的课程政策进行课程活动，调整、引导和规范基础教育课程的运行秩序。具体的措施包括建立和强化国家课程管理机构，规定国家课程或由国家整体设计基础教育课程体系，出台国家课程标准，建立国家课程评价和监测体系，等等。当然，每个国家特定的某次课程改革会因特定的历史条件在具体措施上有所差异。

1. 建立或强化国家课程管理机构

效率取向的基础教育课程改革通常重视发挥国家课程管理机构的作用。通过建立国家课程管理机构，赋予国家课程管理机构一定的权力和职能，以实现对全国基础教育课程的领导和管理，引导、规范国家范围内基础教育课程的运行，提升国家意志对基础教育课程的控制力和影响力。我国自新中国成立之初即建立了教育部，在历次效率取向的基础教育课程改革中，教育部在课程改革的发起和推进中起着主导性作用。每次课程改革都是在教育部的总体规划和部署下进行的，教育部负责诸如出台课程设置方案、编订课程计划、颁布课程标准、编写教科书、指导课程实施、组织课程评价等大量工作，在课程管理体制中拥有最大的权力。地方和学校更多地作为课程的实施者，对学校课程的自主性空间比较小。美国基础教育长期实行分权管理，但在效率取向的课程改革中，同样建立起某种形式的国家课程管理机构，出台各种法案，或以某些学术团体作为国家课程改革的"代言人"，以达到加强全国基础教育课程管理，增加全国基础教育课程统一性的目的。1958年的课程改革中，美国颁布了《1958年国防教育法》，并组织了如"物理科学教学委员会""生物科学课程研究会"等全国性学术组织参与课程改革。通过这些组织，美国政府第一次实现了对全国基础教育课程的深度介入，在很大程度上强化了国家对基础教育课程的管理和控制。1981年，美国又成立"国家教育优异委员会"，发表报告《国家处于危险之中：教育改革势在必行》。此后，美国多次发表教育报告或颁布教育法令，不断加强国家对基础教育课程的管理和控制，使美国政府对基础教育课程的管理权力持续增大。

2. 规定国家课程或由国家整体设计基础教育课程体系

效率取向的基础教育课程改革还重视学校课程设置，通过规定国家课程或重点支持特定学科课程建设等办法突出某些学科的地位，以使基础教育课程有利于国家效率诉求的实现，或者干脆将基础教育课程体系的设计和建设权力掌握在国家手中，在国家的层次上整体设计本国的基础教育课程体系，保证基础教育课程对国家意志的贯彻。美国1958年的课程改革加强了对自然科学、数学和现代外语的援助。1983年的课程改革将英语、数学、科学、社会、计算机5门学科规定为"基础课程"。此后，多个美国基础教育课程改革法案都将规定国家课程作为课程改革的重要措施。我国则采取了国家整体设计基础教育课程体系的路径。在历次效率取向的课程改革中，基础教育课程体系的设计均由教育部（教育委员会）负责，学校科目设置、课程目标厘定、课程时数安排、课程实施和评价指导等都由教育部决定。

3. 出台国家课程标准

出台国家课程标准也是效率取向基础教育课程改革的一项重要措施。通过国家课程标准，国家规定了特定科目的课程目标、课程内容或内容范围，并对课程实施和课程评价等进行规范和指导，在课程内容上控制了基础教育课程，使之更好地贯彻国家的意图。我国历来对课程标准的制定非常重视，每次效率取向的课程改革都会有相应的课程标准或教学计划出台，具体规定每门课程的教学目的、教学内容、实施建议和教学评价等，对规范我国基础教育学校教学行为、提高教学质量起到了重要的作用。美国长期没有国家课程标准，但在效率诉求的作用下，制定国家课程标准在20世纪80年代成为国家提高课程效率的一个重要措施，并由此掀起了一场深刻影响美国基础教育课程制度的"课程标准化运动"。国家课程标准的出台，意味着国家对基础教育课程的控制和管理从抽象管理落实到具体规范，从宏观调控落实到微观控制，从理念层面落实到操作层面，表明国家对基础教育课程的控制和管理达到了纵深。

4. 建立国家课程评价和监测体系

效率取向的基础教育课程改革重视对学生学业成绩的评价和监测，重视通过考试来检查学生的学习成就和学校课程实施的质量，并试图通过考试和评价促进学生的学习和学校教学的改进。课程评价包括平时考查、学期考查、学年考查、全国统一考试、升学考试等多种形式。效率取向的基础教育课程改革通常综合采用多种考试、考查方式，以充分发挥课程评价对课程实施的促进作用。1950年我国第一次基础教育课程改革规定，中小学生学业成绩考试包括平时考查、学年考查和毕业考查等形式。1977年第五次基础教育课程改革结束了"文化大革命"时期学生学业成绩考查方法混乱无效的状况，恢复了高考制度，重新确立了考试和考查在基础教育课程中的地位，强调通过考试和考查促进学生学习和教学改进工作。20世纪80年代以来，美国开始重视国家课程评价和监测体系的建设，以求更快地提高学生的学业成绩。《国家处于危险之中：教育改革势在必行》明确要求提高学院和大学的入学标准，重视分数的作用。《2000年的美国——一种教育战略》要建立"美国学力测试"制度，对中小学生的学习成绩进行统一测试。《不让一个孩子掉队》法案给成绩测试赋予了奖惩意义，进一步完善了国家课程评价和监测体系，加强了课程评价的地位和作用。

集权式的课程管理强化了国家在基础教育课程改革中的地位和作用，通过将课程权力集中化、课程体制科层化、课程知识法定化将国家意志贯彻到学校课程中，使学校课程按照国家的需求和要求来实施，成为为国家利益服务的工具，从而强化了学校课程为国家经济社会发展服务的职能，提高了基础教育课程对于国家效率诉求的实现能力。

首先，权力是社会主体在社会组织中贯彻自身意志的重要工具，拥有较高权力的主体在社会组织中就具有较强的组织力和影响力，在社会组织中处于较高的地位。国家要将自身意志贯彻到教育中去，就需要将国家权力渗透到教育中，在教育体系中拥有相应的权力。"在任何教育体系中，国家权力都是存在的。"[①] 国家通过基础教育课程实现自身的效率诉求，就要将国家权力渗透到基础教育课程中。国家在基础教育课程中拥有的权力越大，对基础教育课程的控制力就越大，就越能使基础教育课程按照国家的利益和意志运行，基础教育课程就越有利于效率诉求的实现。所以，效率取向的基础教育课程改革通常将课程改革的权力尽可能地集中于国家，使基础教育课程管理权力走向集中化，从而强化国家对基础教育课程的控制力，增加国家意志对基础教育课程的渗透力，促进基础教育课程效率诉求的实现。

其次，集权式课程管理产生科层化的课程体制，这种课程体制更有

---

① 金生鈜：《论教育权力》，《北京大学教育评论》2005年第2期。

利于国家意志在基础教育课程中的贯彻。科层制是由马克斯·韦伯（Max Weber）提出的一种组织社会方式，指的是"一种理想类型的组织结构的形态及其行为模式"①，"理性主义、效率为本、法理权威是支撑科层体制的三根骨架，三者相互支撑，互为支点，维护着科层组织的存在、运行和发展"②。简单地说，科层制是以理性主义为基础，以法理权威为保障，在社会组织中以等级原则建立一种上下级关系明确的、各级都有严格的权限范围和从属关系的组织关系，以实现社会组织高效率运行的组织制度。科层制是现代社会生产普遍采用的一种组织体制，"在明确性、稳定性、纪律的严格性以及可靠性诸方面，科层组织都比其他形式的组织优越。科层制还特别注重管理的功能和效率，与任何形式的传统组织相比，科层组织可能获得最高的效率"③。在科层化的课程体制中，国家、地方和学校之间形成一种自上而下的权力关系，国家处于课程权力的上层，对基础教育课程进行整体设计和宏观控制，地方和学校是国家课程政策的执行者，在课程权力体系中处于被管理的地位，负有贯彻落实国家课程政策的责任和义务，这就加强了基础教育课程对国家意志的贯彻力，使国家权力得以更好地在基础教育课程中施加影响。

最后，集权式课程管理将有利于提高国家效率的部分课程知识法定化，从而增加这部分课程知识的权威性，保证它们的有效实施。通过指定国家课程，颁布课程计划和课程标准等措施，特定的学科和课程知识借助国家权力而具有了政策效力或法律效力，成为基础教育课程中的"法定课程"或"法定课程知识"。这种法定化的课程或课程知识由于具有国家政策效力，地方和学校不能随意取消或更改，这就保证了这部分课程或课程知识在学校中的实施。在课程评价中，集权式课程管理体制往往以国家所指定的课程或课程知识作为课程评价的主要对象，这又进一步加强了这部分课程或课程知识的法定化程度，使其具有奖惩性质，令地方和学校不得放松对"法定"课程或课程知识的教学，从而使国家所需要的课程和课程知识在学校中具有更高的地位，得到更好的贯彻和

---

① 王春娟：《科层制的涵义及结构特征分析》，《学术交流》2006 年第 5 期。
② 安云凤、田国秀：《当代学校组织的科层特征分析》，《当代教育科学》2010 年第 22 期。
③ 钱再见：《科层制组织的理性与非理性》，《求实》2001 年第 3 期。

实施。

(二) 学术性的课程设置和内容选择

学术性课程是指包括工具性学科（如本国语、数学、外语）、自然科学学科（如物理、化学、生物）和社会科学学科（如政治、历史、地理）在内的，[①] 着眼于学生对学科知识掌握和学科技能训练的一类课程。"学术性课程强调学科结构及组成学科结构的基本原理、基础概念以及探究方式，教学过程便成为传递学科结构和探究每学科独具的知识和求知方法的过程，教师的任务在于启迪学生的理性，而学生的学习则采取学者式的研究方式，发现对其自身尚属未知但却是人类已积累下来的学科内容。""学术性课程观将知识、智力和学科统一于一体，认为知识包括现存的知识内容和获取知识的方式，智力是组织已知和探求未知以寻求意义的体系化的方式，而学科则是个体寻求意义的直接结果，同样也包括了积累的知识和求知方式，并组织一种等级性智力结构，由高到低依次涉及学者或科学家、教师及学生。"[②] 学术性课程以学者和科学家的知识结构和学术能力为圭臬，以学科知识为主体，课程学习的主要目的是掌握学科知识和训练学科能力，包括学科思维能力、学科探究能力和学科操作能力。通过学术性课程学习，学生的知识结构和能力结构不断向学者和科学家趋近。换而言之，学术性课程的主要功能是将学生向学者和科学家引领，最终将学生培养为学者和科学家。

学术性课程的这种性质正好符合基础教育课程改革的效率诉求。国家的发展诉求要求基础教育为培养高层次知识分子和科技人才服务，要求基础教育课程有利于学生将来接受专业的学科学习、训练和专业工作。质言之，效率诉求要求基础教育课程有利于学者和科学家的培养，而这正好就是学术性课程的功能所在。因此，学术性课程历来为效率取向的基础教育课程改革所重视。在我国和美国的历次效率取向课程改革中，加强学术性课程无一例外地成为课程改革的主要内容。在课程设置上，

---

① 崔允漷、柯政、林一钢：《我国普通高中课程计划的历史演变》，《教育研究》2004 年第 1 期。

② 王红宇：《美国课程观的演变和八十年代课程改革》，《外国教育研究》1993 年第 2 期。

效率取向的基础教育课程改革尽可能地在学校课程中增加学术性科目。我国基础教育课程体系中学术性课程长期占据着主体地位,1952年高中课程中学术性课程的分量甚至达到了90.62%之多。① 虽然学术性课程在"文化大革命"中被严重破坏,但1977年的第五次课程改革又将学术性课程恢复到了主体地位,学术性课程在学校课程体系中仍占到76.19%(文科)和77.24%(理科)。美国20世纪50年代末的基础教育课程同样将学术性课程放在了绝对优势的地位。甚至可以说,这一次课程改革实质上就是企图将学校课程最大程度地学术化。20世纪80年代以来,美国基础教育课程改革同样不断强调学术性课程,美国政府为提高学生的英语、数学和科学成绩出台各种政策,可谓不遗余力。在课程内容选择上,效率取向的基础教育课程改革注重用学科知识充实课程内容,试图尽可能更多、更有效地将学科知识传授给学生,使学生掌握充足而牢固的学科知识,并在学科知识的学习中培养学科能力和学科精神。如我国1980年《全日制十年制学校中学数学教学大纲(试行草案)》就主要按数学知识为线索安排课程内容,初中一年级安排有理数、整式和分式、一元一次方程和不等式、二元一次方程等内容;初中二年级安排直线图形和根式、指数、一元二次方程、常用对数等内容,其他各年级的课程内容同样以数学学科知识为主。

在学术性课程中,效率取向的基础教育课程改革通常更加重视工具性课程和科学课程,因为两者对效率诉求的实现具有更加直接和重要的意义。

工具性课程是指像本国语、数学、外语等培养人们参加社会生活、从事专业工作所必需的作为交际工具和工作、研究工具的听、说、读、写、算等基本能力的一类课程。我国1980年修订的《全日制十年制学校中学语文教学大纲(试行草案)》明确指出:"语文是从事学习和工作的基本工具。"② 2000年的《九年义务教育全日制初级中学语文教学大纲

---

① 崔允漷、柯政、林一钢:《我国普通高中课程计划的历史演变》,《教育研究》2004年第1期。

② 课程教材研究所:《20世纪中国中小学课程标准·教学大纲汇编:语文卷》,人民教育出版社2001年版,第458页。

（试用修订版）》也指出："语文是最重要的交际工具。"[①] 1980 年修订的《全日制十年制学校中学数学教学大纲（试行草案）》规定：数学是"学习和研究现代科学技术必不可少的基础知识和基本工具"[②]。2000 年《九年义务教育全日制初级中学数学教学大纲（试用修订版）》也指出，数学是"人们参加社会生活，从事生产劳动和学习、研究现代科学技术必不可少的工具"[③]。在效率取向的基础教育课程改革中，工具性课程通常受到充分的重视。以我国高中课程为例，1952 年工具性课程在全部课程总课时数的比例为 48.95%，1981 年为 46.56%（文科）和 42.04%（理科）。英语和数学始终被美国 20 世纪 80 年代以来基础教育课程改革摆在三门基础课程之中，提高学生的阅读能力在《不让一个孩子掉队》法案中更被摆在了首位，并为此实施了一项名为"阅读第一"的行动。

应该说，听、说、读、写、算等基本能力是每个人参加社会生活所必需的能力。在这个意义上说，工具性课程有助于提高每个人参与社会生活的能力，对每个学生都是重要的。然而，效率取向的基础教育课程改革并不满足于提高每个学生的听、说、读、写、算的能力，而是更加倾向于为培养学者或科学家等将来从事高层次研究工作或专业工作的人才做准备，表现在课程内容选择上就是将工具性课程学术课程化，偏重从事研究工作或专业工作所需要的知识和能力，提高工具性课程的难度和要求。以本国语课程（如我国的语文、美国的英语）为例，效率取向的基础教育课程改革更加强调从事研究工作或专业工作所更需要的读、写能力，而不是在日常生活中运用更多的听、说能力。数学也不是侧重传授学生在日常生活中经常运用的数学知识，培养应对日常生活中的数学问题所需要的数学能力，而是侧重系统的数学知识的传授，培养面向从事专业数学工作或数学研究工作的学术性数学能力。美国 20 世纪 50 年代末的数学课程更是以数学家的知识体系和数学能力作为参照来编制中学数学课程。外语作为国际交流的一项工具，对多数学生来说其实用价

[①] 课程教材研究所：《20 世纪中国中小学课程标准·教学大纲汇编：语文卷》，人民教育出版社 2001 年版，第 541 页。

[②] 课程教材研究所：《20 世纪中国中小学课程标准·教学大纲汇编：数学卷》，人民教育出版社 2001 年版，第 471 页。

[③] 同上书，第 648 页。

值并不高，但在效率取向的基础教育课程改革中外语也受到了重视。《国家处于危险之中：教育改革势在必行》要求外语学习应从小学开始，并强调外语"为国家在商业、外交、国防和教育上的需要服务"[①]。我国对外语更加重视，外语在课程体系中所占的比例比较高。以高中课程为例，1952 年为 12.50%，仅次于语文和数学，2000 年为 11.07%（文科和理科相同），达到与语文相同的水平。从外语的课程内容选择和教学来看，外语同样更加注重阅读和写作能力的培养，而日常交流更加常用的听、说能力的培养显得不足，特别是说的能力的培养尤为不足，这一点在我国外语课程与教学上表现得更加明显。

在现代社会，具有一定的科学知识和科学精神是一个人在社会中生存和发展的基本需要。从这个角度来说，科学课程同样对每个人都是重要的。但对于大部分人来说，学习科学的目的并不是要成为科学家，从事科学研究工作，而是要通过科学来正确理解世界，以科学的方法和态度处理日常生活中的各种问题，以提高自身的社会生活能力，进而提升社会生活的品质。所以，对大部分人来说，面向日常生活的科学课程是更适合他们，也是他们更需要的。然而，效率取向基础教育课程改革下的科学课程似乎更多地不是倾向于面向全部学生普及科学知识，提高学生的社会生活能力，而是更加倾向于向学生传授系统的科学知识，培养学生向往科学研究的科学热情和科学探究精神，训练学生的科学探究方法和科学探究能力。这种取向下的科学课程表现出比较明显的学术化倾向，具有一种脱离学生日常生活的特征，形成科学课程中的"科学世界"与学生的"生活世界"相对分离的局面。科学课程主要不是将科学引入学生的生活世界；相反，更主要的是将学生导向科学世界。换而言之，相对于提高学生的社会生活能力和生活品质，这种课程更有利于培养学生将来从事专业的科学研究工作所需要的知识和能力，课程不是生活导向，也不是职业导向，而是专业导向的，而这与基础教育课程改革的效率诉求是一致的。科学课程的这种特点在效率诉求越强烈的时候表现得越明显，如在我国 1952 年的课程改革、1963 年的课程调整和 1977 年的

---

① 吕达、周满生：《当代外国教育改革著名文献》（美国卷·第一册），人民教育出版社 2004 年版，第 15 页。

课程改革都有比较明显的表现，在美国 20 世纪 80 年代以来的课程改革也有所体现，而在美国 20 世纪 50 年代末的"学科结构主义"课程改革中则表现得尤其明显。

（三）学科化的课程组织

正如拉尔夫·泰勒（Ralph Tyler）所言："为了使教育经验产生累积效应，必须对它们加以组织，使它们起相互强化的作用。组织之所以被认为是课程编制中的一个重要问题，是因为它极大地影响着教学的效率，以及极大地影响主要教育变化发生在学习者身上的程度。"[①] 学校教育不同于日常教育影响的一个重要特点就是学校教育有意识、有目的地将教育经验组织起来以实现特定的教育目的，任何学校课程都要以一定的方式将教育经验或教育内容组织起来。所谓课程组织，是"在一定的教育哲学观的指引下，将课程要素或学习经验进行安排、组合、整合，以期形成一定的课程结构，达成预期的课程目标"[②]。课程的组织方式有多种，不同的课程取向会采取不同的课程组织方式，其中逻辑顺序和心理顺序是课程组织的两种主要方式。"所谓逻辑顺序，就是指根据学科本身的系统和内在的联系来组织课程内容；所谓心理顺序，就是指按照学生心理发展的特点来组织课程内容。"[③] 按逻辑顺序组织课程内容使课程反映学科的逻辑结构，是一种学科化的课程组织；按心理顺序组织课程内容使课程符合学生的心理特点和生活经验，可称之为经验化的课程组织。从基础教育课程改革的历史可以发现，在这两种课程组织方式中，效率取向的基础教育课程改革更倾向于学科化的课程组织。这不仅表现为效率取向的基础教育课程改革倾向于按学科体系设置学校科目，还表现在它倾向于以学科知识作为课程的主要内容，并且以学科逻辑组织各学科课程内容。

---

① ［美］拉尔夫·泰勒：《课程与教学的基本原理》，施良方译，人民教育出版社 1994 年版，第 66—67 页。
② 彭虹斌：《新课程经验化：课程组织范式的发展》，广东高等教育出版社 2006 年版，第 38 页。
③ 施良方：《课程理论：课程的基础、原理与问题》，教育科学出版社 1996 年版，第 117 页。

1. 按学科体系设置学校科目

效率取向的基础教育课程改革在设置学校科目时更加倾向于遵循现代学科体系的分科逻辑，按现代学科体系设置学校科目，使学校课程在某种程度上成为现代学科体系的"复制品"或"模仿品"。在科目设置时，"不是强调理科，而是突出物理、化学、生物学；不是强调社会科学，而是突出地理学、历史学、经济学；不是强调英语，而是突出文学、作文、文法"[①]。越是激进的效率取向基础教育课程改革，学校科目与现代学科体系的相似度就越高。美国20世纪50年代末的基础教育课程改革正是在强烈的效率诉求主导下选择了典型的学科化课程组织方式。在这场课程改革中，"理科和数学的课程改革的特点是，接受巨额的资助，在以各自独立的众多项目中展开。融合种种研究项目，为多轨的中等学校编订综合性课程的努力几乎没有。主要的焦点是面向各自学问的。……社会科和英语科课程改革的努力，也仿效各门理科独自改革的范型。因此，文学和英语是彼此分开进行改革的。社会科，诸如人类学、经济学、地理学、历史学、政治学、社会学诸学科课程，几乎也是分门别类地进行改革的"[②]。我国基础教育课程从1950年的课程改革开始，就建立了以学科课程为主的课程模式，语文、数学、外语、物理、化学、生物、历史、地理等学科化课程长期以来是我国基础教育课程的基本科目。虽然这种课程设置方式在20世纪六七十年代曾被抛弃，但随后在20世纪80年代的课程改革中又被恢复。美国20世纪80年代以来的课程改革虽然没有按典型的现代学科体系设置课程，但其学科化的倾向还是比较明显的。以美国20世纪90年代布什政府基础教育课程改革的产物"詹姆斯·麦迪逊课程计划"为例，这个计划在课程设置上虽然以"理科"统辖了自然科学课程，但课程设置仍然随着年级的升高课程的学科化越来越明显。至七八年级，理科具体分化为生物学、物理学和化学，而九至十二年级理科的必修课程为天文学、地质学、生物学、化学、物理学和工艺原理，科目的分类已和现代科学体系相差无几了。

---

① 钟启泉：《现代课程论》，上海教育出版社2003年版，第118页。
② 同上。

2. 依学科逻辑组织课程内容

具体到一门学科，效率取向的基础教育课程改革同样注重按照学科逻辑对课程内容进行组织，具体表现是在课程组织中突出学科的实体结构和形式结构。

所谓学科的实体结构，是指构成一门学科的基本概念、基本原理、基本事实以及它们之间的组合关系。菲利普·费尼克斯（Philip Henry Phenix）把学科的实体结构称为"关键概念"或"代表性观念"（representative ideas），他认为学科的代表性观念是理解学科的主要特征、揭示学科的本质、赋予学科的表象的观念，是"学科的缩影"，是该学科中不断探究而使用的"概念性工具"。"学问的代表性观念以其独特的逻辑组织学问，学科是以这种观念和逻辑作为组织原理构成的。学问在逻辑上说，必须是学科的范型。学校中授受的知识技能，必须这样来组织，以便于导向构成学问的主要概念的发现。"[①] 效率取向的基础教育课程改革就是遵循这样一种理念，在课程内容的组织上以学科的基本概念、基本原理和基本事实为主体和线索构筑起一门学科的知识体系。如我国的中学物理课程，从20世纪50年代参照苏联中学物理教学大纲编写的《中学物理教学大纲》起，就建立了以经典物理学为体系的中学物理课程内容结构，形成"力学—热学—电学—光学—原子物理"这样一个比较完整的物理学科知识框架体系。[②] 即使像历史这样的学科，课程内容的组织也倾向按时间、空间逻辑着重介绍基本历史事件和历史事实，将历史课程分为中国历史、世界历史，古代史、近代史、现代史等板块进行系统组织，具有比较显明的学科化倾向。

所谓学科的形式结构，是指一门学科的基本探究方法、步骤、规则与关系等。作为一门独立的学科，每门学科都有区别于其他学科的独特的研究方法和探究方式，这些方法和方式决定着学科的性质。学科的形式结构涉及的是关于"在各门学科中通过发现与证明，得到的是什么；为了测定资料的性质，一门学科所使用的规则是什么；一门学科如何严

[①] 钟启泉：《现代课程论》，上海教育出版社2003年版，第126页。
[②] 覃朝玲、高操、周燕：《新中国普通高中物理课程结构的改革研究》，《西南师范大学学报》（自然科学版）2006年第5期。

格地应用其标准"这一类表征学科特性的问题。学科的形式结构的特点在于,"通过它,学生可以掌握探究的方法和学问认识的样式"[1]。换而言之,一旦学生掌握了一门学科的形式结构,他就获得了该门学科的探究方式,就有可能按照该学科的逻辑进行研究和探索,获得该学科的发展能力。效率取向的基础教育课程改革不但注重学科实体结构的展示,还注重渗透学科的形式结构,以形式结构作为课程组织的另一条线索。如在物理、化学等学科中注重观察、假设、实验、归纳等科学探究方法的渗透,在以学科的实体结构为依据组织课程内容的同时贯穿学科的形式结构。数学则在介绍各种公理、定理的同时,强调证明、推理、演绎等数学探究方法,以将数学的形式结构和实体结构融合在数学课程内容的组织体系中。语文(本国语)课程同样包含了形式结构的课程组织依据,这首先表现在以听、说、读、写能力训练作为语文(本国语)课程组织的主要线索,还表现在对语法、语感等语文能力的综合训练,在议论文写作中强调论点、论据、论证,在说明文写作中强调说明的条理性、逻辑性和主次性,在阅读中重视字、词、句、段、篇的分析和评价,等等。

学科化的课程组织形成了以分科课程为特征的基础教育课程体系,学校以现代学科体系作为参照设置各门课程,各门课程按照学科知识结构形成相对独立的知识结构,按照本学科的学科逻辑分别进行组织,相对独立地进行教学。这种课程组织方式顺应了现代科学发展的分化趋势,提高了学生系统掌握现代科学文化知识和能力的效率。近代以来,随着自然科学的不断发展,人类对自然、社会以及自身的认识不断走向深化,这使得人探索世界的分化程度越来越高,形成了越来越多独立的学科。这些学科具有相对独立的知识系统和探究方法,而综合性课程难以充分、恰当地反映学科的知识体系和方法体系,学科化的课程组织对传授和学习现代科学文化知识的效果和意义日益明显。首先,学科化的课程组织突出了学科知识的条理性和逻辑性,将本学科的知识和方法以本学科特有的关系和方式"重现"在学校课程中。这样,学生就能够比较直接地学习到本学科的核心知识,比较容易地理解学科知识间的逻辑关系,获

---

[1] 钟启泉:《现代课程论》,上海教育出版社2003年版,第128页。

得比较清晰的学科知识体系。其次,学科化的课程组织强调学科知识的系统性和完整性,力求将一门学科的知识系统、完整地呈现给学生,这就保证了课程能够将本学科最重要的知识系统地传授给学生,使学生形成尽可能完善的学科知识系统。正如有学者所言:"正是因为有了分科课程,今天任何一个中学生在物理、化学、生物、地理学科上所达到的科学知识水平,都是古代的学者所无法比拟的,纵使是被认为无所不知的亚里士多德,就上述任何一个领域而言,在今天的任何一个中学生面前都要甘拜下风,没有科学及课程的分化,这是不可能的。"[1] 这也正是基础教育课程改革的效率诉求的实现所需要的。最后,学科化的课程组织有利于学生形成清晰、系统、完整的学科知识结构,这种知识结构是特定学科的知识结构在课程上的反映。促进学生学科知识结构的形成,实质上就是使学生形成与现代科学文化知识结构体系相近的知识结构。一个人对这种知识结构掌握得越深入、越完善、越透彻,就越能深入地理解和把握现代科学发展的现状和走向,越有可能在现代科学文化的发展中做出创新性的贡献,越有利于从事专门学科的学习和工作。换而言之,学科化的课程组织就是将现代学科知识和方法尽可能忠实、有效地传授给学生,使学生尽可能扎实地掌握现代科学文化知识、方法,形成学科探究所需要的学科能力,从而增强学生从事学科学习和探究的能力,进而推动学科的发展。而这一点的实现,正是基础教育课程改革效率诉求的实现。

(四) 理智化的课程实施

课程实施是课程运作的重要环节,任何课程只有经过课程实施才能实现其课程目的。只有经过课程实施,才能将"理想的课程""官方的课程""文本的课程"转化为"运作的课程",并最终转化为"学生的课程",使课程从"可能状态"转化为"现实状态",使课程从一种设计转化为一种结果。课程实施具有多种方式,并且受课程目的的制约。有什么样的课程目的,或者说在什么样的课程价值取向下,就会有什么样的课程实施方式。在特定课程价值取向下,最有利于实现这种课程价值取

---

[1] 丛立新:《课程论问题》,教育科学出版社2000年版,第180页。

向的课程实施方式会被优先采用。在效率诉求的作用下，课程实施更倾向于采取有利于奠定学生学术基础和学术能力，发展其学科素质的课程实施方式。扎实的学科知识基础和学科能力是学科素质的最重要组成部分，而学生的理智能力和理智水平是学科知识和学科能力的重要决定因素，因此，效率取向的基础教育课程改革在课程实施中，更加重视学生学科知识基础和学科基本能力的培养和训练，从而走向理智化的课程实施方式。所谓理智化的课程实施方式，就是一种以训练学生的理智能力为中心的课程实施方式，旨在促进学生对理性知识的掌握、理性思维能力的发展和理性情感态度的培养。重知识传授、重能力训练是理智化课程实施方式的显著特点。

1. 重知识传授

在效率取向的基础教育课程改革视野中，知识主要指的是学科知识，是一门学科业已发现的，并且经过长期检验的"真理性"知识。在一门学科中，这些知识具有确定性、基础性和简明性等特点。首先，基础教育课程的知识是一门学科中经过长期检验、已经成熟的知识，在本学科的知识体系中处于比较稳定的地位，是一种"确定的"知识。其次，这些知识又是本学科知识体系中最基础的部分，是本学科的一些基本事实和基本原理，掌握这些知识是掌握本学科更加高深知识的前提，是一种"基础的"知识。再次，相对于一门学科规范的知识体系，基础教育课程的学科知识是一种"简明的"知识，这种知识更多地反映和说明本学科的一些简单现象，或对本学科研究对象的一些简单揭示与说明，在知识的表述和呈现上是简单明了的。掌握这些知识当然还不能使学生从事专业的学科工作，但这些知识却是学生进一步学习的基础。换而言之，如果学生要在将来更好地学习某门学科的话，他就要在基础教育阶段掌握好相应学科的基础知识，建构起这门学科的扎实的基础性学科知识结构。又由于基础教育的学科知识是一门学科中确定的、基础的、简明的知识，这些知识通常被认为是权威的、真理的，学生对这些知识的学习主要是要掌握这些知识，既无须像科学家那样重新"发现"这些知识，也无须对这些知识产生怀疑和疑问。正如凯迪（Keddie）所指出："为了在学校中取得学业成功，学生必须被引导进入教师的知识形式中，而不能怀疑其根据。"① 过多、过慢的探索和发现行为被认为是浪费时间，而对这些知识进行怀疑和疑问同样是毫无意义的。因此，在效率取向的基础教育课程改革中，课程实施注重的是知识传授，即将某门学科的知识以最简洁、最快、最有效的方式传授给学生，使学生建立起尽可能牢固的、忠实反映本学科知识结构的知识基础。

这种倾向在我国基础教育课程改革中的表现就是对"基础知识"的重视和强调。如1980年修订的《全日制十年制学校中学化学教学大纲（试行草案）》对中学化学教学的要求就包括："通过中学化学教学，要求学生熟练地掌握重要的常用元素符号、分子式、化学方程式等化学用语；掌握一些有重要用途的元素、化合物知识和基本的化学概念、化学定律、物质结构、元素周期律、化学平衡、电离等化学基础理论。"② 而"中学数学教学大纲"则专门强调了在教学中要注意使学生学好数学基础知识。③ 这种倾向在美国20世纪50年代末那场课程改革中的表现则是对学科知识结构的强调。学科知识结构的一个重要组成部分是学科的实体结构，这实质上就是一门学科的基础知识，包括基本概念、基本原理和基本事实等。教学就是要将某门学科的实体结构传授给学生，从而使学生获得完整、扎实的学科知识结构。"2061计划"指出："普及科学基础知识包括科学、数学和技术，已经成为教育的中心目标。"④ 为了普及科学知识，"2061计划"还详细地列举了美国人需要了解的各种数学、科学和技术知识。虽然这些知识并不以课程的形式呈现，也没有按学科的逻辑进行组织，但它还是反映了美国20世纪80年代课程改革对知识传授的重视。

2. 重能力训练

这里的"能力"，主要指的是学科能力，是学生在学科课程学习中能

---

① ［英］麦克·F. D. 杨：《未来的课程》，谢维和、王晓阳译，华东师范大学出版社2003年版，第31页。
② 课程教材研究所：《20世纪中国中小学课程标准·教学大纲汇编：化学卷》，人民教育出版社2001年版，第291页。
③ 课程教材研究所：《20世纪中国中小学课程标准·教学大纲汇编：数学卷》，人民教育出版社2001年版，第473页。
④ 吕达、周满生：《当代外国教育改革著名文献》（美国卷·第二册），人民教育出版社2004年版，第14页。

够获得的关于本学科的方法、规则、步骤和关系等。就物理、化学等自然科学来说，学科能力就是进行自然科学探究所需要的观察能力、假设能力、实验能力和归纳能力等。就数学来说，学科能力就是进行数学探究所需要的数学运算能力、数学思维能力、逻辑推理能力等。就语文和外语等语言工具性课程来说，学科能力主要指语言组织、表达、修辞、论说能力。效率取向的基础教育课程改革在课程实施上重视能力训练，试图使学生在课程学习中既能获得系统的学科知识，也能发展起相应的学科能力。如在物理、化学等学科的教学中，重视实验教学，努力在实验教学中发展学生的观察能力、实验能力等学科能力；在语文或外语教学中，重视对学生进行听、说、读、写等能力的训练；在数学教学中重视学生的逻辑推理能力和假设论证能力的训练。我国 1980 年的"中学数学教学大纲"中，中学数学教学的目的就包括：使学生"具有正确迅速的运算能力、一定的逻辑思维能力和一定的空间想象能力，从而逐步培养学生分析问题和解决问题的能力"[1]。"中学化学教学大纲"也要求中学化学教学要使学生"学会和熟练地掌握一些常用的化学实验和计算技能"，并对各年级要培养的化学实验技能进行了具体规定。[2]

在课程实施中重视对学生进行能力训练，其实质是，要使学生获得本学科的形式结构，使学生的学科能力结构尽可能地符合本学科的形式结构，从而提高学生的学科探究能力。布鲁纳在美国 20 世纪 50 年代末的"学科结构主义"课程改革中提倡使用"发现法"，让学生在课程学习中通过学科探究而"发现"一些"令人兴奋的部分"。这种方法的一个重要思想就是使学生"像科学家一样"进行学科探究，最终使学生获得"像科学家一样"的学科探究能力，使学生更加"容易"成为科学家。如果说重知识传授旨在使学生获得扎实的学科实体结构的话，那么重能力训练则旨在使学生获得相应的学科形式结构。两种倾向的结合就是试图使学生获得完整的学科结构，从而使学术性的基础教育课程内容经过课程

---

[1] 课程教材研究所：《20 世纪中国中小学课程标准·教学大纲汇编：数学卷》，人民教育出版社 2001 年版，第 471 页。

[2] 课程教材研究所：《20 世纪中国中小学课程标准·教学大纲汇编：化学卷》，人民教育出版社 2001 年版，第 291—305 页。

实施转化为学生的学术性素质,将基础教育课程改革的效率诉求从"可能状态"转化为"现实状态"。

理智化的课程实施反映了效率取向基础教育课程改革的理性主义。理性是"一种行为或信念的基础、根据或正当理由",是"人的心智做出结论和确定正确与真理的能力"①。理性是人探究世界的一种能力,也是人探究世界的一种方式。埃德蒙德·胡塞尔(Edmund Husserl)认为,哲学中存在着"神话—实践的态度"和"理论—科学的态度"两种取向,在"理论—科学的态度"中,"人通过理性,逐步破除了这种巫祝世界观,认识到人和世界的本质,并通过这种理性来建构人自身和整个世界:社会的道德、法律秩序和整个物质生活"②。在这个意义上,理性就是"一种科学精神",理性主义就是"主张用科学来理解和解释自然的哲学道路"③。理性主义"直接秉承本体论通过概念的逻辑推理以表达纯粹原理的致知方式,把经验之外的理念世界作为自己的致知领域,突出强调概念及其逻辑关系"④。理性主义是现代科学发展的哲学基础,现代科学正是在理性主义的主导下蓬勃发展起来的。在理性主义的视域中,知识是人运用理性探究世界的结果,科学方法是一种以理性的态度和理性的方法为基础的探究方法。教育要发展人探究世界的能力,就是要发展人的理智能力,赋予人理性的探究方法。培养具有理性精神、理性能力和理性方法的人,是教育引导人通往科学世界的途径。具体到课程实施,就是要将理性的知识传授给学生以使学生具有理性知识的基础和理性的世界观,培养学生理性的能力和理性的方法以使学生具有理性探究的能力,从而使学生获得通往科学世界的"钥匙"。质言之,理智化的课程实施将培养学生指向科学世界,有利于奠定学生的科学知识基础,发展学生的科学探究能力,训练学生的科学探究方法,因而有利于将来学生进行更加专业和深入的学科学习和学科探究工作,而这正是实现基础教育课程改革的效率诉求所需要的。

---

① 张俊列:《生存论视域中的理性教学观》,《教育理论与实践》2011年第2期。
② 孟宪清:《西方传统理性主义的发展和实体性倾向》,《云南大学学报》(社会科学版)2011年第3期。
③ 杨明全:《西方课程理论谱系:溯源与考辨》,《全球教育展望》2011年第3期。
④ 郭晓明:《论教学论的实践转向》,《南京师大学报》(社会科学版)2002年第2期。

(五) 甄别性的课程评价

课程评价有两种所指：一是指对课程本身进行评价；二是指评价课程实施后学生所发生的变化，即学生的学业成就评价。本书指的是第二种课程评价。效率取向的基础教育课程改革比较重视课程评价，将课程评价作为提高课程效率的一个重要手段。而在课程评价的诸多方式中，考试又是效率取向基础教育课程改革课程评价的首选方式。我国 1950 年的基础教育课程改革就规定，考试和考查作为课程评价的重要方式。1977 年 "文化大革命"结束以后，考试和考查再次被确立为课程评价的基本方式。高考作为学生在基础教育阶段接受的最后一次考试，是基础教育的出口，它制约和主导着整个基础教育课程评价的取向和特征。我国历次效率取向的基础教育课程改革对高考都比较重视。1950 年的课程改革就将高考确立为大学入学的主要方式。"文化大革命"结束以后，高考制度随即恢复。尽管美国长期没有全国统一的大学入学考试，但美国效率取向的基础教育课程改革同样比较重视大学入学考试对提高基础教育课程效率的作用。20 世纪 80 年代的课程改革要求学校、学院和大学采取更加严格的标准，提高大学入学要求。20 世纪 90 年代布什政府开始建立全国统一的学业成就测试。进入 21 世纪，克林顿政府更是赋予学生学业成绩测验以奖惩性质。从效率取向基础教育课程改革在课程评价上的各种措施看，效率取向基础教育课程改革的课程评价具有重结果、重知/能、高标准等特点。

1. 重结果

课程评价有两大功能：一是改进课程或学生的学习，二是确定学生的学业成就。侧重于改进课程或学生学习的评价称之为形成性评价，侧重于确定学生学业水平的评价称之为总结性评价。相对而言，效率取向基础教育课程改革更加重视总结性评价。在课程评价的改革上，总结性评价的制度改革是效率取向基础教育课程改革的重点。1977 年我国基础教育课程改革在课程评价的改革措施上集中在两个方面：一是恢复了高考制度，重新确立了高考在大学入学上的主导地位；二是重新确立了考试和考查在学校教学中的地位，确定了每学期进行期中、期末两次考试的制度。从考试的功能来看，不管是高考，还是期中、期末考试，都是侧重于总结性评价的功能。美国20世纪90年代以来，在课程评价的改革方面同样倾向于加强总结性评价的地位。不论是克林顿政府所推行"美国学力测试"，对四、八和十二年级进行统一考试，还是小布什政府推行的对三至八年级进行州级测试，四年级和八年级参加全国统一的阅读和数学测试，都属于总结性评价。正如有学者这样评价道："《不让一个孩子掉队》法案要求各州实施与本州的阅读、数学和科学标准相一致的州级评价系统。这种测试的目的就是要检验出学生在多大程度上学会了他们所被要求学习的内容，他们的进步在多大程度上与这些重要的学术标准相符合。"① 对于学生而言，总结性评价在学习结束之后进行，评价对于改进学生学习的意义是有限的。评价更大的意义在于确定学生的学业水平，测验的结果更多地用于评定学生的水平，将其作为学生升级或升学、学校教学质量评定的依据。

2. 重知、能

在课程评价的具体内容上，效率取向基础教育课程改革更加侧重对学生的知识与技能的评价。长期以来，我国的高考就是主要侧重对学生的学科知识以及相关能力的测试。首先，考试的科目主要是学科课程，语文、数学、英语3门工具性课程是高考的必考科目，其他主要的考查科目如物理、化学、历史、地理、生物等都是学科课程。其次，知识性内容在考试中占据着比较大的分量，如语文侧重考查学生对经典文学作品的识记和理解，数学强调对公式、定理、原理等的记忆和运用。最后，考试还重视对学生学科能力的考查，比如语文注重考查学生对字、词、句、段、篇的理解和分析能力，数学注重考查逻辑推理和论证能力，化学、物理等注重考查学生的实验设计与分析能力、学科计算能力等。在高考的导向下，中考，乃至期中、期末考试的基本模式都倾向于考查学生的知识与能力。

考试和考查是课程评价的两种方式，考试主要采用纸笔作答的方式对学生的学业水平进行评价，考查则采用实验、问答、作品等多种方式来评定学生的学业成绩。相对而言，考试更加长于对学生的学科知识和

---

① Paul Parkison, "Political Economy and the NCLB Regime: Accountability, Standards, and High-stakes Testing", *The Educational Forum*, Vol. 73, No. 1, 2008, pp. 44 – 57.

某些学科能力的检测，其量化和结构化水平也更高一些，而考查则更长于对学生的综合能力进行考查，但其考查标准、量化程度和结构化水平更低一些。在效率取向的基础教育课程改革中，考试更加受重视。我国的高考、中考、期末和期中考试都是以考试为主要形式。美国20世纪90年代以来，基础教育课程改革所加强的全国统一测试也是以考试为主。这从评价方式上说明了效率取向基础教育课程改革更加重视对学科知识与学科能力的测验和评价。

3. 高标准

效率取向的基础教育课程改革还倾向于设置较高的评价标准，试图通过高标准促进课程效率的提高。每次效率取向基础教育课程改革的发起，几乎都伴随着课程评价标准的提高。课程评价的高标准，一方面表现在较高的课程标准上。我国1963年和1977年的课程改革，美国20世纪50年代末的课程改革和20世纪80年代的课程改革都着力提高了课程标准，具体包括增加课程内容、提高课程难度等。另一方面表现为考试要求和难度的提升。我国的高考历年来以高难度而称著，学生要想在高考上取得好成绩，不得不牢固、系统地掌握相关学科的课程知识，熟练地运用学科知识并以熟练的学科技能和解题技巧来应对。即使是学期内的各种考试，其难度也是比较高的。《国家处于危险之中：教育改革势在必行》同样倾向于高标准的课程评价，要求"学校、学院和大学对学生的学业成绩和品德采取更严格和可测度的标准，提出更高的要求，并且提高四年制学院和大学的入学要求"[1]。《不让一个孩子掉队》法案同样提倡高标准，要求各州要"制定富有挑战性的内容标准"，以提高学生，特别是处境不利学生的学业水平。

这些特点表明效率取向基础教育课程改革的课程评价具有明显的甄别性。首先，以统一考试为主要形式的总结性评价把学生放在同一平台上进行评价，容易对学生之间的学业水平进行比较，使学生的学业水平形成从高至低的序列，从而有利于对学生进行甄别。各学段的入学考试是典型的以甄别为目的的统一考试。在升学导向的作用下，即使学期内

---

[1] 吕达、周满生：《当代外国教育改革著名文献》（美国卷·第一册），人民教育出版社2004年版，第16页。

的考试也会将评价的甄别功能凸显出来。每次考试都可以产生学生学业成绩的对比序列，学生的分层正是在一次次的考试中逐渐被分化出来，分化的结果就是将不同学力水平的学生甄别出来。其次，注重学科知识与学科能力的课程评价体现了国家对具有扎实的学科知识和学科能力的学生的需求，是效率诉求在课程评价上的反映。在注重学科知识和学科能力的课程评价下，具有扎实学科知识和学科能力的学生在评价中能获得更高的分数，从而被标定为"优秀学生"。换而言之，课程评价对学科知识和学科能力的侧重同样是一种甄别技术，其功能是将国家所需要的具有比较高的学科发展潜力的学生甄别出来。最后，评价标准犹如一杆跳高的标杆，同样发挥着甄别学生的作用。高标准的课程评价对一般学生，特别是学习困难的学生来说是一件具有挑战性的任务，但它却更有利于高水平学生的脱颖而出。从这个角度来看，高标准的课程评价实质上是甄别出高学业水平、高智力水平学生的一种工具。甄别性课程评价有利于将国家所需要的人才甄别出来，因而有利于课程促进国家发展的功能的发挥，有利于基础教育课程改革效率诉求的实现。

此外，效率取向基础教育课程改革通过甄别性课程评价将学生的课程学习转化成为一种竞争性行为，以加强学生之间的竞争来提高课程效率。甄别性课程评价强化了评价的比较功能，使学生之间形成了一种竞争关系。学生要想在评价中占据比较优势的地位，就需要获得比其他学生更好的成绩，就要在课程学习中投入更多的时间和精力。这样，甄别性课程评价以加强竞争的手段提高学生的学习积极性，从而提高学生的学业水平，达到提高课程效率的目的。效率取向基础教育课程改革还通过赋予课程评价比较重要的作用和地位加强了课程评价的约束力，使学校课程教学更多地围绕课程评价标准进行，从而使学校课程教学更加符合效率诉求。比如，我国将高考成绩作为大学入学的主要依据，《不让一个孩子掉队》法案将各州学生参加全国教育评估计划的测验成绩作为对州、学区和学校进行奖惩的依据，都是一种增强课程评价之于学生、学校乃至地方政府的利害关系，从而加强了课程评价的权威性，使得学生、学校乃至地方政府更多地按照国家的意志进行课程安排和课程学习。这些措施的最终结果是，学校课程更加彻底地贯彻了国家的意志，进一步促进了基础教育课程效率诉求的实现。

三 刚性课程

课程作为一种实践活动，包含着课程管理、课程目标厘定、课程内容选择、课程实施和课程评价等多个环节。课程作为一种事物，在课程实践活动各个环节的共同作用下形成。换而言之，课程就是在特定的课程管理之下，经过课程目标厘定、课程内容选择和组织、课程实施、课程评价而获得现实意义的综合体。这个综合体将课程的各个要素和各个环节聚合起来，形成一定的课程形态，并表现出特定的性质。课程改革作为一种价值性的变革活动，总是在特定的价值取向下进行。在特定的价值取向下，课程改革对课程管理、课程目标、课程内容、课程实施和课程评价的改革都受到这种价值取向的影响，从而使得在特定价值取向下的课程改革的各种措施共同指向特定的目标，学校课程在这些措施的作用下整体上产生某种位移。这种位移的结果是使课程在整体上带上了某种色彩或表现出某些特性。这种特性是课程改革在课程管理、课程目标、课程内容、课程实施和课程评价上，各种改革措施的某些倾向性聚合而成的，反映着课程改革各种措施的共同特性。将课程改革的各种措施综合起来，整体考察某种价值取向下课程改革所致的课程形态或课程特性，有利于更完整地理解课程改革在特定价值取向下所产生的结果，从而更加深入地揭示课程改革实现特定价值取向的机理。

就效率取向的基础教育课程改革而言，在集权式的课程管理、学术性的课程设置和内容选择、学科化的课程组织、理智化的课程实施和甄别性的课程评价的聚合下，基础教育课程在整体上显示出深分化、强架构、大统一和高稳定等特点。

（一）深分化

效率取向的基础教育课程改革将课程分化为若干相对独立的部分，各部分按各自的逻辑进行组织和实施，形成一种深度分化的课程形态。效率取向的基础教育课程改革以现代科学为主臬，在课程组织上也遵循着现代科学的原子化发展逻辑。现代科学是建立在原子论基础上的，科学研究的基本逻辑是将研究对象进行分解，并对其各部分进行研究，以此达到对事物的理解和把握。一门科学的发展程度越深，往往会分化出越多、越细的学科。在这种逻辑之下，学校课程也呈现出高度的分化性。这种分化首先是学科间的分化，按照现代科学体系将学校课程划分为语文、数学、外语、物理、化学、生物、地理、历史等学科。其次是学科内的分化，在学科内按照某种逻辑将课程知识划分为一个个相对独立的知识点，每个知识点有其相对独立的来龙去脉与表述过程，课程的实施按照知识点的安排顺序依次进行。课程分化的结果是各门课程或课程的各部分知识承担各自相应的"职能"，形成"各司其职"的态势，学校课程在整体上展现出一种"箱格化"的静态组织形式。

（二）强架构

所谓架构，是指课程内容之间的组织关系。在效率取向的基础教育课程改革中，课程内容的分化并不表示课程内容之间没有联系。相反，至少在学科内，课程内容以一种严密的逻辑关系组织起来，形成强架构性的课程内容组织体系。首先，课程内容以一种科学化的、理性的表述方式来呈现，学科的概念、原理和基本事实均以清晰、条理的方式进行界定和阐述。其次，各概念、原理和基本事实之间按照学科逻辑进行组织，各知识点之间存在着清晰的逻辑关系，使得一门学科的课程知识形成系统、完整的自洽体系。最后，在这个体系中，课程内容被清晰地界定和表述，相关的内容被严密的逻辑关系组织起来，无关内容则被严格地排除在外。课程内容的"深分化"和"强架构"一起，就形成了伯恩斯坦所说的"集合编码"。这种编码方式使"各种内容得到非常清楚的界定，而且彼此之间相互独立"，"传递内容与非传递内容之间存在一条鲜明的边界"[1]。以"集合编码"的方式形成的课程称为"集合类型的课程"。效率取向基础教育课程改革所形成的课程就是一种集合类型的课程。伯恩斯坦指出："在这种课程中，学习者必须掌握大量的有效内容，以便于符合某些评价的标准。"[2]

---

[1] ［英］麦克·F. D. 扬：《知识与控制——教育社会学新探》，谢维和、朱旭东译，华东师范大学出版社 2002 年版，第 63—64 页。

[2] 同上书，第 63 页。

（三）大统一

效率取向基础教育课程改革下的学校课程还存在着一种普适性的假设。以培养具有扎实学科知识和学科能力的学生为旨归，在课程内容上以学术性内容为主，并以学科化的形式进行组织，这使得基础教育课程在精神、内容与形式上都趋近于现代科学。作为以理性主义为基础的现代科学，其知识形式是客观的、确定的、普遍的。知识被假定为对每个人都是相同的，它以同样的形式展示于人，对所有人都具有同样的价值和意义。受此影响，效率取向的基础教育课程改革同样假设基础教育课程对所有人都是相同的。换而言之，效率取向的基础教育课程改革秉承着一种"普遍化"的课程观，将一种课程体系"普遍化"到所有学生身上，这种课程体系就是以学术性内容为主的学科化课程体系。并且，效率取向的基础教育课程改革还通过集权化的课程管理，将这种课程上升为一种权威的课程加诸学生，从而实现了课程的公共化。如果说"普遍化"是普适性假设的逻辑实现的话，那么"公共化"就是普适性假设的现实实现。这种普适性假设实现的结果是在学校中实施统一的课程内容（如果不是完全一致的话），并以统一的标准衡量学生，凡是在规定的课程内容上达不到统一标准的学生都被标定为不合格。

（四）高稳定

深分化、强架构、大统一导致的是基础教育课程较高的稳定性。这种稳定性首先表现在课程内容上。由于基础教育课程以现代学科体系和学科知识为参照进行课程内容的选择，而作为以奠定学生学科基础为主要任务的基础教育课程，所选择的内容通常是一门学科中最基础的部分，基础教育课程的内容就集中在了比较成熟的学科中比较基础的学科知识上。这部分知识通常具有很强的确定性和稳定性，这使得以学术性内容为基本内容的基础教育课程在内容上具有比较高的稳定性。这种稳定性还表现在课程结构上。以强架构的方式进行课程组织，课程知识间存在着清晰、明确、严密的联系，相互之间形成了一种稳定的结构关系。这种结构关系通常是一门课程所对应学科的知识结构关系的写照，而现代科学以客观性、确定性为特征的学科体系在知识建构上以形成客观、明确、稳定的知识形式为终点，这使基础教育课程在课程知识结构上也表现出客观性、明确性和稳定性等特点。此外，在集权式的课程管理制度下，课程权力向国家上移，地方和学校的课程权力减小，地方和学校对学校课程进行修改的可能性降低，这突出了课程实施的忠实取向，增加了基础教育课程的稳定性。同样由于集权式课程管理，课程评价在国家层面存在着一个权威的、统一的评价标准，这也对基础教育课程形成了约束，进而增加学校课程的稳定性。

这些特点表明，效率取向基础教育课程改革下的学校课程具有较强的刚性。如果将这种深分化、强架构、大统一、高稳定的课程称之为"刚性课程"，那么我们可以说效率取向的基础教育课程倾向于选择"刚性课程"以增强基础教育课程为国家经济社会发展服务的功能。对国家发展而言，"刚性课程"具有较强的效率意义，"刚性课程"是基础教育课程改革效率诉求的一种实现方式。

第四章

基础教育课程改革中公平诉求的形成与实现

基础教育课程改革的公平诉求，包含社会公平诉求和个体公平诉求两个层面。社会作为由社会成员组成的一个共同体，包含着不同的社会阶层和社会群体。尽管不同的社会阶层和社会群体有着不同的立场、文化观念、生活方式和利益取向，但它们均要求基础教育课程能为本阶层或本群体成员的发展服务，尽可能地促进本阶层或本群体成员的发展。各种不同的诉求集中到基础教育课程，就是要求基础教育课程公平地对待各社会阶层和社会群体，要求基础教育课程对各社会阶层和社会群体具有同等的价值和意义。对于参与课程学习的独立的学生个体来说，他们在发展权上是同等的，他们同样要求基础教育课程能够满足他们的发展需求，实现他们在社会生活中获得有尊严地生活的愿意，要求基础教育课程对每个学生的发展都具有相同的作用，不因学生的非自致性因素而影响自身的发展。换而言之，基础教育课程改革的个体公平诉求就是要求基础教育课程对每个学生具有同样的价值，每个学生都能从基础教育课程中获得同等的发展资源，学生的发展不因基础教育课程本身的性质而产生优劣性分化。

社会公平诉求是基础教育课程改革的外部公平诉求，即基础教育课程应当有利于促进社会公平。个体公平诉求是基础教育课程改革的内部公平诉求，即学生在课程学习中应当享受公平的待遇。社会公平诉求是个体公平诉求的外部制约因素，个体公平诉求因社会公平诉求而产生，基础教育课程个体公平的目标和归宿是实现社会公平。个体公平诉求是社会公平诉求的具体化，社会公平诉求具体到基础教育课程，就是要求基础教育课程公平地对待参与课程学习的每个人。如果基础教育课程公平地对待了参与课程学习的每个学生，不同社会阶层和社会群体的学生都在基础教育课程的学习中获得了同等的发展水平，社会阶层和社会群体间即不因基础教育课程而产生阶层或群体间的高低序差，那么基础教育课程就是一种有利于促进社会公平的课程。因此，基础教育课程改革的公平诉求就是要求基础教育课程公平地对待不同的社会阶层和社会群体，有利于促进社会公平；具体到学生个体，就是要求基础教育课程公平地对待每个学生，力求使每个学生都获得充分、自由的发展。正如有学者所言："从终极意义上说，让每个学生的个性和能力都得到充分自由的发展是最公正的。"[①] 不论是基础教育课程改革的社会公平诉求还是个体公平诉求，其最终要求实质上都是基础教育课程能促进每个学生的充分、自由的发展。从这个意义上说，基础教育课程改革的社会公平诉求和个体公平诉求在本质上是统一的。

公平包括政治公平、经济公平、文化公平和伦理公平几个方面，基础教育课程改革的公平诉求同样包含政治公平诉求、经济公平诉求、文化公平诉求和伦理公平诉求等几个方面。所谓政治公平诉求，就是要求基础教育课程尊重不同阶层或群体、不同个人的政治地位，并保证每个人通过课程学习获致同等的政治地位，使基础教育课程有利于社会政治民主化建设，有利于推进社会政治的民主公平价值的发扬和发展。所谓经济公平诉求，就是要求基础教育课程能够平等地促进每个人参与社会经济建设，平等地提高每个人的经济能力，使每个人获得平等的提高自身经济生活水平的能力。质言之，就是要求基础教育课程对改善每个人的经济生活具有相同的意义。所谓文化公平诉求，就是要求各种社会文化在基础教育课程内处于平等的地位，学生不因其特定的文化背景而使课程学习受到影响，同时学生还能通过课程学习获得平等的文化地位。所谓伦理公平诉求，就是要求在基础教育课程的作用下，一个人的发展不对另一个人的发展造成损害，所有学生在基础教育课程中都得到充分

---

① 孙玉丽、张永久：《区域内校际均衡的公平逻辑与路径选择》，《教育研究》2011年第5期。

的尊重，并且不因基础教育课程本身而使学生之间产生地位的高低，不使人之作为人的基本权利因课程本身的因素而受到侵犯和损害。

在这四个方面中，伦理公平诉求是基础教育课程改革的前提性诉求，伦理公平是基础教育课程改革的基本评价标准。公平取向的基础教育课程改革首先要考量的是基础教育课程是否充分尊重所有学生的受教育权和发展权。如果基础教育课程使得一部分学生因另一部分学生的发展而受到限制或损害，那么这样的基础教育课程就会被判定为不公平的。基础教育课程的政治公平、经济公平和文化公平只有在伦理公平的前提下才具有现实意义。文化公平诉求是基础教育课程改革的中心诉求。基础教育课程作为社会文化的集中体现，其直接意义是提高学生的文化水平，使学生获得参与社会生活和促进社会文化发展所需要的文化素质和文化能力。从历次公平取向的基础教育课程改革上来看，追求文化公平是基础教育课程改革的主要内容，公平取向基础教育课程改革的主要目标就是要使所有的学生获得平等的文化素质和文化能力，使所有学生都同等地具有参与社会文化生活的能力。政治公平诉求和经济公平诉求是文化公平诉求的两翼。基础教育课程作为一种准备性、基础性课程，其对学生的政治意义和经济意义并不即时地体现出来。在基础教育阶段，课程对学生的政治意义和经济意义被转化为课程的文化意义，包含在学生的文化素质结构中。也就是说，政治公平诉求和经济公平诉求在基础教育课程中更多地以文化公平诉求的形式体现出来，文化公平的实现是学生获致政治公平和经济公平的方式。总而言之，基础教育课程改革的公平诉求是一种以伦理公平为前提，以文化公平为中心，包含政治公平和经济公平的诉求。这种诉求落实到基础教育课程改革中，就是要求基础教育课程尊重每个学生的受教育权和发展权，尊重学生的文化背景，平等地促进学生的发展，提高学生的文化素质，以使所有学生获致平等的政治地位、文化地位和经济地位。

一　公平诉求的形成

同效率诉求一样，基础教育课程改革的公平诉求也是历史发展的产物，每次公平取向基础教育课程改革的形成与发起，都与当时的社会历史条件有着密切的关系。基础教育课程改革的效率诉求源自国际竞争而产生的国家危机感，是一种外部驱动型的发展诉求，而基础教育课程改革的公平诉求是一种内部驱动型的发展诉求。一般来说，基础教育课程改革的公平诉求来自国内社会对社会公平的追求，国内社会各阶层、各群体之间的公平关系是基础教育课程改革公平诉求形成的内在依据，基础教育课程改革的公平诉求是社会发展的公平诉求在基础教育课程领域的具体表现，也是社会发展的公平诉求借以实现的途径。

（一）社会公平成为社会发展的突出矛盾

诚然，社会公平在任何时候都是社会发展的一种价值追求。但在某些历史时期，社会公平会成为社会发展的突出矛盾，社会公平问题成为社会普遍关注的问题，改善社会的公平状况成为社会发展的紧迫任务。当然，在不同的历史时期，促使这种情况发生的具体因素和过程是不一样的，经济、政治、文化等因素在不同的历史时期，对社会公平成为社会发展的突出矛盾的作用力各不相同。从基础教育课程改革的历史来看，公平取向的基础教育课程改革通常随着社会公平成为社会发展的突出矛盾而产生。

19世纪末20世纪初，随着工业化、城市化的巨大发展，美国在经济、文化发展蒸蒸日上的同时，也产生了一系列社会公平问题。正如唐纳利（Ignatius Donnelly）1892年为平民党起草的纲领中所言："……国家的道德、政治和物质处于毁灭边缘……商业凋敝，家庭负债累累，劳工陷于贫困，土地集中于资本家之手。……少数人肆意窃取千百万人的劳动果实去积累巨额的财富，为人类历史所仅见；而这少数的财富占有者又反过来藐视共和国并危及自由。从不公正的政府这一母体中养育出两大阶级——流浪者和百万富翁。"[①] 这个时期美国面临着贫富差距进一步扩大、经济秩序混乱、政治制度产生危机、贫民境遇日益恶化、道德水准普遍下降等社会问题。[②] 这些社会问题的存在严重影响了美国的社会公

---

① [美] 亨利·斯蒂尔·康马杰：《美国精神》，杨静予等译，光明日报出版社1988年版，第75—76页。
② 张斌贤：《社会转型与教育变革——美国进步主义教育运动研究》，湖南教育出版社1998年版，第25页。

平，引起美国各界的不安与关注，并由此掀起了从平民党运动和黑幕揭发运动开始的进步主义运动。正是进步主义运动催生了以"进步主义教育"为核心的美国20世纪第一次基础教育课程改革，其目的就是重塑美国的社会关系，促进美国民主主义社会的建设与发展。如果说20世纪30年代以前美国基础教育课程改革以儿童为中心，是由于19世纪末至20世纪30年代以前，美国经济的蓬勃发展在产生社会公平问题的同时也一定程度上掩盖了公平问题，使社会公平问题以一种温和的方式出现的话，那么进入20世纪30年代，美国经济危机所导致的"大萧条"则使社会公平成为一个突出而紧迫的问题，从而使美国基础教育课程改革更加突出地强调社会改革，试图更加直接地发挥基础教育课程改善社会公平状况的作用。

美国20世纪60年代中期到20世纪70年代中期可以说处于一个动荡的历史时期，社会公平问题以及追求社会公平的各种运动深刻地影响着美国社会的面貌和历史进程。一方面，从1955年到1975年长达20年的越南战争是美国历史上历时最长、损失最大、影响最深远的一场战争。长时期巨额的战争消耗使美国在经济上由高峰开始走下坡路，在政治上加重了美国的国内危机。另一方面，美国20世纪50年代以来受"冷战"思维的影响，将注意力集中于国家科技发展和经济建设，"黑人、穷人、少数民族基本上处于无足轻重或被遗忘的贫困境地，未能享受美国社会巨大的战后繁荣的成果，处于明显的缺乏抱负和希望之中，在心理上是孤立的"[①]。弱势群体长期受到不公平待遇激起了美国此起彼伏的民权运动，黑人运动、女性主义运动以及其他各种追求公平的运动形成了美国这一时期波澜壮阔的历史画卷。在动荡的社会中，传统的美国精神和文化受到冲击，产生了严重的精神危机，出现了"沉默的一代""垮掉的一代"。这些人一反传统的生活方式，采取极端的嬉皮士方式反对主流文化，表达对现实的不满。

我国20世纪60年代中期至20世纪70年代中期同样处于社会动荡之中。由于"文化大革命"的特殊性质，我国在这个时期的社会动荡远比

---

① 袁振国：《对峙与融合——20世纪的教育改革》，山东教育出版社1995年版，第169页。

美国要严重得多。"文化大革命"从某种意义上来说是以一种极端的、非理性的方式试图实现公平社会的政治运动。实质上，这种运动在20世纪50年代末就已经开始酝酿，并且这与我国新民主主义革命的社会公平取向具有紧密联系。共产党领导下的新民主主义革命以推翻"三座大山"、消灭剥削、消除阶级压迫为目标，在本质上是一种公平取向的社会革命。新中国成立以后，资产阶级与无产阶级的对立在总体上被取消了。但在社会主义建设的过程中，毛泽东认为，资产阶级仍然把持着我国的文化、经济领域甚至政治领域，"人民当家作主"仍没有真正实现。最终，"文化大革命"成为解决社会公平问题、真正消除"三大差别"、实现无产阶级专政下的"大同社会"的"途径"。

1977年"文化大革命"结束以后，我国迅速调整了国家工作路线，将国家工作的重心由政治斗争转到了经济建设上来。在新的路线、方针和政策的指引下，我国经济建设获得长足的进展，国家经济实力不断增强，文化、科技和政治影响力也不断提升，逐渐从一个经济落后的社会主义国家发展成为经济总量在世界排名前列的经济大国。但随着国家经济的发展，国内社会公平问题也开始凸显。这一方面表现为国内贫富差距不断扩大，阶层分化不断加速；另一方面还表现在社会阶层逐渐固化，社会流动不畅逐渐明显，社会成员实现向社会上层流动的渠道趋向封闭，社会流动成本不断增加。加上改革开放以来由于体制不完善而产生不少非法致富而形成的特殊阶层，使社会逐渐产生"仇富"心理。诸如此类因素的存在，使得社会公平并没有随着国家经济的飞速发展而得到根本改善，反而产生了新的社会公平问题，社会不公平感在社会中逐渐滋生并不断蔓延。到20世纪90年代，社会公平问题开始为人们普遍关注，社会公平开始凸显成为社会发展的突出矛盾。当然，这一时期社会公平问题是在国家以经济、政治、文化、科技和军事为核心的综合国力获得长足提升的环境下凸显的，在表现方式和具体诉求上与我国20世纪中期的社会公平问题存在很大的不同，这一时期社会公平问题的凸显主要以一种温和、理性的方式表现出来。我国2001年以来，第八次基础教育课程改革在很大程度上是在回应我国改革开放以来社会发展中存在的问题，包括社会公平问题而发起的。在新的时代背景和形势下促进和实现社会公平，可以说是第八次基础教育课程改革的主导价值取向。

一种社会运动的产生,总是与当时的社会环境密切相关的。在广泛的意义上说,基础教育课程改革作为一种社会运动,同样受到当时社会历史背景的制约,社会公平诉求是基础教育课程改革公平诉求产生的外部动力。正由于如此,社会公平问题在某一历史时期表现得越突出、表现的方式越激烈,社会公平诉求对基础教育课程改革公平诉求的形成就会产生越强的作用力,使得基础教育课程改革的公平诉求也表现得越强烈,所采取的措施也更加激进和鲜明。

(二) 教育成为促进社会公平的重要手段

课程作为教育的一个组成部分,只有当社会发展的公平诉求诉诸教育的时候,课程改革才能将社会发展的公平诉求转化成为课程改革的公平诉求,为公平取向的课程改革提供动力。社会发展的公平诉求必然要求通过政治、经济、文化等手段进行社会改革,改善社会的公平状况。教育作为一种文化手段,对社会公平的促进和实现具有重要意义。进入现代社会,教育对社会发展的推动作用日益突出,也越来越成为实现社会发展的公平诉求的重要选择。纵观20世纪以来的社会发展历程,每当社会公平成为社会发展的突出矛盾,社会公平诉求高涨的时候,教育改革的呼声随之高涨,教育改革总是成为社会改革的一个重要领域,成为促进社会公平的重要手段。

教育之所以能够成为促进社会公平的重要手段,是因为教育作为一种培养人的活动,能够通过人的培养,使社会成员具备促进和实现社会公平所需要的素质结构,包括人与人之间的素质结构和人自身的素质结构。一方面,对社会结构而言,教育具有调整社会结构的功能。社会作为一种人的联合体,人与人之间的政治、经济和文化地位的对比关系就是社会公平的具体体现。而人的政治、经济和文化地位在很大程度上是经由教育获得的。在特定的社会环境下,教育有可能更有利于某些特定的社会阶层和社会群体而使得他们能够获得更高的政治、经济和文化地位,从而使教育成为制造社会不公的一个源泉。反之,如果教育能够使所有人获得同等的经济、政治和文化利益,那么教育就能够消除产生社会不公的某些因素,从而使社会中人与人的关系趋于公平。另一方面,教育能够培养具有公平意识和公平责任的社会公民。这样的公民进入社会，就能够有意识地参与社会建设，在社会活动中注重维护和促进社会公平，从而使社会在具有公平意识和公平责任的公民的推动下不断提高其公平水平。质言之，教育是一种具有改造社会成员和社会关系功能的活动，基于这种改造功能，教育能够改变社会中的各种不公平现象，使社会趋于公平。

一般来说，教育成为促进社会公平的手段，是在社会力量和政治力量的推动下完成的。当社会公平成为社会发展的突出矛盾时，社会各界有识之士会从各个方面寻找造成社会不公的原因，并提出相应的社会改革方案。通常情况下，教育造成社会不公和教育可以促进社会公平的功能会在这种历史背景下被社会普遍关注，甚至形成一定的教育思潮，教育改革的呼声逐渐高涨，最终形成教育改革的社会动力。社会力量作为推进教育改革的动力以教育学者、学术团体和学校为主。美国进步主义教育是在美国经济走向繁荣的同时，社会公平问题不断凸显的时代背景下，为维护民主主义社会、改善社会阶级关系而形成的一种社会思潮。美国20世纪上半叶的教育改革正是在进步主义教育的主导下形成和发展起来的。20世纪60年代中期至20世纪70年代中期，美国的教育改革虽然没有形成强有力的社会推动力量，但学校层面的自发改革仍然使这一时期教育改革对社会发展的公平诉求进行了鲜明甚至有些极端的回应。政治力量对教育公平的干预在这一时期也得到提升，对通过教育促进和改善社会公平起到了重要作用。我国的教育改革"自上而下"的特征比较突出。在2001年以来的第八次基础教育课程改革中，政治力量的主导作用比较鲜明，当然同时也整合了社会力量，尤其是学术力量，虽然教育公平以及教育促进社会公平的功能最先仍然是从社会层面和学术层面开始被关注的。我国20世纪50年代末期到20世纪70年代中期的第三、四次基础教育课程改革中政治力量的主导作用则更加直接和彻底，在"文化大革命"期间甚至超越了教育的界限，直接将教育作为政治力量，以政治的方式直接发挥教育促进社会公平的功能。

社会发展的公平诉求具体到教育中，为社会发展的公平诉求赋予了教育学的范畴，使社会公平的实现具有教育学的意义。具体来说，社会公平的实现通过教育的改革来达成，教育改革通过调整教育目标、优化教育资源配置等措施使教育结构更加有利于弱势群体的发展，使教育更加公平地促进人的发展，进而带动社会结构的改变，推进社会公平水平的提升。在教育学的视野下，社会公平从一般意义具体到了公平地促进人的发展的含义上来，社会发展的公平诉求具体化为教育公平诉求。

（三）基础教育课程未恰当地发挥促进社会公平的作用

教育公平诉求具体到基础教育课程，就是要求基础教育课程发挥促进教育公平的功能，公平地促进人的发展，使基础教育课程对所有学生都具有平等的发展意义，使所有学生都能在课程学习中获得公平的发展。在最广泛的意义上来看，所有课程对所有学生都具有一定的发展意义。但是，从公平的角度上来看，并不是所有课程都对所有学生具有同等的发展意义。课程社会学认为："课程从来都不仅仅是知识的不偏不倚的汇集，正如一个国家教科书里以及课堂中所显现的情形。它总是一种选择性传统的一部分，是某人的选择结果，是某个集团对合法性知识的见解。它产生于文化、政治、经济的冲突、紧张和妥协中，正是这些冲突、紧张和妥协使一个民族有机地团结在一起或四分五裂。"[1] 由于这样一种选择机制，一种课程可能将某些利益集团或社会群体的知识定义为法定知识，而对其他利益集团或社会群体的知识视而不见，从而使课程产生一种倾向性，更加适合于来自某些社会集团、社会阶层或社会群体的学生学习，使得他们在学业上处于优势地位，而来自其他社会集团、社会阶层或社会群体的学生在学业竞争中由于这种倾向性的存在而处于劣势地位。这就导致了学生之间由于课程自身的性质而产生层次性分化，从而使课程促进社会公平的作用得不到发挥，甚至加速了社会不公平的产生。这是社会发展的公平诉求所不允许的，也是教育公平诉求所不允许的。不幸的是，在基础教育课程中，这种选择性机制普遍存在，使得本应当平等地促进所有学生发展的基础教育课程产生诸如阶级或阶层分化、地域分化、群体分化、文化分化等层次性分化，阻碍着基础教育课程促进社会公平功能的发挥。

课程对阶层或阶级的分化作用是课程社会学研究的重要课题，也是

---

[1] ［美］迈克尔·W. 阿普尔：《文化政治与教育》，阎光才等译，教育科学出版社2005年版，第24页。

最受关注的课程公平问题。课程社会学认为，学校起着再生产工作场所的阶级结构的作用，教育的社会关系，包括管理人员与教师、教师与学生、学生与学生、学生与其学习之间的关系，都复制了等级性的劳动分工。① 学校的这种作用通过学校课程对知识的倾向性选择以及以此为基础所形成的各种教育关系来实现。皮埃尔·布迪厄认为，存储于学校的文化资本在一个等级社会的再生产中起着过滤器的作用，通过一个看起来是中性的、不偏不倚的选择和教学过程，作为小社会的学校部分地再造了更大社会的经济等级制，它一边认为所有的儿童都是平等的，同时却暗暗地偏袒那些已经获得语言与社会竞争能力以掌握中产阶级文化的人。② 通过课程的选择性机制，不同阶层或阶级的学生面对同样的课程却处于不平等的地位，其结果是课程再生产了社会阶层或阶级，来自中产阶级的学生更多地成为中产阶级，来自工人阶级的学生更多地成为工人阶级，来自社会底层的学生最终还是可能落入社会底层。课程的这种再生产机制使得本来处于不平等关系的社会阶层或阶级难以通过课程学习实现阶层或阶级的交流与整合，从而使课程失去了公平的伦理基础。课程的这种分化作用在19世纪末的美国就已经被进步主义教育论者所关注。进步主义教育论者认为，传统的基础教育课程重视远离生活的学术性、装饰性课程，为上层阶级培养了"精神贵族"，对处于中下层的美国大众来说，却没有多大的实用价值，这种课程忽视了大众生活的需要。学术性课程在我国"文化大革命"期间受到了猛烈批判，其重要原因就是这种课程将工人、农民阶级置于"被压迫地位"，使工人、农民阶级受到了不公平的待遇。

在一些情况下，基础教育课程还产生地域分化，使不同地域的学生受到不公平的待遇，从而影响基础教育课程促进社会公平作用的发挥。在地域分化上，比较普遍的是基础教育课程导致的城乡分化。伴随着工业化、现代化的进程，各国的城市化程度不断加深，城市在国家发展中

---

① ［美］派纳等：《理解课程：历史与当代课程话语研究导论》，张华等译，教育科学出版社2003年版，第239—240页。

② ［美］迈克尔·W. 阿普尔：《意识形态与课程》，黄忠敬译，华东师范大学出版社2001年版，第35—36页。

扮演着越来越重要的角色。在这种背景下，基础教育课程的城市化倾向也日益显著，城市文化在基础教育课程中占据着越来越重要的地位，农村文化则在基础教育课程中日益消退。这种城市化的基础教育课程更加有利于城市学生的发展，农村学生则由于对城市文化的陌生而在课程的学习中处于劣势，其结果是导致农村学生在社会生活中继续处于不利地位，在城市中难以获得与城市学生匹敌的工作和发展机会，在农村则由于城市化课程对农村文化的忽视而产生"离农村心理"，难以适应农村生活。在我国，基础教育课程还存在东西部分化的问题。我国长期以来东部的发展明显快于西部，西部在经济、文化和社会发展水平上都明显落后于东部。在集权式管理体制下，我国长期实施高度统一的基础教育课程，这种课程主要以东部发达地区作为参照样本进行研究和建设，这使得基础教育课程在西部地区适应不良，西部学生在课程学习上遭遇学习难度过高、文化陌生感强等问题，使得西部学生在发展上难以达到东部学生的水平，从而制造了东西部学生发展上的不公平。

在泛化的意义上，阶层或阶级分化和地域分化都是群体分化，但群体分化在此之外还有更加具体的内容。在学校内部，基础教育课程可导致学生内部的分化。在甄别性的课程体制下，基础教育课程通常按照学生的学业成绩给学生贴上"尖子生""好生""差生"等标签，这些标签将学生分成三六九等，使本应处于平等地位的学生形成从高到低的等级序列。在竞争性的课程体制下，这种等级序列使优秀的学生受到更多的重视和照顾，落后的学生反而被贴上更多的否定性标签，被置于受歧视和被遗忘的角落。这样，基础教育课程就在学校内部产生了群体分化，使一部分学生受到不公平的待遇。在学校教育很大程度上决定着学生在社会生活中的前景和地位的现代社会，学生在学校内形成的这种序差关系很容易使学生进入社会后仍然保持着这种序差关系，学习好的学生在社会生活中处于优势地位，学习差的学生在社会生活中处于劣势地位，基础教育课程就这样将学生在校内和校外分化成具有高低对比性质的群体，从而产生了社会群体间的公平问题。

如果说群体分化是基础教育课程产生不公平的形式的话，那么文化分化就是基础教育课程产生不公平的实质。基础教育课程产生的阶层或阶级分化、地域分化和群体分化在本质上都是文化分化。从根本上来说，基础教育课程通过选择性机制，将某些知识标定为高地位知识而将另一些知识标定为低地位知识，使知识分化成为等级不同的知识。迈克尔·W. 阿普尔认为，从长远的观点出发，高地位知识在宏观经济上看来对社会中最有权力的那些阶级有利，而被社会接受的关于高地位知识的定义又排除了对非技术知识的重视。在相对分化的社会中，为满足经济与社会发展的要求，学校课程通过某种选择机制，最大限度地产生高地位知识，由此造成了以学科中心的课程统治绝大多数学校，而综合的课程只存在于相对少数的学校中。[①] 在这种分化了的课程知识中，并不是所有社会团体都能得到它，某些阶级能接触其他阶级分配不到的知识，某些团体只能接触其他团体分配后剩余的知识，而缺乏某类知识则表示此一团体未拥有某种政治或经济权力。[②] 学科中心的课程以集合编码为特征，更加适合以集合编码为其语言特征的社会中上层阶级学生学习，以整合编码为其语言特征的劳工阶级在这样的课程中处于劣势地位。这样，学校课程的文化分化产生了社会阶层或阶级的文化分化，再生产了社会阶层的高低对比关系，即再生产了社会的不平等关系。

社会发展的公平诉求与基础教育课程促进社会公平功能的发挥不良的矛盾产生了基础教育课程改革的公平诉求。基础教育课程改革的公平诉求就是要求改革基础教育课程，消解基础教育课程的文化分化特性，消除基础教育课程对知识的高低标定机制，使社会各阶层、各团体的知识与经验处于同等地位，从而使学生在课程学习中不产生高低对比性分化，每个学生都能从基础教育课程中获得同等的政治权力、经济能力和文化能力，进而消解基础教育课程所产生的群体分化、地域分化、阶层或阶级分化等不平等分化，以使基础教育课程能够促进社会公平的发展和提高。

二 公平诉求的实现

相对于效率取向的基础教育课程改革强调基础教育课程对国家发展

---

① [美]迈克尔·W. 阿普尔：《意识形态与课程》，黄忠敬译，华东师范大学出版社2001年版，第40—41页。

② 吴永军：《课程社会学》，南京师范大学出版社1999年版，第238—239页。

的意义，公平取向的基础教育课程改革更强调基础教育课程对个人发展的意义。在课程目标上，公平取向的基础教育课程改革虽然并不排斥基础教育课程培养促进国家经济社会发展所需要的人才，但课程目标的重心更多地落在促进每个学生自由发展和个性化发展上，课程的功能更多地不是满足国家的发展需求，而是满足学生的个体发展需求，具体包括满足学生个性发展的需求和学生作为个体参与社会生活的需求。在课程改革的具体措施上，公平取向的基础教育课程改革也与效率取向的基础教育课程改革显著不同，甚至在许多方面表现出反其道而行之的特点。

（一）分权式的课程管理

相对于效率取向基础教育课程改革倾向于集权式的课程管理，公平取向的基础教育课程改革更加倾向于分权式的课程管理。分权式课程管理的主要特点是国家对基础教育课程的控制力比较小，地方尤其是学校对基础教育课程拥有比较大的权力，学校在课程安排、课程设计和课程实施上拥有比较大的自由空间。当然，在不同的历史条件下，特定的某次公平取向基础教育课程改革在课程管理的具体方式和具体措施有所不同。

美国教育在历史上是一种自下而上构建的教育体系，分权是美国教育的基本特点。在美国 20 世纪初的基础教育课程改革发起之前，基础教育课程主要由地方和学校进行管理和实施。20 世纪初期美国教育的发展存在着几个不同方向的发展主张和走向，即使在进步主义教育内部，也存在教学进步主义和管理进步主义两大取向，它们分别由自由进步主义者和保守进步主义者所主张。"自由进步主义者通过各种限制来追求社会公正，而保守进步主义者则通过训练有素的专家的理性管理来寻求社会秩序。"[1] 管理进步主义导致的是学校的集权化。在集权化的过程中，学校教育的控制权开始上移，学校教育权力转移到地方、州甚至联邦政府等更高一级的行政机构。教学进步主义则强调"加强以儿童为中心的教学，在教师和管理者之间建立更加民主的关系"[2]。从表面上来看，这两

---

[1] ［美］韦恩·厄本、［美］杰宁斯·瓦格纳：《美国教育：一部历史档案》，周晟、谢爱磊译，中国人民大学出版社 2009 年版，第 273 页。

[2] 同上书，第 274 页。

种取向是相反的。但实质上，管理进步主义发挥作用的领域是学校管理体制的科学化和效率化，并且这种管理体制的集权化是在美国当时教育权力主要由学校控制的历史条件下发生的，教育集权化并没有发展到国家对教育的直接干预。从总体上来说，分权仍然是美国学校教育的主要特征。况且学校管理体制的集权化仅仅是学校管理方式的一种变革，这种变革并未对基础教育课程管理的分权性产生实质性的影响。甚至从另一个角度来看，学校管理的这种集权化正是为了对抗以前由上层社会所控制的"分权"体制所产生的不平等而进行的，其宗旨与教学进步主义在根本上是一致的。可以说，美国20世纪上半叶的基础教育课程改革延续了课程管理的分权性质，学校课程的开发和管理主要由地方和学校负责，但为了实现课程从培养"文化贵族"的学术性课程转到培养学生共同的社会文化素质和社会生活能力上来，教育系统在坚持学校课程公平取向的基本立场的同时，在学校管理体制上进行了一定程度的集权化。这一时期，美国基础教育课程管理的这种特殊性是由美国教育发展的历史路径和基础教育课程改革的公平诉求共同作用所形成的。这当然也反映了特定课程管理方式的两面性，这一点将在后文进行阐述。

如果说20世纪上半叶美国基础教育课程改革的分权式课程管理是从美国分权式教育传统继承而来的话，那么美国20世纪60年代中期到20世纪70年代中期，基础教育课程改革对课程管理的态度则是从对20世纪50年代末到20世纪60年代中期的效率取向基础教育课程改革所导致的集权化课程管理方式的反叛中体现出来。客观地讲，美国20世纪50年代末到20世纪60年代中期的基础教育课程改革并没有形成体制化的集权式课程管理模式，但《1958年国防教育法》的颁布，客观上将基础教育课程改革置于国家的主导下，国家对基础教育课程的影响力前所未有地直接影响了基础教育课程的性质和面貌。从这个意义上讲，这一时期的基础教育课程改革在课程管理上具有明显的集权性质。20世纪60年代中期到20世纪70年代中期，美国基础教育课程改革虽然没有形成统一的行动纲领和改革力量，对基础教育课程的管理体制更是没有形成实质性的冲击，但它却以一种激进的方式反对前一轮课程改革，对在国家主导下的、以国家利益为主旨的效率取向课程改革进行了各种方式的反叛，自主地、自由地采用与前一次课程改革相反的做法来建设学校课程。因此，从根本上来说，20世纪60年代中期到20世纪70年代中期，美国基础教育课程改革在课程管理方式上是倾向于分权式的，课程开发和管理的权利属于学校，而不是国家，甚至各州在这次课程改革中所起的作用也是有限的。

相对于20世纪60年代中期到20世纪70年代中期，美国基础教育课程改革对集权式课程管理消极的、自发的反叛，我国"文化大革命"期间的基础教育课程改革对集权式课程管理的反叛是在国家政治力量的推动下进行的，具有强烈的政治意味，其反叛的方式更加激烈，反叛的程度也更加彻底。"文化大革命"期间，教育部陷于瘫痪，教育行政工作由国务院教科组负责。这一时期的课程改革彻底否定了新中国成立以来形成的较为完善的基础教育课程管理体制，国家在对基础教育课程的政治方向进行规定并出台了某些课程改革的"指示"之后，将基础教育课程的开发与管理下放到了地方和学校，学校课程的设置和实施主要由学校具体进行。在这种"体制"下，全国的基础教育课程陷入混乱，各地各校的课程设置五花八门。当然，在当时的政治运动背景下，各地各校的课程设置极为重视贯彻国家的政治方针，在课程设置、课程内容选择、课程实施和课程评价上按国家的要求与"传统"的学校课程决裂，形成了主要面向工农阶级、生活化、实践化的学校课程。因此，"文化大革命"期间的基础教育课程管理在具体形式上是分权的，但这种分权却是在政治强力——一种集权式的政治管理体制——的推动下实现的。这种奇特的课程管理方式与"文化大革命"试图以激进的方式推进社会公平是一致的。这种课程管理方式一方面牢牢把握了基础教育课程改革的政治方向，另一方面又产生了与"进步主义教育"下的课程改革"相似"的课程实践模式。这种组合方式看似奇特，但实质上它们都指向于实现工农阶级为主体的社会公平的政治意图。在"文化大革命"特殊的政治目标和实现方式的背景下，这两个方面是统一的，这种组合方式也是可以理解和解释的。

2001年以来，我国第八次基础教育课程改革显得更加理性。这一次课程改革虽然也同上述几次公平取向的课程改革一样，对前面的课程改革进行了批判和否定，但与它们不同的是，这一次课程改革并没有全面否定前一次课程改革，而是在继承前一次课程改革的某些成果，坚持前一次课程改革的某些理念的基础上进行新的构建和发展的,这一点同样体现在课程管理上。一方面,这一次基础教育课程改革正式确立了国家、地方、学校三级课程管理体制,较之以前的"大一统"的课程管理向分权式课程管理前进了一大步。在新的课程管理体制下,地方和学校获得了更大的课程权力,不仅在学校课程计划中拥有属于地方课程和学校课程的专属空间,即使是国家课程也为学校和教师的课程建设和课程创生留下了大量的空间,并鼓励教师对国家课程进行创生式实施。在课程改革中,国家还允许地方编制和开发适合本地区的课程标准和教材,使基础教育课程在全国范围内形成"一纲多本"的局面,大大解放了地方和学校在基础教育课程管理上的自由和权力。从这些措施看,第八次基础教育课程改革在课程管理的取向上是分权式的。另一方面,第八次基础教育课程改革并没有放弃国家对基础教育课程的总体和宏观管理与控制。客观地说,国家在基础教育课程管理上仍然是主导的,国家课程仍然在学校课程体系中占据主体地位。这反映了,第八次基础教育课程改革较之上述几次公平取向的课程改革所不同的继承性和渐进性。这种特性与我国经济发展、政治稳定、社会繁荣的时代背景有关,同时也表现了第八次基础教育课程改革的理性和谨慎的态度。

集权式的课程管理将课程权力集中在国家手中,通过国家政治权力对基础教育课程进行集中管理,这样的结果是使基础教育课程统一化。在国家效率诉求的作用下,国家对课程内容的选择主要以有利于国家发展为标准,其他内容比较难以进入学校课程。如前文所述,基础教育课程改革的效率诉求倾向于学术性课程,尤其是科学课程,个体经验比较难以进入学校课程。这实质上在学校课程中形成了一种壁垒。这种壁垒使学生面对的是统一的课程,学生在这种课程的学习中不能按特色横向发展,只能按"水平"纵向排列。于是,统一性成为"竞争"的发源地,[①] 学生的课程学习变成了竞争性学习,这使学生之间形成高低水平的分化,其结果就是导致学生发展的不公平。分权式课程管理作为一种有利于实现公平的课程管理方式,就在于它打破了集权式课程管理的这种

---

① 贾非:《世界课程管理模式的主流与趋势——兼谈我国高中课程改革的困境与对策》,《外国教育研究》1994年第6期。

统一性和封闭性，使学校课程有可能摆脱单纯为国家利益服务的局限，能够将其他个体发展所需要的内容和经验引入学校课程，使学生有可能在横向上实现特色发展，从而消解竞争性学习所带来的学生之间等级分化，使学生之间的公平发展成为可能。应当说，分权式课程管理并不是基础教育课程公平诉求实现的充分条件，但分权式课程管理解放了学校的课程权力，使学校课程不再仅仅作为促进国家经济社会发展的工具，基础教育课程促进个体发展的功能在这种课程管理体制下获得更大的发挥空间，从而使基础教育课程从效率取向转向公平取向有了现实可能性。

（二）生活化的课程设置和内容选择

在课程科目设置和课程内容选择上，公平取向的基础教育课程改革强调课程面向学生的现实生活，为改善学生的生活质量服务，课程设置和课程内容选择表现出明显的生活化倾向。在公平取向的基础教育课程改革看来，"课程改革不仅仅是课程自身的改革，而且还会改变课程活动中的人，改变他们的生活方式，进而使其生活质量发生变化"[1]。课程改革既然要为学生的生活服务，课程内容就不能远离学生的生活实际，教给学生一些抽象的、不实用的知识，而应该从现实生活出发，围绕学生的社会生活和个体生活设置学校课程和选择课程内容。质言之，学校课程是以生活为中心的，学生的生活需要什么，学校课程就应该容纳什么。这样，公平取向的基础教育课程改革在课程设置和内容选择上不再将学术性课程作为重心，取而代之的是生活化的学校课程体系。生活化的课程设置和内容选择可以说始于美国 20 世纪初的基础教育课程改革运动。在这场运动中，传统的学术性课程受到批判，贴近学生生活的家政、健康教育、职业技能等课程在学校中占据着比较重要的地位。美国 20 世纪 60 年代中期到 20 世纪 70 年代中期的课程改革虽然没有形成统一、系统的课程体系，但生活类课程如驾驶教育、职业家政等课程更加受到重视同样说明这一时期的课程改革在课程内容上的生活化倾向。我国"文化大革命"期间的基础教育课程改革同样是一种生活化的课程设置，学校

---

[1] 林德全：《课程改革的基本追求》，《教育发展研究》2009 年第 2 期。

课程内容几乎直接回应了工人、农民的生活需要,生物、物理、化学等学科被"农业基础课""工业基础课"所代替,纯粹的文化知识学习被生产知识学习和生产技能练习所代替。2001年以来的第八次基础教育课程改革虽然没有彻底打破学校课程的学科逻辑,但仍然具有明显的生活化倾向。综合实践活动课程的设置就是生活化课程设置的一个典型代表。学校课程各科目的内容选择也注重学生的生活实际,从学生身边的生活环境中选择课程内容,使学科课程带上了一定的生活化色彩。

如果说学术性课程是一种远离人们日常生活,指向某种遥远的目标,将课程学习者置于一种脱离生活的学习环境中的话,生活化课程则是一种贴近人们日常生活,将学习者融入自身生活环境,给人一种亲切可感的课程体验。生活化课程具有大众性、实用性和多样性等特点,正是这些特点使生活化课程内在地具有公平意蕴。

1. 大众性

大众性是生活化课程的重要特征。在生活化的课程中,学校课程不再是一种高高在上、远离生活、令人敬畏的知识体系。相反,学校课程的设置关注大众的生活现实,回应大众的生活需要,这使得学校课程的大众性得到凸显。基础教育课程作为一种面向所有学生的课程,应以所有学生的共同发展需求作为课程的起点。所谓面向所有学生,就是学校课程要具有大众性,使大众生活成为学校课程的有机部分,并使学生能够从课程学习中获得在社会生活中所需要的知识、能力、观念和态度。大众生活不同于知识精英的生活,它不需要高深的知识,也不需要系统的、专门的技术能力,它所需要的是解决生活中各种问题的方法和能力。学术性课程之所以为公平取向基础教育课程改革所反对,就在于它远离了大众的生活,不能满足大众在日常生活中的各种需要。生活化课程则不同,生活化课程着眼于大众的日常生活,以大众的日常生活需要设置学校课程,直接或以某种方式回应和优化学生的各种生活发展需求,提升学生的生活能力,对学生来说,是具有直接效用的。这种课程是面向所有学生而不是特定一部分学生的,课程的重心是社会大众,而不是一小部分知识精英。正如约翰·杜威所言:"不通过各种生活形式或不通过那些本身就值得生活的生活形式来实现的教育,对于真正的现实总是贫乏的代替物,结果便形成呆板,死气沉沉。"① 之所以呆板和死气沉沉,是因为课程脱离了大众生活,对大众来说没有足够的意义,这是学术性课程的通病。从这个角度来看,学术性课程并不是为了满足大众的生活需要而设置的。如果说学术性课程对大众有意义的话,那是因为学术性课程是大众通往知识精英的一条途径,简而言之,学术性课程不是让学生返回大众,而是让学生脱离大众的课程。生活化课程则不然,在生活化课程中,学生来自大众,结果仍然返回大众,学生并不是由于课程学习而产生阶层性分化。从这个意义上说,生活化课程是一种公平的课程。

2. 实用性

实用性是生活化课程的另一个特点。约翰·杜威认为,教育上许多方面的失败,是由于它忽视了把学校作为社会生活的一种形式,学校所传授的知识、学习的课业或培养的习惯"被认为多半要取决于遥远的将来;儿童所以必须做这些事情,是为了他将来要做某些别的事情;这些事情只是预备而已。结果是,它们并不成为儿童的生活经验的一部分,因而并不真正具有教育作用"②。学术性课程在很大程度上就是这种课程,它对学生的现实生活不具有真正意义上的实用性,对将来不从事学术性工作的学生也不具有足够的实用性。相反,生活化课程着眼于大众的生活安排课程,课程贴近大众生活,对学生以及学生未来的生活具有更大的实用性。一方面,生活化课程将课程学习作为一种生活的过程,学生课程学习的过程就是生活的过程,课程学习就是学生增长生活经验和丰富生活意义的过程。约翰·杜威认为:"使人们乐于从生活本身学习,并乐于把生活条件造成一种境界,使人人在生活过程中学习,这就是学校教育的最好的产物。"③ 由此,约翰·杜威主张以"职业"作为学校课程的主要领域,通过"职业"的课程,学生在生活中学习,在学习中生活,

---

① [美]约翰·杜威:《学校与社会·明日之学校》,赵祥麟、任钟印、吴志宏译,人民教育出版社1994年版,第6页。
② [美]约翰·杜威:《学校与社会·明日之学校》,赵祥麟等译,人民教育出版社1994年版,第7页。
③ [美]约翰·杜威:《民主主义与教育》,王承绪译,人民教育出版社1990年版,第55页。

生活与学习融为一体，从而消解了学校教育与人的生活的分裂。我国第八次基础教育课程改革开设综合实践活动课程，其主旨也在于将学生的课程学习导向生活，使学生在自身的生活环境中进行课程学习，从而增加了学校课程对学生现实生活的意义和价值。另一方面，生活化的课程对大众的生活也具有实用价值。生活化课程不像学术性课程那样将抽象的学科知识作为课程来源，而是以大众的生活作为课程来源，学校课程与大众的生活存在着密切的联系，学校课程对改善学生将来的生活质量具有现实的意义。像家政课程、职业课程、健康教育等课程对改善学生的生活质量都是具有直接意义的，即使像我国"文化大革命"期间的"农业基础""工业基础"等课程也是对学生的生产与生活具有实用意义的。

3. 多样性

人的生活是丰富多样的，不同的人有不同的生活内容、生活形式和生活态度。人的生活世界与科学世界不同，科学世界以概念、原理、方法等抽象符号和逻辑形式构成一个远离生活、结构严密、稳定有序的理性世界，生活世界则是一个流动、多元和松散的感性世界。学术性课程之所以远离生活，是因为它以科学世界为范型，所形成的是一个以概念、原理为主体的理性世界。学生在这样的世界里获得的是对世界的一致性理解，所有学生经由学术性课程所获得的结果在本质上和形式上都是相同的，这样的一种知识形式无法应对流动多变的生活世界。生活化课程则不具有这种局限性。首先，生活化课程通过扩大选修课的比例，设置多种选修课，使学校课程具有多样性，学生能够在学校课程中选择适合自身的各种课程，从而使学生能够获得自身在社会生活和个体生活中所需要的知识、能力、方法和态度。增加学校课程的丰富性，提高学校课程的选择性是公平取向基础教育课程改革的一个重要措施，其目的就是使学生都能够从学校课程中获得自己所需要的知识和经验，从而打破所有学生学习统一课程、无法实现个体特色化发展的局限。其次，即使是特定的一门课程，由于生活化课程涵纳了生活世界的意义多样性，学生仍然可以从一门课程的学习中获得多样性的经验。比如说园艺，如约翰·杜威所指出，园艺的作业"为了解农业和园艺在人类历史上和现在社会组织中所占的位置，提供了一个研究的途径。……能借此研究有关生长的事实、土壤化学、光线、空气和水分的作用，以及有害的和有益的动物生活，等等。这样的材料……是属于生活的，并且和土壤、动物生活以及人与人的关系具有自然的联系。当学生长大时，就能……看出为了发现的目的而可以进行研究的各种有兴趣的问题……从而过渡到周密的知识性的研究"[1]。因此，生活化课程不但可以为学生的现实生活服务，同时也能够将学生导向政治的、社会的、艺术的或科学的研究，不同的学生能从生活化课程中获得不同的意义，从而有利于学生的多样化发展。

由此看来，生活化的课程设置和课程内容选择之所以有利于基础教育课程改革公平诉求的实现，就在于它是一种人人可致的课程。人的培养更多地不是作为国家发展的一种手段，人的发展本身就是教育的首要目的。在生活化课程中，每个人都能够从中获得属于自己的价值和意义，人的发展在这里是一种本体性的发展，而不是一种工具性的发展。人与人之间也不存在竞争的关系，每个人在生活化课程中追求属于自己的意义，人的发展是一种个体化的发展，人是作为个体而存在于课程生活中的。从这个意义上来说，生活化课程对每个人都具有同等的价值，课程学习对每个人来说都具有同等的意义。如果说课程学习导致人的分化的话，那么人与人之间的分化是一种特色分化而不是一种等级分化，因而生活化课程对人的发展来说具有内在的公平意义。

（三）经验化的课程组织

课程的组织方式对课程价值取向的实现具有重要作用，特定的课程价值取向下的课程内容，需要采取特定的课程组织方式来保证其价值取向的实现。效率取向的基础教育课程改革通过学科化的课程组织来保证学术性课程的效率功能，公平取向的基础教育课程改革则倾向于采取经验化的课程组织方式。对于人的日常生活和职业生活来说，经验是一种比知识更加真实的、完整的存在形式，人的发展主要体现为经验的增长而不仅仅是知识的增长。具体来说，知识是人在认识世界的过程中产生

---

[1] [美]约翰·杜威：《民主主义与教育》，王承绪译，人民教育出版社1990年版，第213—214页。

的对世界的条理化、逻辑性和符号性表达,在表达形式上具有单纯性。而经验是人依据自身的生活历程理解世界的结果,在表现形式上具有综合性,在内容上包含着对世界的全息性解读。生活是一种综合性的存在,经验显然比知识更加接近生活的真实状态。知识还具有抽象性,倾向于用符号来表达。经验则具有具体性,更多地用图式或者情境来表达,这使知识具有远离生活的特点,知识的层次越高,距离人的生活就越远,而经验则具有趋近生活的特点,经验的丰富和增长通常意味着人的生活能力和职业能力的提升。退一步讲,知识只有转化为人的经验之后,才能发挥促进人的发展的作用。因此,生活化的课程内容需要经验化的课程组织才能保证其课程本质。

经验化的课程组织以学生经验为中心对课程进行组织,这种组织并不限于对课程内容进行静态的组织,而是在课程的全过程表现出一种基于经验、通过经验和为了经验的态度,以保证课程的功能就是促进学生经验的生长。所谓基于经验,就是课程组织以学生经验作为出发点,在充分了解和尊重学生经验的性质、内容和发展特点的基础上进行课程组织。所谓通过经验,就是在课程组织中按照学生经验生长的规律安排课程内容,使得学生在课程学习的过程中能够充分联系和运用自身已有的经验,在课程内容与自身经验的相互作用中实现经验的生长。所谓为了经验,就是课程组织以学生的经验生长为目的,学生在学校课程中的课程学习过程就是学生经验的生长过程,课程学习的结果是学生的经验获得生长和丰富。经验化课程组织的这种定位表明,经验化的课程组织是一种具有个体性、开放性和整统性的课程组织形式。正是个体性、开放性和整统性使经验化课程组织内在地具有公平品质,成为一种有利于实现基础教育课程改革公平诉求的课程组织方式。

1. 个体性

每个人的经验都是独特的,课程组织以学生经验为中心意味着课程组织不能抽掉个体经验的独特性,而是要最大限度地尊重和保证学生经验的个体性。学科化的课程组织突出了远离人的日常生活的学术性知识,突出确定性的、理性的知识,课程组织的结果是课程内容的公共化,即产生一种以严密的逻辑体系和广泛的适用性为特征的知识体系,这种知识体系抽去了个体经验的独特性,突出了知识的公共部分。所以,在学科化课程组织下的学术性课程长于公共知识的传授，但个体经验在学校课程中缺乏发挥作用的空间。这种课程虽然有利于培养学生的共同文化基础，却不利于个人独特经验的生长。由于缺乏个体性，学生之间的分化只能表现为在公共知识学习基础上的纵向分化，即造成了学生之间的等级分化，从而制造了不公平。经验化的课程组织则不然。由于经验化的课程组织是一种基于经验、通过经验和为了经验的课程组织方式，学生的个体经验在课程组织中得到充分的尊重，在某种程度上甚至可以说个体经验是课程活动得以实施、展开和取得成效的基本条件。学生在经验化组织的学校课程中学习所获得的不是同其他学生一样的公共知识，而是基于自身经验并且获得发展的个体经验。由于每位学生所获得的经验生长都是独特的，学生之间的经验生长不具有严格的可比性，学生之间的分化主要是横向的而不是纵向的，这意味着学生之间的比较是一种特色的比较而不是水平的比较。因而，每个人的成长和发展都只对自己才有意义，并且每个学生的经验生长对学生自身而言都具有同等的价值和意义。换而言之，每个学生的发展在本质上都是公平的，经验化的课程组织通过突出个体经验的价值和意义保证了学生发展的公平性。

2. 开放性

对基础教育课程而言，学科化的课程组织具有封闭性。基础教育课程在学科知识的选择上主要集中在学科基础知识，这些知识是一门学科中已经得到充分验证的、具有较强的稳定性、明确性和确定性的知识。学科化的课程组织对这些知识进行课程组织，就是将这些知识进行组织以形成清晰、系统的知识结构。课程组织的学科化程度越高，这种知识结构的逻辑化程度就越高、稳定性就越强。这使得学校课程表现出一种封闭性，学科内的知识是明确的、稳定的，各知识点之间的联系也是清晰的、高架构的，学科外的知识，如未进入这个课程组织结构的知识，很难进入这个知识系统。在这样的课程结构中，学生的课程学习也是结构化的，存在一种"科学化"的课程学习方式使学生的课程学习变得高效率。这种学习方式在一定程度上对所有学生都是相同的。按照这种方式进行学习可以保证课程学习的高效率，不按这种方式进行学习则可能导致学习的浪费，这种"科学化"的课程学习方式是去个体经验的。质言之，学科化的课程组织是去个体经验的，对个体经验来说也是封闭性的。

　　经验化的课程组织则具有开放性。由于经验化的课程组织以学生经验为中心进行课程组织，而学生经验具有结构松散、形式多样、流动易变的特点，经验化的课程组织要顺应学生经验的这些特点，就不能采取封闭性的组织形式，而是要保持一种开放的姿态，使不同学生的各种经验能够在自由、开放的课程框架内获得利用、施展和发展的空间。经验化课程组织的开放性具体表现为对课程采取一种松散的、低逻辑化的组织方式，对课程知识的组织不注重知识的系统化和学科化，而是侧重通过主题、板块、活动等综合性的方式组织课程。在这样的课程组织中，学生可以在同一课程活动过程中利用各不相同的经验和活动方式进行课程学习，课程对学生课程学习的具体方式和具体过程没有强制性的规约，学生的学习活动于是就具有了开放性。学生学习活动的开放性是个体经验得到充分利用并保证个体经验获得充分、自由发展的重要条件。在开放性的课程学习中，学生能够利用不同的经验和课程学习过程获得相同或不同的学习结果。由于学习结果来自不同的经验和过程，学习结果也具有了开放性。由此，开放性的课程组织形成开放性的课程学习过程，开放性的课程学习过程得到开放性的学习结果。经验化的课程组织通过开放性使学生经验的个体性得到落实，保证了不同学生的个体经验在课程学习过程和课程学习结果上都具有同等的价值和意义，从而使基础教育课程改革公平诉求的实现获得进一步的保障。

3. 整统性

　　学科化的课程组织倾向于将学校课程组织成为一门门独立的学科课程，并使各门课程与现代科学体系对应。在学科化的课程组织下，为了保证学科知识的系统性和完整性，特定的一门课程会尽可能地围绕本学科的知识系统对课程内容进行组织，属于本学科的知识被放置在重要的位置并与本学科的其他知识形成严密的结构体系，不属于本学科的知识往往处于附属地位，甚至可能被排斥在本门课程之外。从一个极端的角度来看，凡是不利于或者可能破坏课程学科结构的内容都不受学科化课程组织所欢迎。这使得学科化组织的学校课程表现出某种单纯性，学习一门课程只能获得相应的一种知识。因而学科化的课程组织导致的是一种单向度的课程，学生难以在这样的课程中获得多样化的发展。经验化的课程组织则与之相反。经验化的课程组织以学生经验为中心进行课程组织，并不注重课程组织的学科化，在一门课程中可以容纳多种形式甚至多个领域的内容，学生可以在同一门课程中学习不同的内容，对同样的内容也可以采取不同的学习方式。这使得经验化的课程组织表现出某种整统性，即一门课程并不是单纯的学科知识体系，而是包含了不同学科的内容，这些内容在学生经验的基础上整合成为一个整体，学生可以在这个整体中获得各自需要的内容和经验。如果说个体性是经验化课程组织公平意蕴的本质所在，开放性在形式上保证了经验化课程组织个体性的实现的话，那么整统性就是在内涵上保证了经验化课程组织个体性的实现。开放性使学生得以通过各自的途径利用自身经验实现发展，整统性则使学生的个体经验得以与具体的课程内容相结合，从而在自身经验的基础上获得经验的新生长。这种生长是多向度的，不同的学生能够在整统性的课程中获得不同的生长方向、生长过程和生长结果，但它们都具有同等的价值和意义。质言之，整统性保证了学生之间经验生长的结果在本质上是公平的。

由此可见，经验化的课程组织之所以是一种具有公平意蕴的课程组织方式，就在于它凸显了个体经验的价值，使得每个学生的发展都是基于自己经验的发展，每个学生都能从相同的课程中获得平等但不同的发展过程和发展结果，每个学生的发展在本质上是属于自己的发展，与其他人并不存在竞争性的利益关系。这就消解了学校课程的竞争性，消除了学生在课程学习过程中的竞争意味，学生在学习结果上也不再具有纵向对比性，学生在课程学习中产生公平问题的基础也就消失了。

（四）境遇化的课程实施

如果说生活化的课程设置和课程内容使基础教育课程具有了内在的公平品性，经验化的课程组织使基础教育课程改革的公平诉求具有了实现的可能性的话，那么境遇化的课程实施则使基础教育课程改革的公平诉求得以具体实现。所谓境遇化的课程实施，就是根据一定的课程目的和课程内容，通过设置和创造一定的课程情境，使学生在具体的、整体的课程情境中进行课程学习。境遇化的课程实施超越了理性化的课程实施，不仅将课程实施看作知识传授的手段，更重要的是将知识的学习看作在情境中进行的,并且课程的实施不但使学生获得理性的、条理化的知识,还同时是学生获得情感发展、能力提高和生活体验等个体经验的过程。在境遇化的课程实施中,教师不仅仅是知识的提供者,还是课程情境的营造者;学生不仅是知识的学习者,还是知识的构建者和体验者;课程学习不仅是简单的知识授受过程,还是一种从知识、能力到情感的全方位体验和发展过程。

公平取向的基础教育课程改革重视境遇化的课程实施,注重课程实施的活动化,活动是学校课程实施的重要形式。如美国20世纪上半叶的基础教育课程改革中兴起的"设计教学法"。"设计教学法"的创立者威廉·赫德·克伯屈（Willian Hurd Kpaky）认为,所谓"设计",是指"有明确目的,涉及整个身心的活动"或"有目的的行为"。不论哪一类设计,都必须具备四个基本特征：一是必须有一个有待解决的实际问题,二是必须是有目的、有意义的单元活动,三是必须由学生负责计划和执行,四是包括一种有始有终、可能促进经验增长的活动。[①] 杜威主张的"从做中学"和"问题解决教学"实质上也是一种境遇化的课程实施,其基本精神是让学生在具体、实际、有意义的情境中通过主动、自由的活动进行自主探究,从而获得经验的生长。20世纪60年代中期到20世纪70年代中期美国的基础教育课程改革更加注重对社会问题的关注和回应,在课程实施中更加注重以某一社会问题作为中心进行讨论和探究,在形式上也是一种境遇化的课程实施。根据一定的社会问题营造课程情境,并使学生在这样的课程情境中进行学习和探究是这一时期学校课程实施的重要方式。我国"文化大革命"期间基础教育课程的实施形式,如"小将上讲台""开门教学"和"现场教学"等,同样具有鲜明的境遇化色彩,虽然这些形式在特定的政治背景下具有特殊的作用机制和政治功能。2001年以来的基础教育课程改革也注重课程实施的活动化和实践化,在课堂教学中提倡课程实施的生活化和情境化,鼓励教师营造生动活泼的课程情境进行课程实施,在课堂之外注重以综合实践活动、校本课程和社会实践等形式将课程实施情境化,将生活情境尽可能地引入课程实

---

① 张斌贤：《社会转型与教育变革——美国进步主义教育运动研究》,湖南教育出版社1998年版,第136—137页。

施中，使学生的课程学习紧紧联系生活情境。

情境化的课程实施之所以具有实现基础教育课程改革公平诉求的功能，是因为情境化的课程实施在本质上是一种具有生活性、综合性和交往性的课程实施。这些特点是情境化的课程实施实现基础教育课程改革公平诉求的重要基因。

1. 生活性

生活化的课程内容需要生活化的课程实施来实现生活化的课程价值，境遇化的课程实施以课程情境的设置来实现课程实施的生活化。在境遇化的课程实施中，课程情境是一种与生活情境相似，具有生活情境各种因素的教育情境。与理智化的课程实施相比，学生在这样的情境中学习不仅是知识学习的过程，更是生活的过程，课程实施具有明显的生活性。首先，境遇化的课程实施以学生的日常生活经验作为课程资源的重要来源，以学生的经验逻辑作为课程实施的发展逻辑，具有强烈的"从生活中来"的意味。在课程实施中，学生的经验和生活环境是构建课程情境的重要成分，这使得课程情境具有浓郁的生活气息。学生在这样的情境中进行课程学习是一种基于自身经验来发展自身经验的活动，学生以往的生活经验是经验生长的基础和材料。其次，境遇化的课程实施不像理智化的课程实施那样将课程实施变成一种脱离和远离学生生活的知识授受活动，而是将课程实施本身就作为一种生活，学生的课程学习本身就是一种生活方式，课程实施是"在生活中"的实施过程，学生在这种实施活动中能获得与生活相同但又高于生活的体验和发展。例如，综合实践活动的实施过程是学生围绕一定主题进行的探究活动，这种活动与学生的现实生活密切联系，同时又比日常生活具有更高的精神追求、更明确的活动方向和更丰富的教育意义。最后，境遇化的课程实施不是将学生导向远离生活的"科学世界"，而是使学生获得更加完善的生活技能和生活态度，获得更加丰富的人生意义。如果说境遇化的课程实施不排斥学生走向"科学世界"的话，那么这种导向也是将"科学世界"融入"生活世界"而得到实现的。换而言之，境遇化的课程实施是一种"到生活去"的课程实施，课程实施的着眼点在于提高和丰富学生的生活意义。

理智化的课程实施作为学术性课程内容的实现方式，并不能使所有学生都能在课程实施中实现平等的价值。只有那些具备了较高的理智能力，适应了理智化课程实施的学生才能在课程实施中获得较高的意义。对于那些对学术性课程内容并不感兴趣，将来并不从事学术性、专业性工作的学生来说，理智化的课程实施往往使他们在课程实施中被置于边缘地位，从而往往在学业成绩上处于落后的境地。相反，境遇化的课程实施将所有学生都放置在同等的中心地位。生活是每个人的存在方式，每个人都在自己的生活中拥有同等的意义。境遇化的课程实施使每个学生都处于生活之中，因而每个学生都具有同等的参与权利和参与能力。在境遇化的课程实施中，每个学生都能在课程实施过程中丰富和发展自己的经验，并且这些经验无论从生长过程还是生长结果来说都不具有高低对比性，每个学生在课程实施过程中的所得在本质上都具有同等的价值和意义。从这个意义上来说，境遇化的课程实施由于其生活性而使生活化的课程内容得到实现，从而使基础教育课程改革的公平诉求得以实现。

2. 综合性

如果说生活性在课程实施中消解了课程实施的知识壁垒，实现了每个学生在学习中处于同等地位的话，那么课程实施的综合性则实现了课程价值的多元化，使每个人在课程实施中实现同等的课程价值具有了现实的可能性。生活化的课程内容使学校课程具有多样化的特点，使不同的学生可以在学校课程中获得多样化的课程价值。但这种多样化的课程价值要经由课程实施来实现，境遇化的课程实施为多样化课程价值的实现提供了方式和途径。在境遇化的课程实施中，课程实施由于其课程情境的生活性和活动性使多种课程价值内在地包含在统一的课程活动过程中，课程学习不仅仅是知识传授和技能训练的过程，还包括了情感体验、观念养成、个体经验生长和丰富等多种价值。比如，我国第八次基础教育课程改革主张在真实的、生动的课程情境中进行课程实施，在课程实施过程中实现知识与技能、过程与方法、情感态度与价值观的三维目标，就是将课程实施的单向度功能向多向度、综合性功能转变。境遇化课程实施的综合性还表现在课程实施具有将学生各种各样的经验综合到统一的课程实施过程的功能，并不像理智化的课程实施那样排斥个体经验，试图保持课程实施在学科知识上的系统性、客观性、确定性和完整性。相反，境遇化的课程实施对个体经验持欢迎态度，不同学生的各种经验在课程实施中都受到充分的尊重,并且在某种程度上课程实施依靠不同学生之间的个体经验的交流与共享推动课程实施的进程。因此,境遇化的课程实施是一种综合性的课程实施,这种综合性确保了所有学生的个体经验都处于同等地位,确保了不同学生能够获得在具体内容和具体形式上不同但在本质上是平等的课程经验,从而使得境遇化的课程实施在学生经验获得的具体内容上是公平的。

3. 交往性

约翰·杜威认为:"民主主义不仅是一种政府的形式;它首先是一种联合生活的方式,是一种共同交流经验的方式。"①"学校的首要任务,在于训练儿童从事合作的和相互帮助的生活,培养他们相互依赖的意识,并实际帮助他们适应这种生活,以便在实际行动中体现这个精神。"② 境遇化课程实施的生活性和综合性不但使不同学生能够获得公平的发展机会和发展结果,它还通过课程实施的交往性使学生在课程实施中培养起公平精神,使学生具有维护公平和发展公平的社会性品质。有学者认为:"从人存在的社会向度及教学价值的角度来理解,杜威的课程与教学思想中蕴含着更为深刻的人学意义,这便是他通过教学过程中儿童作业等相互协作的活动方式,把班级授课制中抽象的人,解放为具体的、现实的人,也就是社会的人,把学校变成雏形社会,从而实现了他'学校即社会'的教育信条,以培养民主社会需要的公民品质。"③ 在境遇化的课程实施中,学生的课程学习活动更多地不是个人的单独行动,更加不是人与人之间相互疏离的活动,而是学生之间相互交往、相互合作的活动。在活动过程中,学生与学生之间发生合作性交往行为,并在交往中学会相互理解、相互尊重、相互交流以完成共同任务,在交往中形成公平、合作、共享等精神品质,从而使课程实施在促进人与人之间公平关系的形成和发展上具有积极意义。

---

① [美] 约翰·杜威:《民主主义与教育》,王承绪译,人民教育出版社1990年版,第92页。
② [美] 凯瑟琳·坎普·梅休等:《杜威学校》,王承绪等译,华东师范大学出版社2007年版,第29页。
③ 迟艳杰:《在社会历史进程中理解杜威的教学价值思想》,《华东师范大学学报》(教育科学版)2010年第2期。

（五）发展性的课程评价

在课程评价上，公平取向的基础教育课程改革倾向于采用发展性的课程评价方式。这一点在我国 2001 年以来的基础教育课程改革中表现得比较明显。我国第八次基础教育课程改革的目标之一就是："改变课程评价过分强调甄别与选拔的功能，发挥评价促进学生发展、教师提高和改进教学的功能。"[①] 有学者认为："发展性课程评价的提出，不仅体现了当前课程评价最新发展的趋势与先进的评价思想，而且主要针对我国现行课程评价体系中的不足与局限，因此，深具前瞻性和现实性，对于推进基础教育课程改革意义深远。"[②] 虽然在 20 世纪上半叶，系统化、理论化的课程评价还没有发展起来，但美国 20 世纪上半叶的基础教育课程改革仍然自发地实践着发展性课程评价。这一方面表现在对升学取向的考试制度的批判上，另一方面也体现在学校学业评价对"以儿童为中心"发展观念的贯彻上。我国"文化大革命"期间的基础教育课程改革虽然由于特殊的政治形态淹没了学校教育中"个体"的地位和意象，但其课程评价仍然具有较为明显的发展性课程评价的形式或外壳，尽管其课程评价的实质已经偏离了发展性课程评价的本质。

发展性课程评价认为，"教育是一项面向未来的事业，发展性是其主要形态和基本属性。课程评价通过诊断、批判、反省、反馈等功能来对课程教学活动进行价值认识和质量监控，最终的目的是促进课程发展和人的发展"。"课程评价提供的是强有力的信息、洞察力和指导，旨在促进发展；评价是为学习服务的，为人的终身发展服务；评价的基本目标是为了促进学生发展、教师素质提高和课程教学实践的改进，而教师素质的提高和课程教学实践的改进，其目的在于使个体最大限度地实现其自身价值。"[③] 从根本上来说，发展性评价的目的在于促进人的发展而不

[①] 何东昌：《中华人民共和国重要教育文献（1998—2002）》，海南出版社 2003 年版，第 907 页。

[②] 钟启泉、崔允、漷张华：《为了中华民族的复兴，为了每位学生的发展：〈基础教育课程改革纲要（试行）〉解读》，华东师范大学出版社 2001 年版，第 301 页。

[③] 孙万国、刘苹苹：《哲学视域中的发展性课程评价理念》，《教学与管理》2009 年第 21 期。

是人的甄别。发展性课程评价不关注学生与学生之间的对比关系，只关注学生本身的发展情况。具体来讲，发展性课程评价强调课程评价的发展性，"就是要求教师在日常学生评价过程中，要淡化学生之间的评比，提倡学生与课程标准、教育目标比较，与自己的过去比较；就是教师在比较中要客观地了解和评价学生，并在此基础上提出具体的改进建议，让学生知道怎样可以做得更好，激励学生向高水平目标迈进；就是要尊重个体差异，注重对个体发展独特性的认可，并给予积极的评价，发挥学生多方面潜能，帮助学生悦纳自己，拥有自信"①。发展性课程评价具有人本性、过程性、多元性等特性，正是这些特性使发展性课程评价公平地对待所有学生，从而内在地蕴含着公平品质，成为基础教育课程改革公平诉求的一种实现方式。

1. 人本性

发展性课程评价认为："评价应体现以人为本的思想，建构个体的发展。评价要关注个体的处境和需要，尊重和体现个体的差异，激发个体的主体精神，以促进每个个体最大可能地实现其自身价值。"② 换而言之，发展性课程评价是一种"育人评价"，它"以整体的儿童的整个生活为视域，求得儿童人格的发展为目的"，"它着眼于每个学习者的成长，充分关注每个学习者的个性特征，同时活用'育分评价'（纸笔测验）中得来的信息。它是旨在充实每个儿童的学习过程，更准确地把握学习的状态，为改进学习提供指引而实施的"③。在这个意义上来说，发展性课程评价是一种本体论意义的课程评价方式，人的发展是课程评价的最终依据和最终目的。即使在课程评价中使用了如考试等传统的评价方式，其目的和功能也不是为了给学生"贴标签""排次序"，而是为了收集学生的发展信息，以便为学生的发展做出准确全面的评价。发展性课程评价"以人为本"理念中的"人"也不是抽象意义上的"人"，而是一个个具体、现实的人，它尊重和期待每个学生充分、自由地发展，努力体现每个学

---

① 周立群：《动态性评价：语文课程评价的新视角》，《华南师范大学学报》（社会科学版）2006 年第 3 期。
② 钟启泉、崔允漷、张华：《为了中华民族的复兴，为了每位学生的发展：〈基础教育课程改革纲要（试行）〉》解读，华东师范大学出版社 2001 年版，第 303 页。
③ 钟启泉：《走向人性化的课程评价》，《全球教育展望》2010 年第 1 期。

生最大的发展价值和发展成果,所有学生在发展性课程评价中都获得同等的尊重和期待,每个学生的每个发展成就都将在发展性课程评价中获得充分的肯定。发展性课程评价的人本性为其公平品质奠定了伦理基础,使发展性课程评价具有实现基础教育课程改革公平诉求的内在意蕴。

2. 过程性

相对于甄别性课程评价对结果的重视,发展性课程评价更加重视学生的学习过程。发展性课程评价一方面注重对学生学习过程的考察,以便评估学生学习过程的价值,寻找学生在学习过程中获得的经验增长和意义增殖;另一方面注重在学习过程中进行评价而不是仅在学习终结之后才对学习结果进行评价。这使得课程评价能有效发挥对学生学习的促进作用,并能够对学生的课程学习进行更加综合、全面的评价,不使学生因为一时之失或者结果之失而对学生的课程学习进行全盘否定,课程评价变得更加客观并且更有积极意义。正如有学者所言:"过程性评价是一种面向存在过程的价值关怀。对学习中曾经发生的存在,过程性评价以实事求是的原则给予事实以认可。存在是判断的依据之一,对存在的评价是一种路程式评价,它顾及学习在量上的区别,也顾及学习在路径上的区别,对曲折变换的方向也进行明细标记。""过程性评价对人的价值进行判断发生于过程之中,对学习的某一环节进行否定,并不妨碍对邻近的及其他学习环节作相反的判断。"[①] 发展性课程评价的过程性使课程评价摆脱了对学生的学业成绩进行结果评价甚至用于序列比较的狭隘功能,转而关注每个学生个体在课程学习过程中的意义增殖和经验生长,从而独立地对每个学生课程学习的价值进行判定。只要学生在课程学习中获得了发展,他的学习过程和学习结果就是有意义的、有价值的,并且这种意义和价值不因其他学生的发展状况而被抬高或贬低,每个学生的学习过程和学习结果在本质上都具有同等价值,每个学生都得以在学习过程中实现自己的发展价值。质言之,发展性课程评价的过程性消解了课程评价的甄别性功能,从而消解了课程评价产生学生学业成绩等级序列的可能性,使课程评价的公平意蕴得以凸显。

---

① 谢同祥、李艺:《过程性评价:关于学习过程价值的建构过程》,《电化教育研究》2009年第6期。

3. 多元性

学生的发展是多向度的、综合性的，以促进学生发展为宗旨的发展性课程评价因此必然具有多元性。发展性课程评价不局限于统一的评价标准、评价内容和评价方法，凡是能指示学生发展的内容都为发展性课程评价所容纳，凡是能够促进学生发展的评价方法和手段都为发展性课程评价所接受。具体来说，发展性课程评价的多元性表现在评价标准的多元性、评价内容的多元性、评价方法的多元性和评价主体的多元性等几个方面。评价标准的多元性就是课程评价不是以某种统一的标准衡量所有学生，而是要根据课程教学的具体目标、学生发展的具体实际和课程评价的具体情境来确定课程评价的衡量标准，以使课程评价能够更加准确、全面地评价学生的发展状况，更加充分有效地发挥课程评价促进学生发展的积极功能。评价内容的多元性就是课程评价要尽可能从多个方面来评价学生的发展，不仅仅限于以学生的知识掌握和能力提高来评定学生的发展成就，而是"要注重对个人发展独特性的评定，注重对解决实际问题的能力、创新能力、实践能力或动手能力、良好的心理素质与科学精神、积极的学习情绪等方面综合素质的评定"[①]。评价方法的多元性就是课程评价不仅使用考试、测验等单一的、传统的评价方式来评价学生的发展，还重视通过综合使用多种评价方式来全面评价学生的发展成就。诊断性评价、形成性评价和终结性评价，定性评价和定量评价，自我评价和他人评价，静态评价和动态评价，相对评价和绝对评价等各种评价方式都可以为发展性课程评价所采用，只要某种评价方式在某种评价情境中有利于揭示学生的发展成就，有利于促进学生的发展。评价主体的多元化就是课程评价不仅由教师进行评价，所有能够为学生的发展提供评价信息的主体都能够参与到课程评价中来，校长、教师、学生自身、同学、家长甚至社会人士都可以成为课程评价的主体，课程评价的结果是多元主体共同参与、协商、评定出来的，力求使课程评价更加真实、全面、丰富，为学生的发展提供更加全面的信息指导。

多元性的课程评价真实地反映了学生课程学习的多方面成就，尽可能地把学生课程学习的真实成果揭示出来。多元性的课程评价导致多元

[①] 吕宪军、王延玲：《发展性课程评价的基本特点》，《现代中小学教育》2004年第3期。

性的课程评价结果,这些结果在具体内容上具有多样性,并不存在统一的一致性标准将学生的发展成就完全容纳进来。课程评价的结果更多地是给学生的发展状况提供评价信息,而不是将所有学生放在一起进行排队比较。反过来说,多元性的课程评价使每个人的特色发展得以展现,每个人都能在课程评价中获得最有利于自己的评价结果,并且这些结果不存在很高的与他人比较的意义。因而,在多元性的课程评价中,每个学生所处的地位都是平等的,每个学生所得到的评价结果在形式上都是多样化的、特色化的,在本质上都是平等的,课程评价对每个学生都是公平的。如果说人本性使发展性课程评价内在地具有了公平品质,过程性使发展性课程评价的公平品质得以凸显的话,那么多元性则使发展性课程评价的公平品质得到了具体实现。

三 柔性课程

不难发现,公平取向的基础教育课程改革在课程管理、课程内容、课程组织、课程实施和课程评价上的诸多特点存在着许多共通之处,这意味着公平取向的基础教育课程改革存在着对某种课程形态的倾向性,这种课程形态在理想的意义上是由分权式的课程管理、生活化的课程设置和内容选择、经验化的课程组织、境遇化的课程实施和发展性的课程评价共同组成。综合考察这几个方面的诸多特点,可以发现公平取向基础教育课程改革所推崇的课程形态是一种浅分化、弱架构、多向度、低稳定的课程形态。

(一)浅分化

虽然不能说公平取向的基础教育课程改革不存在课程分化,但是与效率取向的基础教育课程改革相比,其分化程度要明显浅得多。公平取向的基础教育课程改革主要不是按照学科逻辑来构建课程体系,虽然学科仍然是课程体系构建的一个参考量,它主要按照学生的经验逻辑和生活逻辑进行课程体系的构建。在表现形式上,公平取向的基础教育课程打破了现代学科体系,以领域、门类、板块等形式来构建课程,形成诸如社会研究、艺术、科学、研究性学习、社会服务等综合性课程,一门课程包含着多门学科的内容，课程具有明显的整合性，各门课程之间也存在着众多的交叉和融合。在这样的课程体系中，学生可以从一门课程中学习多个学科的知识，也可以从不同的课程中获得同一学科的知识，学生在课程学习中所获得的经验是综合性、交融性的。在这样的课程体系中，不论是课程内容的选择与组织还是课程的实施与评价，都不严格局限于某一学科，而是以一种整合的姿态综合关注某一主题的相关方面，学科之间的界限变得模糊，课程活动的跨学科性质比较明显。学生所获得的经验也是浅分化的，对于在课程学习中所获得的经验，学生不是以"箱格化"的方式来"装载"和组织经验，他并没有严格地区分某一课程学习属于哪一门学科，同一事物他能够以多种方式和途径进行理解和解释，却难以或无须对这些理解和解释进行学科化的分门别类。质言之，学生所获得的经验和知识只要能够使他达到对事物的理解，无须严格理会这些经验和知识属于哪个学科。

（二）弱架构

在一门课程中，课程的架构也是松散的。公平取向基础教育课程改革下的学校课程并不重视课程组织的学科性和逻辑性，课程的学科逻辑要服从学生的经验逻辑，课程内容的组织更多地按照学生的经验逻辑进行组织，课程内容之间的联系是松散的，"各种内容并不是各自为政的，而是彼此之间处在一种开放的关系中"[1]，课程的表述语言是经验化而非逻辑化的，同一课程内容可以由不同的学生用自身的经验和背景进行个性化的阐释和理解。在这里，一门课程不一定要有完整的知识体系，学科知识不一定要以明确、清晰的形式来呈现，各种概念、原理和基本事实也不一定要以严格的学术语言进行表述，学科知识之间也不一定要存在清晰的、确定的联系。这种课程取消了知识高高在上的姿态，消解了由严密的逻辑构筑起来的知识壁垒，以一种开放的姿态对待所有的学生，只要学生愿意学习，他都可以从课程学习中获得自己特定的经验。这种课程还淡化了课程内容的界限，它不严格指定和划定课程内容，课程内

---

[1] ［英］麦克·F. D. 扬：《知识与控制——教育社会学新探》，谢维和、朱旭东译，华东师范大学出版社 2002 年版，第 63 页。

容和非课程内容之间不存在清晰、严格的界限，在某些情况下原定的课程内容可以被忽略，而另一些原本并不纳入课程的内容被引入课程，参与课程的生成和构建。也就是说，只要学生需要，任何事物都可以成为课程内容，参与到学生的经验生长和知识建构中。课程内容的"浅分化"和"弱架构"形成了巴兹尔·伯恩斯坦（Basil Bernstein）所说的"整合编码"，公平取向基础教育课程改革下的学校课程即是一种"整合类型的课程"。"整合类型的课程"不具有"集合类型的课程"那样的排他性，是一种非权威、开放的课程形态。正如伯恩斯坦所言："由于这种整合的编码，我们已经在内容上从封闭走向了开放，在分类界限上从清晰走向了模糊。由此我们可以直接地看到，知识分类中的这种纷乱将导致现存权威结构的纷乱，以及现存特殊的教育同一性和资产概念的纷乱。"[①]

（三）多向度

课程管理的分权性、课程内容的多样性、课程组织的开放性、课程实施的综合性和课程评价的多元性表明，公平取向基础教育课程改革下的学校课程具有多向度的性质。这种课程不具有统一的规定性，在这样的课程中，学校的课程活动和学生的发展都具有比较大的自由度。课程的参与主体是多样的，学校课程在多种课程主体的共同作用下形成，不同课程主体的课程诉求都能够在学校课程中得到某种程度或某种形式的实现，学校课程因此而具有多种向度，成为利益多元化的统一体。学校可以根据自身的条件和特点建设和实施适合自身的课程，不同学校的课程呈现出各不相同的格局。课程的实施过程也是多向度的，教师和学生可以根据自身的条件和需求采用各种课程内容，并采用各种课程实施方式来完成课程学习过程。课程评价也是多向度的，对每个学生的课程评价都是不同的。为了充分展现学生的发展状况，课程评价将对每个学生的课程学习过程和学习结果采用各不相同的课程评价方式，课程评价对于每个学生所使用的价值尺度都有所不同，评价的过程和方式方法也各不相同。学生的发展方向是多向度的，不同的学生可以根据自身的兴趣、

---

① ［英］麦克·F. D. 扬：《知识与控制——教育社会学新探》，谢维和、朱旭东译，华东师范大学出版社 2002 年版，第 76 页。

背景和条件，通过不同的课程内容和课程学习过程，获得各不相同的发展方向。由此，学生发展的素质结构更是多向度的，每个学生形成的素质结构都是独特的，每个学生的素质结构在本质上只具有个体特色而不具有比较意义的优劣性。

（四）低稳定

浅分化、弱架构、多向度导致的是基础教育课程稳定性降低、可变性增大。实际上，公平取向基础教育课程改革下的学校课程表现出较为明显的过程性，课程的运作过程具有较强的生成性。如果说效率取向基础教育课程改革倾向于在学校课程之外设置培养目标，预设学生发展的规格和标准的话，那么公平取向的基础教育课程改革并不特别地在课程活动之前或课程之外预设学生发展的规格和标准，课程的具体内容和实施过程也不严格地进行预先安排。生成性伴随着课程活动的全过程，课程内容的选择与组织、课程实施与课程评价伴随着课程活动的全过程。在任何一个课程环节，课程的具体面貌都会随着具体的课程情境而不断变化，往往直到课程实施结束之后，直到课程转化为学生经验的过程完成之后，我们才知道学生的具体发展状况，才知道某一次课程活动的全部内容、具体过程和实际效果。换而言之，公平取向基础教育课程改革下的学校课程具有较强的可变性和流动性，课程活动的过程就是一个变化生成的过程。课程的这种低稳定性具体表现在课程内容的可变性、课程过程的可变性和课程结果的可变性上。课程内容的可变性就是在课程活动过程中课程内容不是一成不变的，课程内容伴随着课程活动的进程而不断生成，新的课程内容可以不断地加入课程活动，原定的课程内容也可以因为某些原因而被取消。课程过程的可变性就是课程实施的过程不一定按照预定的方案实施，教师和学生都可以改变课程实施的具体进程，从而使课程实施呈现出一种动态生成的态势。课程结果的可变性是指课程实施的结果可以与预设不一致，凡是标志着学生发展成就的结果都被承认，不论这种发展是否符合某一次课程活动的预设目标。在这种课程中，学校、教师与学生在课程上拥有比较大的自主权，可以对课程进行符合自身情况的修改与创生，以使课程更好地为学生的个性化发展服务。

前文将深分化、强架构、大统一、高稳定的课程称为"刚性课程",相对地来讲,这种浅分化、弱架构、多向度、低稳定的课程可以称之为"柔性课程"。柔性课程之所以能够实现基础教育课程改革的公平诉求,就在于"柔性课程"具有较大的自由度,在课程的范围内涵纳了不同水平、不同背景、不同发展向度和发展能力的学生,允许不同的内容、经验进入课程,允许课程以多种方式和过程促进学生的发展,从而将学生从序列竞争性发展转到横向特色化发展,消解了课程片面法定化知识而导致学生等级分化的因素,从而将所有学生的发展置于平等的地位,使每个学生都能够在课程中实现自身应有、应得的发展。

第 五 章

基础教育课程改革中效率与公平的冲突与协同

从效率取向基础教育课程改革和公平取向基础教育课程改革各种措施的分析中可以发现,两种取向的改革措施存在着某种对立性,这表明基础教育课程改革中效率与公平存在着某种形式的冲突。实际上,在基础教育课程改革的历史进程中,效率取向的基础教育课程改革往往导致公平的缺失,而公平取向的基础教育课程改革常常又被指责导致效率的低下。但是,我们还可以发现,效率与公平又不存在绝对的对立关系。在某些课程改革中,效率与公平的冲突显得比较明显,而在另一些课程改革中,效率与公平的冲突显得比较缓和,改革者还试图利用效率与公平的某些关系以实现效率与公平的兼顾或共赢,或者通过效率的提高来促进公平的实现,或者通过促进公平来实现效率的提高。这说明基础教育课程改革中效率与公平存在着相互作用,这种相互作用一方面表现为冲突,另一方面又表现为协同。考察基础教育课程改革中效率与公平的冲突与协同关系,是建立兼顾效率与公平的基础教育课程体系的重要理论准备。

一 效率与公平的冲突

基础教育课程改革中效率与公平的冲突可谓比较明显。历史上多次基础教育课程改革被认为失败,究其原因,大多并不是因为课程改革没有实现其改革意图,而是因为课程改革没有恰当地处理好效率与公平的关系而导致效率与公平的强烈冲突与对立，要么因为过于注重效率而导致学生之间的不公平分化，要么因为过于注重公平而使学校课程对国家发展的效率意义变得低下，最终都导致了人们对课程改革的抛弃而以另一种取向的课程改革取而代之。在某种意义上可以说，正是效率与公平的冲突导致了基础教育课程改革不断摇摆与轮回。

（一）从注重效率走向公平缺失

效率取向基础教育课程改革采取诸如集权式的课程管理、学术性的课程内容、学科化的课程组织、理智化的课程实施和甄别性的课程评价等措施增强了基础教育课程为国家发展服务的功能，提高了国家意义上的课程效率。但这些措施在提高基础教育课程效率的同时，往往催生了基础教育课程的公平问题，使基础教育课程走向公平缺失的境地。

新中国成立初期，基础教育课程改革在措施上具有较为明显的效率取向特征，虽然这些改革措施一方面旨在保证新中国基础教育实现从"贵族教育"到"平民教育"的转变，但另一方面也是为了规范我国基础教育课程秩序，适应新中国政治、经济、社会发展的需要而采取的。可以说，新中国成立初期的基础教育课程改革在事实上形成了效率取向的基础教育课程体系，课程管理的集权性、课程内容的学术性、课程组织的学科化、课程实施的理智化和课程评价的甄别性等特征在课程改革中都得到较为明显的表现。新中国成立初期的基础教育课程改革确实也有利于培养国家建设和发展所需要的高层次建设人才和科技人才，在一定程度上适应了国家建设和发展的需要，为国家的建设和发展提供了重要的人才支持和人才准备。然而，随着效率取向基础教育课程的形成与巩固，基础教育的升学取向随之凸显。效率取向的基础教育课程对国家而言，有利于加快和提高国家人才培养的速度和质量，但这种课程对学术性人才的偏好和对人才的理智能力的重视，使教育的价值直到高等教育阶段才能够得到较大的显现，从而使得升学凸显为基础教育的重要价值追求。在升学欲望的作用下，学校教育开始偏离"平民教育"的轨道，走上了另一种"贵族教育"的道路，学校教育对"知识精英"的培养兴趣逐渐凸显。为了提高升学率，许多学校不断加快授课的速度、加深授课的程度、加重学生的课业负担。虽然教育部对学生负担过重的问题不断地下发文件和指示，但实施的效果却并不明显。在这种情况下，基础教育课程的公平问题开始凸显，学术性的课程内容、理智化的课程实施和甄别性的课程评价在客观上有利于少数能够升学的学生，而对于大部分不能够升学的学生来说，基础教育课程的价值并不显著。于是，基础教育课程在"体脑分化"上扮演了重要的角色，成为阶层或阶级分化的助推器。从某种意义上说，正是由于这一时期基础教育课程所导致的公平问题诱发了"大跃进"和"文化大革命"激进的基础教育课程改革。

1977年的基础教育课程改革在强化了为提高国家经济社会发展效率服务功能的同时，也为基础教育课程的公平问题埋下了隐患。首先，这一次课程改革确立了以学术性课程为主体的课程体系，使基础教育课程更加有利于培养国家建设所需的学术型人才，但过于学术化的课程同时也加强了课程的精英化倾向，使基础教育课程更加有利于能够进入大学深造的"少部分学生"。以学术性课程为主体的课程体系在很大程度上压缩了生活性课程和职业性课程的空间，削弱了基础教育课程的生活功能和职业功能，使其对将来不能够进入大学深造的"大部分学生"的意义和价值相对降低。其次，高考制度的恢复强化了基础教育的选拔性功能，加强了基础教育课程实施的升学取向，在一定程度上影响了基础教育课程的发展性功能，甚至使中小学教育产生一种"高考图腾"现象[①]，使基础教育课程被高考所"绑架"，成为升学的"工具"。同时，随着高考对中小学的影响日益加深，学校考试也日益成为甄别和选拔的手段，中小学生的课程学习成为竞争性的学习活动，竞争、甄别、选拔渗透到课程实施的每个环节。这样，基础教育课程的实施过程逐渐变成了识别、选拔和培养"优秀学生"的过程，从而加速了学生的分化，客观上在课程实施过程中制造了不公平。再次，重点中小学的设立客观上造成了中小学的分层，并造成了基础教育选拔功能的下移，这进一步强化了基础教育课程实施的选拔取向，特别是由于没有制订适用普通高中的教学计划，高中阶段长期使用为重点中学制订的《全日制六年制重点中学教学计划（试行草案）》，但"由于我国各地师资水平和办学条件相差悬殊，学生基

---

① 张东娇：《最后的图腾：中国高中教育价值取向与学校特色发展研究》，教育科学出版社2005年版，第128页。

础也有很大差异。因此，多数学校和学生都不能适应这个教学计划，严重影响了师生教和学的积极性"[1]。以重点高中的教学计划作为全国普通高中的教学计划，客观上强化了高中教育的精英化倾向，使其更有利于优秀人才的培养和选拔，但同时也忽视了大多数学生的适应性和发展需求，加速了学生的分化，加大了学生的发展差距。1986年和1992年开始的第六次、第七次基础教育课程改革虽然增强了基础教育课程的公平取向，但这两次改革并没有从根本上改变基础教育课程的效率取向，而是在坚持原有基础教育课程主体框架的基础上进行有限度的改革，基础教育课程的公平问题在现实层面仍然不断深化，最终形成了对我国教育产生严重影响的"应试教育"风气，基础教育的"精英化"倾向严重阻碍我国基础教育公平诉求的实现。

在长达20多年的效率取向基础教育课程实践中，公平问题成为我国基础教育的突出问题。公平问题表现在课程自身，就是这一时期的基础教育课程具有比较明显的城市化、东部化倾向，学校课程更加有利于东部发达地区学生、城市学生学习，而不利于西部和农村地区学生学习，从而使得西部和农村地区学生在课程学习上越来越处于劣势。表现在高等教育学生成分上，就是高等院校中来自社会下层的学生（如来自农民、工人家庭的学生）的比例日益缩小，社会成员通过教育实现社会流动的渠道日益窄化。表现在课程的功用上，就是这一时期的基础教育课程更多地是为升入高等院校而做准备，对于没能升入高等院校的学生而言，基础教育课程对其职业生涯的实用价值非常有限，这些学生在某种程度上成为能够升入高等院校的那部分学生的"陪读生"，课程在功用上成为"为少数人服务"的课程。

效率取向基础教育课程改革在美国也产生了相似的结果。这在美国20世纪50年代末到20世纪60年代中期的基础教育课程改革中表现得比较明显。在强烈的效率诉求下，美国这一时期的基础教育课程改革形成了鲜明的学术化和学科化的特征。但是，由于课程改革过于强调学科的知识结构，过于强调理论知识，所编的教材难度过高，只适合少数天才学生或准备上大学的学生学习，大多数普通学生难以胜任，从而影响了

---

[1] 熊明安：《中国近现代教学改革史》，重庆出版社1999年版，第260页。

他们的学习兴趣，造成了大量学生学业成绩下降。课程还脱离学生的生活实际，削弱实用知识和生活技能的培养，忽视学生生活经验的意义，从而弱化了课程对学生生活的适应性。课程改革也未能够对美国存在的各种社会问题进行回应，在一定程度上脱离了美国社会发展的要求，最终使课程改革失去了社会支持，走向失败。最后连布鲁纳也承认："不应强调学科的知识结构，而应更多地从美国社会面临的问题来关注知识，因为对并不准备从事高深科学研究的人来说，学会高深的理论是可能的，但却是不切合需要的甚至是不相干的，除非证明它在每人的日常生活中都很有用。"[1] 可以说，20世纪50年代末到20世纪60年代中期的课程改革所开发出来的、以"学科结构主义"为主导思想的基础教育课程，对国家来说是一种有效率的课程，但对于社会和个人来说却不是一种公平的课程，因为它是"面向少数人"的课程，而不是面向全部学生的课程；它有利于提高科技人才的培养效率，有利于促进国家科技的发展，却对大多数学生的生活改善和社会公平的促进用处不大，甚至在某种意义上说它还加剧了社会不公平的发展。即使是将公平作为重要维度的《不让一个孩子掉队》法案也仍然由于其效率取向而被一些人批评为导致公平的缺失。阿普尔就认为："虽然《不让一个孩子掉队》法案主张教育机会公平的高贵目标，但它导致分化与分层的现实却是很难忽视的。"[2]

基础教育课程改革之所以会从注重效率走向公平缺失，与效率取向基础教育课程改革在课程管理、课程内容、课程组织、课程实施和课程评价等方面所采取的措施所固有的性质存在着密切关系。

首先，集权式的课程管理将课程权力上移，加强了国家对学校课程的控制，这固然有利于国家意志在学校课程的贯彻，但对于学校和个体来说，集权式的课程管理实质上是一种权力剥夺，学校和个体对课程利益的追求只能在国家意志的框架下实现。集权式课程管理强化了学校课程的统一性，实质上弱化了学校课程的多样性，个体的多样性需求在集

---

[1] 袁振国：《对峙与融合——20世纪的教育改革》，山东教育出版社1995年版，第170页。

[2] Paul Parkison, "Political Economy and the NCLB Regime: Accountability, Standards, and High-stakes Testing", *The Educational Forum*, Vol. 73, No. 1, 2008, pp. 44–57.

权式课程管理下被简化成为国家课程意志，个体课程利益被国家课程利益所替代，个体成为国家实现课程利益的一种工具，超出国家课程意志的课程内容和课程追求在集权式课程管理框架下难以得到实现。质言之，效率取向的基础教育课程改革在课程管理上设置了一道关卡，将不符合国家课程利益的课程内容和课程追求排除在了学校课程之外。

其次，如果说集权式课程管理在体制上对学校课程设置了一个筛选机制的话，那么学术性课程则使学校课程在课程内容上的筛选得以具体实现。学术性课程以现代科学知识为主体内容，以科学家和学者的知识结构为主臬，其功能是将学生导向科学世界，使得学术性课程呈现出远离生活的姿态。集权式课程管理体制下的学术性课程内容将"科学世界"设定为学校课程的参照世界，生活世界被置于学校课程的附属地位。然而，对于多数学生来说，生活才是他们的主要存在方式，学校课程对"科学世界"的推崇和对生活世界的贬斥实质上降低了学校课程对多数学生的现实意义。这样，在集权式课程管理将个体课程利益和课程追求抽象化为国家课程意志和课程利益之后，学术性课程内容又进一步将学校课程价值局限在了"科学世界"，使学校课程对个体的现实意义进一步缩减。

再次，在学校课程窄化为学术性课程的同时，学科化的课程组织将学术性课程进一步体系化，以严密的逻辑结构形成知识壁垒，再一次排除了学校课程容纳个体经验的可能性，使个体经验在学校课程中的存在空间进一步缩小。学科化的课程组织将学校课程上升为高架构的知识体系，这个知识体系以严密性、清晰性、系统性和完整性为特征。这实质上，为学生的知识结果设定了一个标杆，学生在课程学习中能做的更多是复制这个知识体系。对这个知识体系的复制、掌握得越牢固、越完整，就表示课程学习的效果越好。这样，所有学生面对的是同一个知识体系，课程学习的过程和结果在理想的意义上所有学生都是相同的。换而言之，学科化的课程组织以一个确定的、稳定的知识体系一规范所有学生，将所有学生放置于同一个标准中，并且这个标准是一个高架构的、学科化的知识标准。在集权式课程管理、学术性课程内容和学科化课程组织的三重作用下，学校课程预设了一个标准化的知识体系规范所有学生，这暗含着对学生规格的统一性要求。

再其次，理智化的课程实施将学校课程窄化为智能训练，又进一步消减了学校课程对学生发展的本体意义。基于理性主义的理智化课程实施适应了国家发展对智力资源的需求，但课程对于个人的发展价值绝不仅仅限于课程的理智功能，它还应当包括人在社会生活和个体生活中所需要的知识、能力、情感、态度等全方位的价值和意义。从本体论的意义上说，课程实施是人实现课程价值的方式，每个人在课程实施过程中都可以实现对自身而言的发展价值，课程实施应内在地包含着多方面的发展意义。但在理智化的课程实施中，课程的价值主要地，如果不说是全部地的话，表现为理智价值。这种理智价值对所有学生来说具有相同的意义，在理智形式上也是相同的，并且学生在课程实施中获得智能发展的归宿不在于人的本体意义上的发展，而在于个体对国家发展所能贡献的智能力量。也就是说，理智化的课程实施将学生作为国家发展的一种工具，学生是工具性的存在，国家发展价值是理智化课程实施的归宿所在。

最后，效率取向的基础教育课程改革通过重结果、重知/能、高标准的竞争性课程评价来保证基础教育课程对国家发展意义的实现，但这种甄别性的课程评价隐含着，对不符合国家发展需求的学生发展的排斥。效率取向基础教育课程改革下的甄别性课程评价，以国家发展需求作为学生发展规格的评价标准，只有符合国家需求的发展内容才能在课程评价中得到承认，不管学生的发展内容对学生自身有什么样的意义。有学者指出："评价的一个固有危险就是，它试图使知识标准化，并且尽可能地减小理解上的差异，从而走向了对同化作用的偏好。"[1] 效率取向基础教育课程改革在课程评价上使这种危险成为现实。它以学术性课程内容和学科化课程组织所形成的确定性、统一性知识体系作为学生发展的标准参照，这个知识体系对所有学生来说都是同一的。作为实现基础教育课程改革效率诉求的甄别性课程评价，自然也以这样一种知识体系作为评价的标准，这就意味着甄别性课程评价所持的评价标准也是理智化的、唯一性的。

---

[1] Gordon Stobart, "Fairness in Multicultural Assessment Systems", *Assessment in Education: Principles, Policy & Practice*, Vol. 12, No. 3, 2005.

于是，效率取向基础教育课程改革在集权式的课程管理、学术性的课程内容、学科化的课程组织、理智化的课程实施和甄别性的课程评价的共同作用下，形成了一种"单向度"课程——课程以国家需求作为课程的参照，在课程价值上以国家利益为旨归，将课程单纯化为国家发展的工具。这种"单向度"课程对学生的价值也是单向度的，学生只能在国家需要的框架下学习国家所规定的课程，获得有利于推进国家发展的素质结构，除此之外的其他发展均是不重要的、可以忽略的，如果不说是"不合法"的话。并且，这种"单向度"的课程的直接目的在于选拔国家发展所需要的高层次人才，学生的发展在这种课程下表现为竞争性发展，只有那些在课程学习中达到国家所需规格的学生才被定义为"合格"。于是，效率取向基础教育课程改革将学校课程从本应"面向全部学生"的课程变成了"面向少数学生"的课程。道格拉斯·梅西（Douglas Massey）认为："人天生就有将人分类的'倾向'和'本能'，但是并不是所有分类都是公平地产生的。"[①] 不同的主体会从不同的立场和角度来建立分类的标准，以实现自身特定的利益。以国家发展利益为主导的效率取向基础教育课程改革通过这样一系列过程建立起了一套甄别和选拔学生的机制。但在这个过程中，部分学生仅仅因为不能符合国家"制定"的标准而被标定为"不合格"，效率取向基础教育课程改革就这样在追求效率的同时造成了公平的缺失。

这样看来，效率取向基础教育课程改革所采取的策略是经济学上的"非均衡发展"策略。它突出地重视国家发展所需要的一些方面而忽视对于国家发展意义相对不大的另一些方面，在学校课程中形成有利于促进国家发展的课程体系而排斥对于国家发展相对不那么重要的课程内容和课程价值，以使学校课程能够以最快的速度和对国家而言最高的质量实现人才产出，达到最好地发挥学校课程促进国家发展的功能。面对国家发展的紧迫需求，效率取向基础教育课程改革有选择地突出基础教育课程对国家发展具有较大意义的方面，形成直接以国家发展需要为主要目的和功能的基础教育课程体系。这种课程体系在内容上以学术性课程为

[①] Charles E. Hurst, *Social Inequality: Forms, Causes, and Consequences* (7th Edtition), Boston: Allyn and Bacon, 2010.

主体，在实施上以知识传授和能力训练为主要方式，在评价上以甄别优秀学生和选拔优秀学生为主要功能。但这种课程体系在适应国家发展需求的同时放弃或弱化了课程对于学生个体全面发展以及学生之间均衡发展的功能。这样，适应这种课程、能够在课程学习中获得优势地位的学生得到较高的承认，而对于达不到国家所规定的发展规格的那部分学生则被标定为"不合格"，最终在学生之间产生高低序列分化，产生学生之间的"不公平"发展。简单地说，效率取向基础教育课程改革从注重效率走向公平缺失的根源就在于，"非均衡发展"的学校课程在突出一部分学生发展成就的同时，放弃了对另一部分学生发展的承认。

（二）从注重公平走向效率低下

基础教育课程改革中效率与公平的冲突，不但表现在效率取向基础教育课程改革在注重效率的同时导致公平的缺失，还表现在公平取向基础教育课程改革在注重公平的同时反过来又导致效率的低下。纵观我国和美国基础教育课程改革的历史，每次基础教育课程改革公平取向的凸显，最后几乎都被指责为导致基础教育课程的效率低下，无法满足国家发展对人才的需求，并因此而使课程改革落入"失败"的境地，进而被效率取向基础教育课程改革所代替。

公平取向的基础教育课程改革在美国 20 世纪上半叶长时期主导着美国基础教育课程改革。值得注意的是，在这一时期，国家发展压力还没有直接诉诸基础教育课程，美国国家力量对基础教育，尤其是基础教育课程的干预还没有达到比较直接和显著的地步。这与当时历史条件下，教育对国家发展的直接推动力没有达到比较直接和显著水平有关。也正因为如此，公平取向基础教育课程改革才能在 20 世纪上半叶长期主导美国基础教育课程改革。实际上，从 20 世纪初期开始，美国基础教育课程改革存在着一股效率取向的基础教育课程改革力量，但这时的"效率"主要是指社会效率而不是国家效率。到 20 世纪 50 年代，美国国家发展在国际环境的变化下变得急迫，进步主义教育主导下的公平取向基础教育课程改革随之被认为是导致美国基础教育质量低下的原因，公平取向基础教育课程改革对效率的反作用开始为人们所关注。出于对美国科技水平落后的恐慌和担忧，美国社会各界将责任推到了进步主义教育主导下所形成的基础教育课程上。他们认为,进步主义教育由于过于注重学校课程对学生生活的适应,过分强调"以儿童为中心",过分注重学生的兴趣,过度迎合儿童的日常生活和个体兴趣而导致学校课程的平庸化。这种课程不利于奠定学生扎实的知识基础,没有对学生进行严格的科学素质训练,不利于高素质、高水平人才的培养,从而不利于国家科技人才的产出,不能够有效地为国家科技发展服务。正是因为进步主义教育主导下的学校课程没有能够有效提高国家科技发展水平,在国家发展压力的作用下,以结构主义为理论基础的学科课程改革取代了进步主义基础教育课程改革而成为美国 20 世纪 50 年代末到 20 世纪 60 年代中期基础教育课程改革的主导潮流。

美国 20 世纪 60 年代中期到 20 世纪 70 年代中期的基础教育课程改革最后也被认为导致了美国教育质量低下。1983 年"美国高质量教育委员会"的报告《国家处于危险之中:教育改革势在必行》将这一时期的中学课程称为"自助餐式的课程",指出"在那里很容易把正餐前的开胃品和餐后的甜点心误认为主菜"[①]。1988 年,威廉·贝内特(William Bennett)在提交给里根总统的报告《改革中的美国教育》中认为:"60—70 年代,一场混乱席卷学校,成人不愿说明什么教学内容是重要的,什么不是,对我们学校将要怎么去做也不表示意见。这场混乱从整体来说不仅削弱了美国教育的基础,而且它对学校课程还有破坏性的影响,这个破坏性的影响,以至今天我们还能感觉到。"[②] 具体来说,由于选修课的比例过大,学生们往往放弃那些需要投入较多时间精力去学习的难度较大的学术性课程,转而选择那些与生活紧密相关的、更容易获得学分的生活课程或职业课程,从而造成学术性课程修业人数下降,学校教育的学术质量难以得到保障。由于学校课程过于强调与实际生活相联系,扩大了生活课程和职业课程的比例,并且降低了学术性课程的要求,使学生即使修学了学术性课程,也难以获得足够的基础知识和学术技能,以至于大学感叹入学标准连年下降,并且不得不对入学后的学生进行英语、

[①] 吕达、周满生:《当代外国教育改革著名文献》(美国卷·第一册),人民教育出版社 2004 年版,第 10 页。

[②] 汪霞:《国外中小学课程演进》,山东教育出版社 2000 年版,第 35 页。

数学、自然科学等学科的补习。由于学校课程强调适应学生生活,"把本来属于家庭及校外社会机构的职权范围也越俎代庖了"①,使学校职能过于庞杂,学校课程过于烦琐而失去中心目标,学校的学术功能被淡化和弱化。学校把过多的精力放在了非学术性的、社会的、生活的和心理的主题和内容上,使得学校的课程与教学变得分散而效率低下,影响了学校学术功能的发挥,不利于学生学术能力的提升,最终造成中小学生学术成就的连年下降。

我国 1958 年开始的第三次基础教育课程改革是一场以"效率"的名誉进行的公平取向基础教育课程改革,旨在尽快地建立一种消除阶级分化、体脑分化和城乡分化的基础教育课程,以实现无产阶级政治理想,其课程改革的具体措施与公平取向基础教育课程改革的普遍选择有许多相似之处。但这场课程改革在客观上破坏了新中国成立初期建立起来的相对完整的基础教育课程体系,导致了学校教育质量的下降。1963 年基础教育课程方案的调整就是为了改变第三次基础教育课程改革导致学校教育质量低下而产生的。但这个调整方案未及实施,就被一场更加激烈、更加极端化的公平取向基础教育课程改革运动所淹没,这就是"文化大革命"期间的课程改革运动。"文化大革命"期间的基础教育课程改革在政治力量的主导下,形成了极端的、非理性的公平取向基础教育课程改革运动,试图以激进的方式实现 1958 年课程改革未能实现的政治愿望。但这场课程改革几乎彻底摧毁了新中国成立初期形成的基础教育课程体系,代之以一种激进的、非理性的、反智主义的、政治化的学校课程,使我国基础教育课程在人才产出上陷入极端低效状态。在整个"文化大革命"期间,我国学校教育主要以政治斗争为中心,学校培养人才的功能被严重歪曲,人才的产出无论在数量还是质量上都难以有效推动我国经济社会的发展。正是由于"文化大革命"期间我国学校教育在人才培养上的缺失,造成了我国在相当长的时期内人才短缺,国家经济社会发展受到深重影响。

2001 年以来的第八次基础教育课程改革在我国改革开放获得较大成功、国家经济实力得到相当程度的增强、社会发展获得较大进步的时代

---

① 汪霞:《国外中小学课程演进》,山东教育出版社 2000 年版,第 36 页。

背景下发起,是一场虽然同为公平取向,但与"文化大革命"期间的课程改革无论在基本理念还是操作技术上都迥然不同的课程改革。尽管没有明确的证据表明,它导致了我国基础教育效率和质量低下,但这种质疑却伴随着基础教育课程改革的全过程,时至今日这种质疑仍没有得到消除。早在 2004 年,第八次基础教育课程改革就被批评为"轻视知识",认为新课改所持的"教育思想理论在历史上和现实中,起着对教育传统中顽固积弊猛烈冲击、给人以启迪和警示的作用,但终究不能作为正确的指导思想,如果我们今天依靠它来指导我们的教育、课程改革,可能将重犯历史的错误、前人他人的错误,其后果是使人忧虑的",因为"如果根本没有知识或轻视、削弱知识,那么学生的发展更无从谈起,主动学习态度、能力、情感、价值观等,便无源无本,教师纵有孙猴子的本领也变不出来"[1]。在基础教育课程改革实施十年之后,有学者从指导理论、教学方式、课程内容、课程目标、教材编写等十几个方面对新课改进行了剖析和反思后认为:"我国基础教育课程改革的效果是不好的,大方向是有问题的。"[2] 即使不管学者对新课程改革的看法如何,在实践层面上,第八次基础教育课程改革导致学生知识基础不牢、学业成绩下降的例子并不鲜见,课程改革导致课堂教学效率低下的批判也时常可以听到。实际上,如果将"效率"局限于前文所讨论的对国家经济发展提供人才支持的意义上的话,第八次基础教育课程改革确实始终没能很好地回答"新课程改革提高课程效率"这个问题,反而一直没有摆脱新课程改革导致学校教育效率不足、质量低下的批判和质疑。

效率取向基础教育课程改革在以"非均衡发展"策略提高基础教育课程效率的同时,导致课程的单一化和功利化而削弱了基础教育课程的公平品性。相对而言,公平取向基础教育课程改革则由于注重课程之于学生的多样化背景和多样化需求,导致课程的分散化和自由化,削弱了基础教育课程直接服务国家发展的功能,面临基础教育课程低效率的危险。

---

[1] 王策三:《认真对待"轻视知识"的教育思潮》,《北京大学教育评论》2004 年第 3 期。
[2] 邢红军:《中国基础教育课程改革:方向迷失的危险之旅》,《教育科学研究》2011 年第 4 期。邢红军:《再论中国基础教育课程改革:方向迷失的危险之旅》,《教育科学研究》2011 年第 10 期。邢红军:《三论中国基础教育课程改革:方向迷失的危险之旅》,《教育科学研究》2012 年第 10 期。

首先，公平取向的基础教育课程改革采用分权式的课程管理制度固然可以增加学校和学生的课程权力，使学校和学生更有可能依据自身的需要和兴趣安排、选择和学习课程。可也正因为如此，国家对学校课程的控制力随之减弱，学校课程按照国家意志和需要进行设计和实施的可能性也随之减小。由于学校和学生的兴趣和需要是多样的，而且并不是所有学校和学生的课程需求和兴趣都与国家对课程的需求和兴趣一致，在分权式课程管理制度下学校和学生的课程活动并不一定符合国家的课程需要和课程利益。在分权式课程管理制度下，学校安排课程固然会考虑国家的课程目的和课程需要，但它也会根据学校自身的文化传统、课程理念和地方文化等来安排课程，这种安排所参照的变量要比集权式课程管理制度下的课程安排多得多，这便使学校课程对国家发展的效率意义相对减弱。例如，学校可能会根据学校所处社区的实际情况设置一些社区服务课程，这种课程对改善社区的文化生活有着现实意义，但对于国家的人才需求就显得不那么直接和有效了。这样的课程在学校课程中所占的比重越大，学校课程之于国家发展的效率功能就可能越减弱，基础教育课程就越有可能陷入"低效率"的危险。同样，分权式课程管理提供更大的空间允许学生根据自己的兴趣和需求选择和学习课程，但学生选择和学习课程更多地不是从国家的需要来进行。学生所选择和学习的课程更多地可能是直接服务于自己的兴趣和生活的课程，这种课程并不能保证其对国家发展的意义，学生在这种课程中所获得的发展也不见得可以有效发挥促进国家发展的作用。学生在课程选择和学习上拥有的课程权力越大，学生的课程学习对国家发展的效率意义就越有可能被削弱。总而言之，分权式的课程管理降低了国家对基础教育课程的控制而使基础教育课程产生低效率的危险。

其次，生活化的课程内容适应了人的现实生活的各种需要，但同时造成了学校课程的平庸化，难以有效地发挥培养专门人才和创新人才的功能。生活化的课程内容直接取材于人的现实生活，具有大众性、实用性和多样性等特征，学生能够很容易将学校课程与自身生活联系起来，发现和理解课程的生活意义。但是，这种课程同时也容易囿于生活世界，满足于对生活需要的回应、生活质量的提升和生活意义的发现。这对于个人来说，可能具有比较重要的意义，但对于国家的发展却未必具有现实的和直接的效率意义。对于国家来说，人才的意义在于促进国家科技、经济力量的提升和发展，而这主要依靠国家科学技术的创新与发展，需要的是具有深厚科学素养和创新能力的专门性、创新性人才。这种人才需要具备的知识结构和能力结构不能仅限于生活意义上，更重要的是在科学意义上的知识结构和能力结构。换而言之，这种人才的培养需要超越"生活世界"的范畴，将他们导向"科学世界"，使他们具有在"科学世界"中从事研究和创新工作所需要的知识与技能。生活化的课程内容的最大价值在于对人的生活意义的理解、体验、丰富和表达，但在将学生导向"科学世界"上则显得效力不足，因为它没有明确的"科学世界"的言语体系、观念体系、价值体系、知识体系和技术体系，学生在这样的课程中不能有效地获得通往"科学世界"所需要的知识、经验、能力和技术的学习机会和学习过程。

再次，如果说生活化的课程内容削弱了基础教育将学生导向"科学世界"的功能的话，那么经验化的课程组织又进一步消解了学校课程的"科学逻辑"，使学校课程进一步远离"科学世界"。现代科学在长期的发展中形成了严密的概念体系和知识逻辑，形成了系统化的学科体系。如果学校课程要将学生引向"科学世界"，它就需要有效地使学生获得相应学科的知识体系，在课程组织上就需要尽可能地接近现代科学的知识结构和知识形式。但是，在经验化的课程组织中，学生可以按照自己的心理逻辑进行课程学习和经验建构，这使得学生知识和经验的生长具有个体性和自由性，学生所构建的知识和经验体系不一定会上升到"科学"的高度，达到现代科学知识的系统化、精细化的程度。由于经验化课程缺乏明确的"学科化"导向，即使学生能够通过这样的课程通往"科学世界"，他首先需要自己具有明确的通往"科学世界"的学习意向，并且能在多样化的课程中自觉地、有效地进行学科知识的学习和建构。相对于一种明确的、清晰的学科化课程组织，学生要在这种课程中进行课程学习达到相同的学科化程度，要付出更多的时间和精力。质言之，经验化的课程组织由于弱化了学校课程的学科性，延长了学生通往"科学世界"的道路而削弱了学校课程的效率意义。

再其次，境遇化课程实施作为生活化课程的实施方式，在落实了生活化课程内容旨趣的同时，也削弱了学校课程的效率功能。境遇化课实施将课程实施过程作为一种生活过程，突出了课程实施的生活性，学生在课程实施过程中获得的更多是生活性、体验性的经验。这种经验的生成更多地指向于学生的"生活世界"，"科学世界"被融入"生活世界"中。这使得课程实施的"科学"指向并不明确，学校课程的"科学"意义很容易被淹没在"生活世界"中而陷入低效状态。境遇化的课程实施还具有较强的活动性特征，活动是境遇化课程实施的主要形式，学生在活动中能获得综合性的发展。从理论上说，学生的知识、能力、情感、态度、价值观等都可以在活动中得到培养和发展，但正因为课程实施对学生发展的综合性，使得学生的发展失去明确的指向和中心，对于以理智能力为核心的科学素质和学术能力来说尤其如此。境遇化课程实施以活动为主要形式，学生的情感体验更容易在课程活动中被激发，从而使课程实施具有较强的情感性和体验性。但这种情感性和体验性有时反而会阻碍学生进行深刻的、理性的知识和技能学习，课程实施浮于表面的热闹和浅层的体验，知识的学习和技能的提升反而被淹没在情感的激发和抒发中。也就是说，境遇化的课程实施虽然长于激发学生的情感体验，但容易失之于对学生进行系统的知识传授和能力训练，使得课程在学生智能发展方面的效率难以保证，课程实施的效率功能受到影响。

最后，发展性课程评价也由于注重挖掘学生在各个方面发展价值的多元化取向而失去严格的学术标准，课程评价的效率意义受到弱化。发展性课程评价以人的发展作为课程评价的出发点和归宿点，学生在课程学习中获得的发展，不论是学术意义上的还是其他方面的，都能够得到平等的价值肯定。由此，学术标准在发展性课程评价中只作为其中一个标准，并且这个标准在发展性评价中还可能不是必然存在的。也就是说，学生即使在课程学习中其学术知识和学术能力根本没有得到发展，但他在其他方面得到了发展，发展性课程评价仍然会给予他充分的肯定。换而言之，学术标准在发展性课程评价中存在被抛弃的危险。作为对学校课程具有重要导向作用的课程评价放弃了严格的学术标准，学校课程就很有可能不再注重对学生进行严格的学术训练，课程的效率功能自然就难以得到保证了。

总而言之，公平取向基础教育课程改革之所以在注重公平的同时会导致"效率"低下，是因为其为了尊重学生个体的多样性而迁就于学生的"生活世界"和个体经验，将学生的个体需要和兴趣置于学校课程的中心，从而解构了高架构的现代科学知识体系，使其适应学生的日常生活和个体经验，致使学校课程放弃了严格的学术标准，弱化了学校课程传授科学知识和发展学术能力的功能，最终削弱了学校课程服务于国家发展的功能和能力。

（三）效率与公平冲突的实质

基础教育课程改革中效率与公平的冲突，在形式上表现为课程改革的效率与公平的不兼容性，或者是效率取向基础教育课程改革导致公平缺失，或者是公平取向基础教育课程改革导致"效率"低下；在改革措施上则表现为两种取向的基础教育课程改革在课程管理、课程内容、课程组织、课程实施和课程评价上的两极性，两种价值取向分别采取具有对立性的改革措施。进一步分析可以发现，基础教育课程改革中效率与公平的冲突在更深的层次还隐含着国家与个体、精英化与大众化、科学世界与生活世界、工具理性与价值理性的对立关系，基础教育课程改革中效率与公平的冲突实质上是国家与个体的对立、精英化与大众化的对立、科学世界与生活世界的对立以及工具理性与价值理性的对立在基础教育课程改革中集中体现的结果。

1. 国家与个体的对立

国家是人类社会结合的一种形式，是"最高级的社会结合形式"。格奥尔格·威廉·弗里德里希·黑格尔（Georg Wilhelm Friedrich Hegel）认为，"普遍物即国家""国家作为普遍物，是绝对的客观存在，并不以人的主观意志为转移，也不是人们任意的创造物"[1]。国家作为人类社会结合的一种形式，在人与人的联合中产生，是一个社会中所有成员利益的总代表。但是，国家一旦产生，它即作为一个独立的实体发挥作用，拥有独立于个体的利益、意志和行动。在某种意义上，国家的产生创造了个体的对立物，这个对立物统合了整个社会个体的权力和利益，但又产生了超越于个体的权力和利益。从理论上来说，国家行动的出发点是一

---

[1] 丛日云：《论黑格尔的国家概念及其历史意义》，《辽宁师范大学学报》（社会科学版）1991年第6期。

个国家内所有成员的整体利益。但是，当个体利益的联合上升为国家利益的时候，"国家将吞并作为'国民'的个人，个人将在国家这个想象集体之中消解"①。国家行动的实际出发点是国家利益，这时个体利益在国家行动中已经被消解，国家行动并不能保证个体利益的实现，甚至在很多情况下，国家利益的实现以牺牲一部分个人的利益作为代价。反过来说，个体行动也不能保证有利于国家利益的实现。在绝大多数情况下，个体行动是基于对自身利益的考量而产生的，它可能与国家利益的实现相一致，也可能与国家利益的实现相违背，或者根本与国家利益的实现无关。当国家行动阻碍了个体利益的实现，或个体行动阻碍了国家利益的实现时，国家与个体之间的关系就表现为对立。这时国家利益的实现就意味着某些社会成员的利益受到损害，公平问题随之产生；而个体利益的实现则意味着国家利益的实现空间受到挤压，在国家意义上就表现为"效率"低下。某种程度上说，基础教育课程改革在效率与公平上冲突的根源就在于国家的课程利益与个体的课程利益在基础教育课程中的对立。

效率取向的基础教育课程改革是一种"国家本位"的课程改革，课程改革的主要诉求是提升基础教育课程对国家发展的促进作用。在这里，国家课程利益是第一位的，个体课程利益是第二位的，只有当个体课程利益与国家课程利益一致时，个体课程利益才能得到较高的认同和实现。与国家课程利益不一致的个体课程利益在效率取向的基础教育课程中被置于边缘位置，甚至被排除在学校课程之外。由于个体课程利益存在多样性，效率取向的基础教育课程改革在承认某些个体课程利益的同时不可避免地弱化、忽视甚至排斥另外一些个体课程利益，从而使得学校课程在个体课程利益的实现上具有一定的片面性，不能保证所有个体都能在学校课程中获得平等的课程利益。于是，学校课程在实现国家课程利益的同时将学生个体置于某种不平等地位，能够实现国家课程利益的个体在课程学习中得到较高的成绩，获得较高的价值认可，而对于不能有效实现国家课程利益的个体则只能获得较低的成绩和承认度，在学校课程中处于弱势地位。这样，效率取向的基础教育课程改革由于对国家课

---

① 顾红亮：《"民族国家"语境中的个人图像》，《浙江学刊》2007 年第 1 期。

程利益的偏重产生了个体层面上的高低等级分化，在学校课程中制造了不公平的学生发展格局。

反之，公平取向的基础教育课程改革是一种"个体本位"的课程改革，课程改革的主旨是促进每个学生的充分、自由、平等发展。公平取向的基础教育课程改革优先从学生个体的需要和兴趣来考虑学校课程的安排和实施，尽可能使每个学生都能从学校课程中获得平等的发展，并且发展的意义主要是对学生自身而言的，学生发展的价值无须参照外在标准或与其他学生进行比较。进一步来说，个体的发展是公平取向基础教育课程改革的出发点和归宿点，人的发展意义优先于国家的发展意义，国家的发展只有通过人的发展才能得到体现和实现。易言之，国家的发展是个体发展的自然结果。但是，由于个体课程利益的内涵与国家课程利益的内涵存在比较大的差别，个体的发展并不意味着它能有效实现国家课程利益，某些发展在个体意义上是比较重要的，但在国家意义上却不具有效率意义。并且，个体的课程利益具有多样性、分散性和自在性等特点，个体课程利益的简单集合并不能形成真正意义上的国家课程利益。这样，注重个体价值的公平取向基础教育课程改革在确保个体课程利益的同时，不能有效将个体课程利益集中到国家课程利益上来，从而使得国家课程利益难以在课程改革中获得有效的实现，最终将公平取向的基础教育课程改革拖入效率低下的危险境地。

2. 精英化与大众化的对立

作为提高人的素质的教育，历来具有两种功能：一是提高社会大众的文化素质，二是使一部分人脱颖而出，成为社会知识精英。这两种功能分别产生教育的两种发展路线：一是教育的大众化路线，二是教育的精英化路线。当这两种路线成为教育发展的自觉追求时，就产生了大众主义教育和精英主义教育两种教育取向。精英主义教育认为："教育活动的主要目的甚至唯一目的是培养和选拔精英人才；这种人才是对以学科专业人才为主体的所有'高级'人才的总称。"大众主义教育则认为："教育活动的主要目的在于培养和发展所有学生适应未来社会生活的基本素养，为未来社会培养全面发展的人；这种人既包括各专业领域中的高级人才，也包括具有较高素养的普通劳动者。"① 精英主义教育是一种"向上看"的教育。教育的过程是甄别和选拔知识精英的过程。精英主义教育通过增加课程难度、强化教育的选拔性等方式设置知识壁垒，以利于精英人才的培养与识别，从而导致教育的精英化。由此，精英主义教育弱化了教育提高社会大众文化素质的功能，降低了教育对于社会大众的价值，从而产生了教育精英化与教育大众化的对立。大众主义教育是一种"向下看"的教育。为了保证所有社会大众都能在教育中获得发展价值，大众主义教育通常通过降低课程难度、强化教育的发展性等方式消除知识壁垒，以使教育对所有学生开放，使所有学生都能从教育中获得平等的发展。如果说大众主义教育并不排除教育的精英化，那么知识精英也只有在所有学生都获得平等发展的前提下产生。但是由于大众主义教育以一种"重心下移"的姿态迎合社会大众的教育需求，其低难度的课程内容和分散的发展方向往往弱化了教育产生知识精英的功能，从而又产生了教育大众化与教育精英化的对立。基础教育课程改革中效率与公平的冲突与教育精英化和大众化的对立存在密切联系。

效率取向的基础教育课程改革走的是教育精英化的路线，是"精英治国论"在基础教育课程改革中的具体反映。"精英治国论"认为社会的发展主要由精英人才推动，精英人才对社会发展的贡献率要远远高于普通民众。因此，基础教育课程的主要功能是要为培养具有专门知识和专门技能的知识精英服务，精英人才的产出数量、速度和质量是衡量基础教育课程有效性的最重要指标。这样，基础教育课程以精英人才的培养为导向设计课程，"其课程开发是以学科本位和专业知识本位为立足点，从而形成了学科化、专业化的课程体系；其实施方式是以学科化、专业化的标准对受教育者进行层层甄别和选拔，并最终'培养'出所谓的精英人才"②。但这种课程背后存在这样一个理论假设，那就是人的智力水平和发展潜力存在"三六九等"之别，一部分学生对国家发展的效率意义要比另一部分学生更大一些，学校课程应该更加突出这一部分学生的

---

① 钟启泉、有宝华：《发霉的奶酪——〈认真对待"轻视知识"的教育思潮〉读后感》，《全球教育展望》2004年第10期。

② 同上。

发展，以便其更好地发挥为国家发展服务的作用。基于此，效率取向的基础教育课程"对精英人才的培养是建立在牺牲大多数人利益的基础之上的，所有学生在精英主义教育模式之下试图走上专业化的发展道路，其所学所知主要指向于成为高级专业人才，而无益于作为一般社会成员，但当他们中的大多数在层层选拔中半途而废时，黄金年华换得的却是对未来的迷惘和无助"①。质言之，效率取向的基础教育课程改革在选择教育精英化的同时，消解了基础教育课程对社会大众的课程功能，导致了基础教育课程的公平缺失。

公平取向的基础教育课程改革走的则是教育大众化的路线。公平取向的基础教育课程改革认为，每个学生在基础教育课程中都应该拥有平等的课程权利、相等的发展机会和公平的发展结果，基础教育课程应该对所有学生开放，不应该为了某部分学生的优先发展而设置知识壁垒，并致使另一部分学生的发展受到阻碍。为了保证基础教育课程为所有学生服务，使所有学生都能得到平等的发展，公平取向的基础教育课程改革通过分权式的课程管理、生活化的课程内容、经验化的课程组织、境遇化的课程实施和发展性的课程评价等措施来消解基础教育课程的知识壁垒，消除基础教育课程的各种甄别和选拔机制，形成了重心下移、难度较低、结构开放、发展多元的基础教育课程。这种课程更好地适应了普通大众的课程需求，有利于提高普通大众的文化素质，有利于教育公平的发展。但是，由于公平取向的基础教育课程改革认为，每个人都具有同等的智力和发展潜能，每个人的发展都应该得到充分的认可，精英人才在这种课程中反而不容易被甄别和选拔出来。因而，至少在相对的意义上，公平取向的基础教育课程改革弱化了课程培养知识精英的功能，从而使得基础教育课程对精英人才培养的"效率"降低，质言之，使基础教育课程陷入"效率"低下的境地，至少在"精英治国论"的框架下如此。

3. 科学世界与生活世界的对立

生活是人的存在方式，"生活世界"是人的天然存在场所，是"建立在日常交往基础上，由主体与主体之间所结成的丰富而生动的日常生活

---

① 钟启泉、有宝华：《发霉的奶酪——〈认真对待"轻视知识"的教育思潮〉读后感》，《全球教育展望》2004 年第 10 期。

构成的世界"①。马克思认为，生活世界是"以实践为基础的现实生活过程，即人的社会实践过程，人的现实世界无非是人的实际生活过程"②。生活世界"全面地蕴含了人类自我发展全部意义，它是人最根本的生长家园"③，而"人类的自我发展，是人的'生活活动'及其所创造的人的'生活世界'的全部意义"④。因此，从本原的意义上来说，人构筑了自身的存在家园——生活世界，人在"生活世界"中生活，并在"生活世界"中获得自身的发展，展现自身的存在意义。但是，人类的发展并不局限于"生活世界"，人对世界的好奇促使人对世界进行探索，并由此构筑了一个不同于"生活世界"的世界——科学世界。正如胡塞尔所言：从伽利略·伽利莱（Galileo Galilei）开始，人们"以用数学方式奠定的理念东西的世界暗中代替唯一现实的世界，现实地由感性给予的世界，总是被体验到的和可以体验到的世界——我们的日常生活世界"⑤。这个科学世界"超出了'生活世界'的直观、主观、相对的视界，构成一个超越经验、超主观、超相对的客观性世界"⑥，是一个"建立在数理—逻辑结构基础上，由概念原理和规律规则构成的世界"，它的基本特征是"不可知觉的客观性"，"人们永远也无法实际知觉和经验到这个世界本身，所经验到的只是以形形色色的概念原理、规律规则的形式呈现出来的世界的'图像'"⑦。这个科学世界"抽去了在人格的生活中作用人格的主体；抽去了一切在任何意义上都是精神的东西，抽去了一切在人的实践中附到事物上的文化特征"⑧。"科学世界"越是发展，就越远离生

---

① 周志毅：《课程变革：从知识形态走向生命形态》，《全球教育展望》2002 年第 3 期。
② 郭元祥：《"回归生活世界"的教学意蕴》，《全球教育展望》2005 年第 9 期。
③ 项贤明：《"生活世界"的教育与"科学世界"的教育》，《教育研究与实验》1999 年第 4 期。
④ 孙正聿：《寻找"意义"：哲学的生活价值》，《中国社会科学》1996 年第 3 期。
⑤ ［德］胡塞尔：《欧洲科学的危机与超越论的现象学》，王炳文译，商务印书馆 2001 年版，第 64 页。
⑥ 郭元祥：《论"生活世界"的教育——兼论教育中的生活问题》，《教育研究与实验》2000 年第 5 期。
⑦ 杨莉君：《科学世界与生活世界的统一——兼论新课程的取向》，《中国教育学刊》2002 年第 6 期。
⑧ ［德］胡塞尔：《欧洲科学的危机与超越论的现象学》，王炳文译，商务印书馆 2001 年版，第 76 页。

活世界，越成为一个独立于"生活世界"的世界。然而，"科学世界"是人的理智活动的结晶，它以理性化、结构化的方式反映世界，是人类认识世界和改造世界的一种高级形式。"科学世界"越发达，表明人对世界的认识越深刻，人对世界的改造能力就越强大。随着现代科学技术的不断发展，"科学世界"对人类社会的影响力越来越大，最后终于成为推动人类发展的最重要力量。于是，人生活在"生活世界"，但人类的发展更多地依靠"科学世界"的推动，人的生活与人类的发展就此产生分裂。人的个体发展意义和人的类发展意义再也不能仅仅在"生活世界"或"科学世界"中得到同时实现，"科学世界"与"生活世界"因此从分裂走向了对立。

"科学世界"与"生活世界"的分裂与对立反映在教育上，就是使学校教育产生两种不同的教育。一种是面向"科学世界"的教育。教育的目的和功能是使人趋近和进入科学世界，教育的途径和方法是用理性化、系统化、技术化的教育知识和教育技术使人获得系统化、结构化的科学知识和科学方法，从而使其能够生产科学知识，成为推动科学进步、丰富和发展"科学世界"的力量。另一种是面向"生活世界"的教育。教育的目的和功能是提高人的生活趣味和生活能力，提升和丰富人在生活世界的意义，教育的途径和方法是用生活化、实践化、经验化的教育内容促进人的经验生长，丰富、挖掘和提升生活世界的意义，使人能够在"生活世界"中追寻和实现人的价值，展现人之作为人的本体意义。基础教育课程改革中效率与公平的冲突也是"科学世界"与"生活世界"在教育上分野和对立的结果。

效率取向基础教育课程改革面向的是"科学世界"。在现代社会，国家发展越来越依靠国家科技力量和科技进步，国家的发展诉求具体到基础教育课程改革就必然要求突出基础教育课程培养科技人才的功能，加快和提高科技人才的产出速度、产出数量和产出质量。这样，面向"科学世界"就成为效率取向基础教育课程改革的必然选择。基础教育课程面向"科学世界"，具体就是以科学知识作为学校课程的主体内容，以"科学世界"的话语体系和组织方式来组织和表述课程内容，以"科学世界"的方法、技术和逻辑进行课程实施，并以甄别性和选拔性的课程评价来突出、促进和选拔适合从事科学相关工作的人才。在这种情况下，学校课程蜕变为雏形的"科学世界",以远离生活的姿态培养学生,将"生活世界"与学校教育隔离开来,将学生的生活经验排斥在课程之外,教育的生活意义在这里难以找到生存的土壤,"生活世界"在学校课程中成为被"科学世界"流放的"弃儿"。由于"科学世界"是人类所构筑的一个特殊世界,能够进入"科学世界"并以此为生存或生活的人毕竟是少数,对大部分人来说,"科学世界"并不是他们的真正存在方式。由此,面向"科学世界"的学校课程就蜕变成了"为少数人服务"的课程,大部分人在这里并不能找到和获得足够的意义和价值。效率取向的基础教育课程改革也就因为其面向"科学世界"而牺牲了大部分人的课程利益,使基础教育课程蜕变为不公平的课程。

公平取向的基础教育课程改革则面向"生活世界"。公平取向的基础教育课程改革要使所有学生都能享受到平等的课程权利和课程权益,就要追寻一种对所有人都具有同等意义的教育世界,这种教育世界的首选是作为人的最根本存在方式的"生活世界"。在这种面向"生活世界"的教育世界中,人的生活能力和生活品质的提升、生活意义和生活价值的发展和丰富是教育的出发点和归宿点,每个学生的"生活世界"在这里都成为教育世界的一部分,都得到同等的尊重和肯定,每个学生的发展对自身来说都具有平等的价值,每个学生在这里都能够得到自己所追求的教育价值。公平取向基础教育课程改革主导下的学校课程,在总体上具有浓郁的生活气息,不论是课程内容、课程组织,还是课程实施、课程评价,都离不开生活主题和生活意义。但也正因为公平取向基础教育课程改革将学校课程面向"生活世界",使"科学世界"在学校课程中所占的成分大为减少,不利于学生趋近和进入"科学世界",使学生难以获得"科学世界"所特有的理性化、逻辑化和抽象化的科学知识、科学方法和科学思维,最终导致其在科学世界意义上的效率低下,也即在国家意义上的效率低下。

4. 工具理性与价值理性的对立

所谓工具理性,是指"通过对外界事物的情况和其他人的举止的期待,并利用这种期待作为'条件'或者作为'手段',以期实现自己合乎理性所争取和考虑的作为成果的目的"。所谓价值理性,是指"通过有意识地对一个特定的举止的——伦理的、美学的、宗教的或作任何其他阐释的——无条件的固有价值的纯粹信仰，不管是否取得成就"①。工具理性行动"着重考虑的是手段对达成特定目的的能力或可能性，至于特定目的所针对的终极价值是否符合人们的心愿，则在所不论"；而对价值理性行动来说，"行动本身是否符合绝对价值，恰恰是当下所要全力关注和解决的问题，至于行动可能会引出什么后果，则在所不计"②。换而言之，对于某一事物（包括人）而言，工具理性将其作为一种手段，其存在的价值以其是否能实现这一事物之外的某种目的来衡量，价值理性则将这一事物本身作为存在的目的，其价值由事物本身决定，事物之外的目的不能作为衡量此事物价值的标准。马克斯·韦伯认为，工具理性与价值理性的分离与对立是在资本主义工业化生产的过程中，在科学技术和人类功利追求推动下产生和形成的。在这个过程中，人成为工业生产的一种工具和手段，人越来越被自己的理性所奴役，而人自身的本体性价值则在工具理性中不断被消解和压缩。最终，人成为自身的对立面，人的存在不是为了自身的发展，而是为了自身之外的某种目的而存在。对人的发展来说，工具理性与价值理性的分离产生了人的发展的两种向度：一是工具意义上的发展，人的发展以是否有利于实现特定的外在目的为衡量标准；二是本体意义上的发展，人的发展以人的本质力量的展开作为衡量标准，人自身就是发展的目的。工具理性与价值理性在人的发展上的对立表现为人的工具意义的发展会导致人的本体意义发展空间的萎缩，人的发展不能达到自身本质力量展开的存在意义；本体意义的发展也不能保证人具有实现某种外在目的的价值，而是反过来消解了人的发展的工具性价值。基础教育课程改革中效率与公平的冲突在很大程度上是由于工具理性与价值理性在基础教育中对立的表现和结果。

效率取向的基础教育课程改革具有明显的工具理性倾向，学校课程在这里更多地作为促进国家发展的工具和途径，学生发展的价值标准也主要以多大程度上满足国家发展需求来衡量。在工具理性的支配下，学

---

① [德]马克斯·韦伯：《经济与社会》（上卷），林荣远译，商务印书馆1997年版，第56页。

② 苏国勋：《理性化及其限制——韦伯思想引论》，上海人民出版社1988年版，第89页。

校课程整体上表现出工具理性的特点,基础教育课程管理、课程内容、课程组织、课程实施和课程评价等方面均以提高学生对于国家发展的工具性价值为导向,国家需要而不是学生需要成为基础教育课程的出发点和归宿点。"学校不是为'消费者',而是为教师和政府机构而建。它们回应的是专业工作者和自私的政府的需求,而不是依赖于它们的消费者。"[1] 在这种情况下,学校课程变成了一种培养和甄别国家所需人才的手段。能够在这种课程中获得优秀成绩的学生,在知识结构和能力结构上与国家对人才规格的需求比较吻合,从而被认定为合格的或者优秀的学生。这些学生将来更加有可能进入更高一级的学校进行深造,最终成为效率取向基础教育课程改革所期望的专门人才。不能够在这种课程中获得合格成绩的学生则被置于成绩序列的末端,被标定为失败者。显然,这种成功与失败的区分与学校课程的工具理性属性是密切相关的。再退一步来说,即使是在这种课程中获得优秀成绩的学生,也不见得其发展是符合自身本体性价值的。换而言之,效率取向基础教育课程改革在突出学校课程工具理性的同时,压缩和贬斥了学校课程的价值理性属性,其结果是产生学校课程效率与公平的冲突。

公平取向的基础教育课程改革则是一种价值理性的课程改革。注重公平就是注重每个人的本体性价值,这为基础教育课程灌注了价值理性精神,使基础教育课程以人的本体性发展为基本旨趣,以促进每个学生自身的发展作为价值追求。从公平取向基础教育课程改革的各种措施也可以看出,公平取向的基础教育课程始终关注学生在课程中的主体性地位,始终强调基础教育课程为每个学生的发展服务,始终以学生自身的发展作为基础教育课程的价值评价标准。当然,这里所讲的是一种"自然状态",也就是说基础教育课程改革能够真正地、自然地从个体公平的角度来设计和推行的课程改革,那种因为某种原因使公平的旨趣和追求发生变形和变异的课程改革,也会因为这种偏移而使课程改革的价值理性发生偏移。但是,也由于公平取向基础教育课程改革从价值理性的角度进行课程改革,反对将人作为实现某种外在目的的工具理性,从而有

---

[1] Michael W. Apple, "Doing Things the 'Right' Way: Legitimating Educational Inequalities in Conservative Times", *Educational Review*, Vol. 57, No. 3, 2005.

意无意地拒斥了基础教育课程为国家发展服务的价值和功能，使其在保证基础教育课程对学生的本体性价值的同时，降低了其对国家发展的工具性价值，从而使基础教育课程面临"效率"低下的质疑。

二 效率与公平的协同

基础教育课程改革中效率与公平存在冲突的一面，但这并不表示效率与公平在基础教育课程改革中是完全对立的关系。从基础教育课程改革的历史可以发现，某些课程改革中效率与公平的紧张关系要比其他一些课程改革更加缓和一些，甚至有些课程改革中效率与公平还存在某种相互协同、相互促进的因素。实际上，基础教育课程改革并不缺乏利用效率与公平的协同关系，如通过效率促进公平，或通过公平提高效率的例子。这表明，基础教育课程改革中效率与公平存在冲突的同时，还存在某种协同关系。正是这种关系使效率和公平在基础教育课程改革中虽然表现出一定的冲突性，但仍然共存于课程改革的进程，并演化出基础教育课程改革的各种复杂面貌。

（一）通过公平提高效率

公平取向的基础教育课程改革，虽然以促进公平为课程改革的主要诉求，但这并不意味着其必然导致对效率的排斥。实际上，某些公平取向的基础教育课程改革暗含着课程改革的效率诉求。并且，或在理论上，或在事实上，公平取向基础教育课程改革在促进公平的同时还具有提高效率的功能。

在20世纪上半叶，当进步主义教育运动轰轰烈烈开展的时候，美国同时存在着另一股潮流，那就是社会效率运动，这股社会潮流同样对美国教育产生了深刻的影响。实际上，即使是进步主义教育运动也高度重视效率问题，提高教育的社会效率也是进步主义教育运动的重要诉求。杜威在《学校与社会》中专门论及了教育中的浪费问题。但他认为，教育中最大的浪费不是金钱或物力的浪费，而是"人的生命的浪费，儿童在校时的生命的浪费和以后由于在校时不恰当的和反常的准备工作所造成的浪费"①。杜威还认为,造成这种浪费的原因就在于"学校与生活的隔离"。因此,"解决教育浪费的最根本办法就是把学校与生活联系起来,使得儿童在日常所获得的经验能带到学校里,也可以把学校里的经验应用于日常生活,从而使学校和社会、生活成为一个有机的整体,而不是彼此隔离的各个部分的混合物"②。可见,杜威的"教育即生活"思想包含着效率思想,其实质是通过加强教育与生活的联系来提高教育效率。当然,这种效率首先是对学生个体而言的。但是通过学生个体教育效率的提高,就可以达到教育社会效率的提高,因为通过"学校作为一个整体和生活作为一个整体结合起来……儿童在社交能力和社会服务方面的生长,他与生活的更广阔更有生气的联合变成了统一的目的"③,教育对学生生活意义的提高也意味着学生对民主社会的建设能力的提高。换而言之,教育联系生活既是学生发展的条件,也是民主社会发展的条件。教育的个体效率与社会效率在这里是统一的,提高教育对每个学生的意义也是提高社会效率。正是在这个意义上,美国"教育政策委员会"在《学习民主的途径》中说道:"民主不仅与效率相容,它甚至是使最高效率成为可能的人类联合的唯一一种方式。"④ 可以这样说,20 世纪上半叶美国消除传统教育的各种隔离,加强教育与儿童生活和社会生活的联系,从而提高课程对所有美国学生的教育意义,促进民主社会发展的公平取向基础教育课程改革,同时也是一种提高社会效率的课程改革运动,课程改革促进社会公平的过程也是提高社会效率的过程。国家效率在这一时期还没有在课程改革中处于突出的地位,社会效率的提高在很大程度上与国家效率的提高是自然统一的,通过公平促进社会效率也就是通过公平促进国家效率。

"为了中华民族的复兴,为了每位学生的发展"是我国第八次基础教

---

① [美] 约翰·杜威:《学校与社会·明日之学校》,赵祥麟等译,人民教育出版社 1994 年版,第 57 页。

② 陈志权:《杜威教育浪费思想及其启示》,《河南师范大学学报》(教育科学版) 2006 年第 1 期。

③ [美] 约翰·杜威:《学校与社会·明日之学校》,赵祥麟等译,人民教育出版社 1994 年版,第 71 页。

④ Michael Knoll, "From Kidd to Dewey: the Origin and Meaning of 'Social Efficiency'", Journal of Curriculum Studies, Vol. 41, No. 3, 2009.

育课程改革的愿景，这表明，国家和民族的发展与复兴是这次基础教育课程改革的重要维度，基础教育课程改革的效率诉求在这次基础教育课程改革中占有重要地位。实际上，我国第八次基础教育课程改革是在国际经济、政治、文化竞争日益激烈，科学技术对经济和社会发展的支配作用进入新阶段的背景下发起的，国家发展压力并不比以往小，基础教育课程改革的效率诉求，从某种程度上说是比较明显和强烈的。但是，考察第八次基础教育课程改革的具体措施，可以发现许多措施与效率取向基础教育课程改革所倾向的典型措施具有很大差异。那么，效率诉求在这次基础教育课程改革中如何得到实现呢？在单纯追求效率的基础教育课程日益制约我国基础教育发展的背景下，第八次基础教育课程改革转向了更加注重公平的课程改革，基础教育课程效率的提高在这里以一种新的方式来实现，那就是通过促进公平，通过提高每个学生的文化素质来达到提高全民族文化素质，进而提高国家发展能力和发展潜力。第八次基础教育课程改革认为，国家的发展日益取决于国民整体素质的提高，提高每位公民的文化素质是促进国家经济社会发展的重要条件。

　　从根本上来说，就基础教育课程而言，效率的意义就是通过基础教育课程所培养的人能够有效地促进国家发展，人的素质是衡量基础教育课程的基本指标。在这一点上，无论是效率取向基础教育课程改革还是公平取向基础教育课程改革都是相同的。如果说效率取向基础教育课程改革直接以人的素质是否满足国家经济社会发展需求作为衡量标准的话，那么公平取向基础教育课程改革之所以能够以促进公平提高效率，是因为这种取向下的基础教育课程仍然具有培养有利于促进国家经济社会发展所需人才的功能，并且这种功能通过公平能够得到更加有效的发挥。实质上，即使是公平取向的基础教育课程改革，其所追求的人才培养方向和规格仍然是以符合和促进社会发展和国家发展为参照的，虽然这种规格以个体发展的形式进行表述。每个学生得到公平的发展，在最根本的意义上，就是每个学生都能够更加有效地适应社会生活和促进社会发展。从这个意义上来说，公平取向基础教育课程改革是可以通过公平实现效率的提高的，只要其追求公平的同时使基础教育课程的人才培养方向和规格与国家对人才规格的要求是一致的。美国20世纪上半叶的基础教育课程改革，之所以能够以促进公平的姿态与当时的社会效率思潮保持长期的共存，就在于这一时期的基础教育课程改革适应了普通劳动者素质的提高是当时经济发展的强烈要求的时代背景，在客观上通过有利于普及基础教育的学校课程来发挥推动国家经济社会发展的作用。我国第八次基础教育课程改革在推动公平取向课程改革的同时也宣称能够更加有效地实现提高效率的目标，也是因为在新的时代背景下，公平取向下的学校课程所追求的人的素质结构，与当代科技发展对人才规格的要求存在诸多一致之处。

基础教育课程改革通过促进公平达到提高效率，实质上是通过提升基础教育课程对全体学生的效率来达到效率的提高。如果说效率取向基础教育课程改革是通过强化基础教育课程的某些方面，以使那些更加满足国家发展需要的人才脱颖而出来实现提高效率的话，那么公平取向基础教育课程改革提高效率的途径，就不是这种甄别性和选拔性的途径，而是试图以一种能够促进所有学生平等发展，并尽可能使学生的发展符合社会和国家发展方向的课程来提高所有学生的素质，从整体上提高所有学生促进和服务于国家和社会发展的能力和素质来达到效率的提高。在这个意义上，至少从理论上来说，这种通过提高整体学生的素质来实现提高效率的目的的课程，相对于单纯追求效率的、以甄别和选拔为手段的效率取向基础教育课程，对国家经济社会的发展更加具有根本性的意义，尤其是在普通劳动者的素质对国家经济社会发展的影响越来越突出，而基础教育为普通劳动者奠定基础能力和基本素质的功能越来越凸显的今天。一个国家的发展，固然并且永远需要一批具有高水平知识和能力、强烈的创新精神和高超的创新能力的高层次知识分子，但是现代科技、经济、社会的发展越来越依赖于普通劳动者和社会成员素质的提高。若非如此，国家科技的发展将越来越脱离社会生活，科技发展的应用前景也将越来越狭窄，最终制约国家经济社会的发展，并反过来阻碍国家科学技术的进一步发展。我国第八次基础教育课程改革在大力推进公平取向课程改革的同时宣称更加有效地实现促进国家发展目标的合理性即在于此。

从前文的讨论我们知道，学生个体的发展是公平取向基础教育课程改革的基点，而学生的发展方向和结果并不一定与国家发展对人才的需求一致。那么，公平取向基础教育课程改革如何实现个体发展与国家发展对接呢？在公平取向基础教育课程改革的框架下，个人发展的确不直接与国家发展诉求相关。但公平取向基础教育课程改革着眼于促进每个学生的平等发展，其背后隐藏着一个逻辑，那就是每个学生的平等发展有利于促进社会的团结和发展。换而言之，公平取向基础教育课程改革在更根本的意义上是一种社会发展取向的课程改革。这就是为什么公平取向的基础教育课程具有突出的生活性、实践性和交往性。这种基础教育课程在促进每个学生发展的同时实现学生之间的公平联合，从而更加有利于社会的形成和发展。这样，公平取向基础教育课程改革虽然基于每位学生的发展来推进课程改革，但学生的发展方向从根本上来说符合社会发展的方向和潮流，这是一种旨在促进社会发展，提高社会发展效率（在本质意义上）的课程改革。科技、经济、社会发展是国家发展的重要内容，社会发展是国家发展的重要方面。如果一个国家的发展不是单纯局限于科技、经济发展，而是对社会发展给予足够重视的话，那么国家发展和社会发展在很大程度上是一致的，国家发展效率在很大程度上就表现为社会发展效率。这样，通过社会发展，公平取向基础教育课程改革促进个人发展的功能和促进国家发展的功能就能实现对接。个体发展的社会意义越大，国家发展与社会发展的一致性越大，个体发展与国家发展的统一性就越大，公平取向基础教育课程改革的效率意义就越大，通过促进公平提高效率的可能性就越大。

（二）通过效率促进公平

前文论及，注重效率的基础教育课程改革往往会导致公平的缺失，其原因是效率取向基础教育课程改革所采取的措施会导致学校课程更适合于一部分学生而产生学生之间的不公平分化。但是，如果换一个角度，基础教育课程改革对效率的注重也并不一定会导致公平的缺失。在某些情况下，强调效率也可能成为促进公平的手段和途径，从而使基础教育课程改革更加有利于学生之间的公平发展。这一点在美国20世纪70年代以来的基础教育课程改革，尤其是21世纪以后的课程改革得到了比较明显的表现。

美国20世纪70年代以来的基础教育课程改革总体上是一种效率取向的课程改革，这不管从课程改革的政策文件对效率的强调还是从课程改革所采取的主要措施都可以清楚看出。但是，如果将其与美国20世纪50年代末期到20世纪60年代中期的基础教育课程改革相比就不难发现，这一时期的基础教育课程改革不再单纯强调基础教育课程的效率，也不再单纯强调学校课程的学术性、学科化和结构化，更加不再以学校课程的难度、深度取胜，甚至在效率的具体内涵上也有所不同。其一，在课程标准和课程内容上，虽然这一时期的基础教育课程改革同其他效率取向基础教育课程改革一样，通过建立国家课程标准来加强对学校课程的管理和控制，强调学术性课程，重视基础知识的学习和基本能力的训练，但是这里的学校课程不再是单纯面向"高端"学生的课程，而是更加重视适应于普通学生，甚至是处境不利学生的面向"低端"学生的课程，基础教育课程改革对效率的强调更多是强调提高学校课程对普通学生尤其是处境不利学生的效率意义。其二，课程改革对考试和学业成就测验也很重视，但这里的考试和测验更多地用于成绩评定，其甄别和选拔功能在很大程度上被弱化了。更进一步说，这里的考试和测验更加强调对处境不利的学生的效率意义。如《不让一个孩子掉队》法案将学业成就测验主要用于评定一个学校是否能够有效地提高处境不利的学生的学业成绩，缩小学生之间的成绩差距。这使得学校的课程教学更加重视处境不利学生，使得学校课程对处境不利学生更加具有效率意义，从而使学校课程具有促进公平的功能。正因为如此，这种效率取向的基础教育课程改革虽然保持着对基础教育课程的效率意义，包括对国家发展的效率意义的追求和强调，但其效率的含义已经发生了一定的变化，从"精英效率"转到了"大众效率"上来。基础教育课程对效率的追求不是通过使学校课程适应少数优秀学生来实现，而是通过使学校课程适应普通学生来实现；不是以通过对学生的甄别和选拔来实现，而是通过提高基础教育课程对所有学生，尤其是普通学生和处境不利学生的效率意义来实现。基础教育课程提高效率的同时，也能够有效地促进学生之间的公平发展，虽然这种公平发展的总体方向是有利于提高基础教育课程对国家发展的意义。

这表明，效率取向的基础教育课程仍然可以具有公平意蕴。实质上，集权式的课程管理可以成为一种促进公平的手段，只要这种课程管理不是以维护只面向部分学生的课程，而是以维护面向所有学生的课程为目的。这时，集权式的课程管理可以将学校课程统一到为学生奠定共同的素质基础上来，从而确保所有学生都能够在国家要求下达到共同的素质基础，这种共同的素质基础可以是共同的学术基础，也可以是共同的经验基础。由学术性的课程内容、学科化的课程组织和理智化的课程实施所形成的"单向度"学校课程也可以具有公平意蕴，只要这种学校课程不是以培养少数高水平的知识精英，而是以奠定所有学生共同的学术基础为目的。在科学技术高度发达的现代社会，所有学生都需要具备一定的学术基础，这是毋庸置疑的。如果学术性课程的标准不是难度过高以致大部分学生不能胜任而被置于边缘化地位，而是所有学生都能够达到的标准，这种课程仍然能够不导致学生的不公平分化，能够使学生趋向"科学世界"的同时促进所有学生共同发展。效率取向下的以考试和测验为主要手段、擅长于检测学生学术水平的课程评价也不一定导致学生的不公平分化，只要这种测验不是甄别性和选拔性而是发展性的。课程评价如果不着眼于对学生进行甄别和选拔，而是着眼于提高每个学生的发展过程和发展结果对学生自身的发展价值，即使重在对学生进行学术性评价，它仍然不会导致学生的过度分化，或者说这种分化的序列对比意义仍然可以被削弱，从而使效率取向的基础教育课程能够避免公平问题的产生。质言之，效率取向基础教育课程改革所形成的深分化、强架构、大统一、高稳定的"刚性课程"，如果它是以所有学生的共同学术基础为标准，其难度适应所有学生的发展水平和发展需求，这种"刚性课程"仍然是具有公平品质的课程，仍然能够为促进学生的公平发展服务。

  当然，这里的效率已经不是前文所讲的，单纯为培养促进国家发展所需要的高水平知识精英意义上的效率，而是一种为奠定所有学生共同学术基础的"重心下移"的效率。也因为效率的"重心下移"，效率也不是以直接满足国家对高水平知识精英为基础的。效率首先是对学生而言的，它是指学生为奠定必需的素质基础而提高课程学习的效率，国家对高水平知识精英的需求只有在确保所有学生达到必要的素质基础之上才能得到实现。换而言之，这里的效率是直接对学生个体的课程学习而言的，国家效率反而是间接实现的。公平的含义在这里也发生了一定的变化。公平不是意味着每个学生获得特色化的发展，而是指所有学生在这里都能得到共同的素质基础，实现共同的发展，学生的发展在这里具有较强的同质性。效率取向基础教育课程的刚性特征决定了学生在这里面对的是共同的课程，这种课程仍然以学术性课程内容为主体、以学科化的课程组织为主要方式、以理智化的课程实施为主要形式，学生在这里所获得的仍然是以基础知识和基本技能为主体的素质结构。但由于这种课程具有适应所有学生发展水平的知识内容、知识结构和难度标准，是所有学生都能够达到的课程预期。它不导致学生的序列性分化；相反，其结果是所有学生在这里获得相同的发展结果。公平在这里不是异质性公平而是同质性公平。

（三）效率与公平协同作用的伦理基础

基础教育课程改革中效率与公平冲突的背后是国家与个体、精英化与大众化、科学世界与生活世界、工具理性与价值理性的对立和冲突。化解基础教育课程改革中效率与公平的冲突，发挥效率与公平的协同作用，实现一种兼顾公平与效率的基础教育课程，就需要处理好这几对关系，消解其中的对立因素，使它们形成相互支持、相互促进的协调关系，并基于这种关系构建基础教育课程，形成新型的基础教育课程体系。

1. 个体与国家

个体在学校课程中追求自身的课程利益，这本是无可厚非的。但是，个体作为社会和国家的一员，本身是社会和国家发展的一个条件，尤其在社会化生产高度发达的条件下，个体几乎不可能在脱离社会的条件下生存和发展。从某种意义上来说，个体的发展意义受社会和国家发展的内涵所定义和规约，个体的发展要在社会和国家发展的意义上获得其社会意义。因此，国家和社会的发展需求应成为个体发展的重要向度。如果没有社会标准和国家标准作为参照系，个体的发展是随性的，其结果是个体发展的意义在社会中被消解而失去方向。纯粹意义上的个体发展只有在理想状况下才具有意义，每个人的发展都要受国家和社会的发展需求所指引。因此，尽管个体的发展具有诸多方向和可能性，但它们应当在某些方面与国家和社会的发展保持某种一致性，使个体发展对国家和社会发展具有某种程度的现实意义。具体到基础教育课程改革，就是无论课程改革如何重视个体的发展意义，它都需要将国家的发展需求作为个体发展的重要内涵，将国家发展纳入个体发展的议程中，使个体发展具有促进国家和社会发展的积极意义。

反过来说，国家虽然有自身特定的课程利益，国家的发展需求对基础教育课程有特定的规定性，但国家发展从根本上来说是以个体发展为条件的，只有个体能够和愿意通过自身的课程学习形成符合国家发展需要的素质结构，国家的课程利益才能够得到具体实现。从理论上来说，国家越是能够将更多的个体集合到符合国家发展需求的课程学习上来，国家就越有可能获得更多符合自身发展需求的人才，国家的发展就越具有强大的动力。要将更多的人集合到国家需要的课程学习上来，就需要学校课程能够满足更多个体的课程利益，使个体课程利益与国家课程利益存在更多的共同点。质言之，即使是国家效率取向下的学校课程也应当展现出更大的个体意义，应当将个体发展作为国家发展的重要维度，使学校课程在满足国家发展需求的同时，最大限度地满足个体发展的需求。具体来说，就是要求国家对课程利益的追求不能够单纯以直接满足国家课程利益来建设基础教育课程，更不应当以只着眼于甄别和选拔一部分能够满足国家发展需要的优秀学生来定义基础教育课程，而是以所有学生都能够获得公平发展，按所有学生共有的发展能力和发展需求来定义学校课程，使国家课程利益的实现建立在所有学生的课程利益都能够实现的基础之上，使所有学生都能够在满足国家课程利益的方向上有条件实现自身的课程利益。

从理想上来说，基础教育课程改革在个体与国家的关系上应达到完全的统一，即个体发展完全符合国家发展的需求，而国家发展对人才规格的期望就是个体的自由、充分发展。但这显然是不易实现的，比较现实的态度是使个体发展与国家发展两者在基础教育课程中形成一种彼此互通互利的格局。一方面个体发展趋向于国家发展需求，着眼于个体发展的课程在客观上与国家对人才的需求是一致的，个体发展可以促进国家效率的提高。另一方面国家发展将个体发展纳入其中，国家发展诉求对基础教育课程改革的要求包含个体的课程利益，在实现国家效率诉求的同时有利于每个学生课程利益的实现。当然，个体课程利益的实现应当是首要的，因为只有当个体课程利益能够实现，个体才会在课程学习中付出足够的、有意义的努力。但国家发展应当成为个体发展的重要参照，并且在事实上有利于国家发展应当是个体发展的重要内涵。如果个体发展与国家发展在基础教育课程中有较大的共通和共同之处，国家发展就是符合国家需求的个体发展的自然结果。因此，基础教育课程改革应当以个体发展作为基本点，以国家发展作为重要的参照系，最大限度地形成一种体现国家发展需求与个体发展需求的共通点，内含国家发展需求的个体本位基础教育课程，以实现基础教育课程效率与公平的协同作用。

2. 大众化与精英化

一方面，基础教育课程应是大众化的课程，是面向所有学生的课程，这是由基础教育的性质所决定的。作为以奠定国民素质基础为主要任务的基础教育课程，它应当以所有学生的普遍课程需求为出发点，以提高学生的基础素质和生活品质为己任。从根本上来说，基础教育课程应当定位于普通大众的日常生活，使基础教育课程切实发挥提高普通大众文化素质、改善普通大众生活品质的作用。从这个角度来看，基础教育课程应基于普通大众生活的特征而具有普适性、基础性和多样性等特点。首先，基础教育课程应当是一种普适性的课程。不论学校开设什么课程，都应当是所有学生都能够学习，并且适于所有学生学习的。普适性意味着开放性，即基础教育课程的每门课程对所有学生都是开放的，在理论上对所有学生都具有同等的价值。其次，对普通大众来说，进入学校接受教育的主要目的固然包含了成为知识精英的追求，但从现实来说，只有一小部分人能够实现这种追求。学校教育对普通大众最大也是最现实的作用是为他们提供基础的文化教育，使其具备基本的文化素质，以适应现代社会生活，切实提高生活品质。这样，基础教育课程应注重其基础性，选择社会生活中最需要、最基础的课程内容，而不是以大容量、高难度、学术性的课程内容挤压普通大众课程需求的满足空间。最后，普通大众的生活和追求是多样化的，基础教育课程也应当体现多样性。基础教育应当提供多样化的课程内容，使基础教育课程具有较大的灵活性和选择性，使所有学生都可以在基础教育课程中找到适合自己生活需求和兴趣追求的课程内容，以实现个性化和多样化发展。

另一方面，基础教育课程的大众化不应当过度排斥精英化。对一个国家和社会的发展而言，知识精英在任何时候都是需要的。基础教育作为奠定国民素质基础的教育，需要面向普通大众，满足普通大众的发展需求，但同时它也是国家人才培养的基础阶段，为精英人才的培养发挥某种积极作用同样是基础教育课程不可推卸的责任。虽然说基于公平的诉求，基础教育课程不应当导致学生的不公平分化，但基础教育课程仍然应当为国家精英人才的培养提供适当的环境、土壤和基础。这就决定了基础教育课程不能因为一味追求公平的实现而排斥基础教育课程的效率诉求，有利于国家发展而不损害公平的课程改革措施应当为基础教育课程所欢迎和接受。换而言之，学术性课程内容、学科化课程组织和理智化课程实施应当在某种程度上、以某种形式为基础教育课程所接受，并以一定方式融入以普通大众课程需求为基点的课程体系中去。实质上，这也是可以实现的，只要这种课程具有普适性和基础性的特点，并且不排斥多样性，或者能够与学校课程体系的其他部分形成多样性的课程体系。质言之，只要有利于培养知识精英的效率取向基础教育课程符合大众化的特点，属于普通大众的课程需求部分，它就应当成为基础教育课程的重要组成部分。

当然，基础教育课程不排斥精英化，仅仅局限于基础教育课程满足普通大众课程需求的同时，尽可能地增加有利于国家发展的课程因素。从本质上来讲，基础教育课程不是精英化课程，应当防止基础教育课程过早精英化的倾向，更加不允许基础教育课程成为一种加速精英化的课程。基础教育课程对精英化的容纳，应当表现为提供知识精英产生的可能性和准备。也就是说，学生在基础教育阶段的课程学习具有将其导向高层次人才的可能性，但这种导向在基础教育阶段仅仅是准备性的，并且这种导向的实现不以牺牲其他学生的课程利益为条件，学生向高层次人才的趋近在基础教育阶段并不表现为学生中间产生了"知识精英"。同时，基础教育课程对精英化的容纳还应当表现为开放性精英化。如果将在某个群体中以单一标准实现对特定少部分人的选拔并将其标定为"精英"的纯粹精英化称为封闭性精英化的话，那么基础教育课程的"精英化"应是一种使人人都有条件成为精英，并且具有多种途径成为精英的开放性精英化。这种开放性精英化具体体现在：一是通过开放性的课程使所有学生都有条件具备成为高层次人才的可能性，二是提供多样化的课程和多样化的评价标准，扩展"精英"的含义而使精英多样化。简而言之，就是要使基础教育课程成为一种"人人都能成功"的课程。

这样，基础教育课程的大众化包含精英化，大众化为精英化提供可能性，而精英化也包含大众化，精英化通过大众化来实现。一方面基础教育课程在保证面向所有学生，使所有学生都能够在基础教育课程中获得平等的课程利益的同时，能够将学生导向国家发展所需要的高层次人才和高素质公民，在促进公平的同时实现效率提高。另一方面也能够在开放性精英化的过程中普遍提高学生的素质水平，使所有学生都拥有通往更高水平的发展道路，将基础教育课程的公平品质提升到更高的层次，从而实现通过效率促进公平。

3. 生活世界与科学世界

"生活世界"是人的栖息场所。对于普通大众来说，基础教育课程的最大价值就在于挖掘和提升人在生活世界的意义，提高人的生活品质。生活世界应当是基础教育课程的基础，基础教育课程首先应当是一种面向生活世界的课程。基础教育课程应当以贴近生活世界的内容和实施方式作为课程建构的主体逻辑，使基础教育课程适应普通大众的课程需求，达到对普通大众最大程度的适应性。但是，如果基础教育课程仅仅局限于生活世界，那么它将会成为"平庸"的课程，不但不能有效发挥基础教育课程的效率功能，其对生活世界的提升意义也会受到限制，因为在科学技术对日常生活具有深刻影响的现代社会，"科学世界"已经以各种方式介入生活世界，成为生活世界的重要内涵。即使基础教育课程以生活世界为基础，也应当尽可能地充实和丰富基础教育课程中科学世界的成分和意蕴。具体来说，就是基础教育课程应当使生活世界趋向科学世界，将科学世界作为人在生活世界中存在的重要向度，在生活化的学校课程中融入科学知识和科学方法等科学内容，使科学精神成为引领生活世界的内核。由此，学校课程中的生活世界科学化，生活世界成为通往科学世界的基础和途径，学生在生活化的学校课程中也能够获得科学知识、科学方法和科学精神。通过学校课程，学生不但获得适应和提升个体生活和社会生活的生活化经验、技能、观念和态度等，同时，切实地提升自身的科学素养，学生的发展适应生活世界并且超越生活世界，走向更高层次的发展水平。

科学是现代社会发展的第一推动力，现代社会的各个方面已经深度浸润在科学世界之中。在这样的社会背景中，学校课程不应当也不可能逃脱科学世界的影响。况且，作为推动社会发展的学校教育，科学世界必然要成为学校教育的重要组成部分，基础教育课程当然也毫不例外。但是，基础教育课程作为基础性课程，科学世界在基础教育课程中的渗透应当体现基础教育的性质。具体来说，基础教育课程中的科学世界应当包含的是人类科学知识体系中最基础的部分。这里所谓的"最基础"，应当是普通大众对科学世界最需要了解和掌握的部分，是所有学生不论是在日常生活还是将来从事专业科学工作，都需要掌握的对科学世界的基本科学事实、科学知识、科学技能、科学方法、科学态度和科学精神等。纵使科学世界拥有系统、完整、专业、艰深的知识体系，但这种知识体系不应当过早、过度地渗透到基础教育课程中。因为倘若如此，基础教育课程将过早、过度地表现出专业性质，使基础教育课程变成"面向少数人的课程"，导致课程公平问题的产生。将科学世界中普通大众所需要的部分引入基础教育课程，以公平的知识体系平等地为所有学生服务，是既发挥科学世界提升基础教育课程的效率功能，又保证基础教育课程公平实现的基本立足点。科学世界进入基础教育课程的部分越基础，基础教育课程中科学世界与生活世界的距离就越小，就越容易实现科学世界与生活世界的交通与融合，越有利于科学世界走向生活世界。科学世界走向生活世界是科学世界发挥对学生发展的现实意义和个体意义的重要条件，只有当基础教育课程中的科学世界有效地转化为生活世界或融入生活世界，科学世界才能够产生对学生个体生活和社会生活的现实意义。总而言之，科学世界进入基础教育课程，不仅应当以最基础的部分进入，并且应当融入或转化为生活世界的内容，以"科学回归生活世界"的面貌进入。

这样，生活世界与科学世界在基础教育课程中形成一种共存互通的格局，为基础教育课程中效率与公平的实现提供共同支持和双重途径。在基础教育课程中，存在以生活世界为主体和对象的生活课程，也存在以科学世界为主体和对象的科学课程，但生活课程在服务于学生生活世界的同时还应将学生导向科学世界,科学课程在提高学生科学素质的同时还应丰富和提升学生生活世界的水平和品质。由此,基础教育课程在生活世界和科学世界的相互配合中形成一种源于生活、通过生活、回到生活但又高于生活、走向科学的课程形态。在这样的课程中,学生一方面能够在学校课程中获得真实的生活体验和生活经验,切实在学校课程中获得改善自身个体生活和社会生活的知识和技能,获得作为普通大众所需要的有利于提高生活品质的课程利益;另一方面又能够通过学校课程获得符合促进社会和国家发展所需要的科学知识、科学技能和科学方法,在实现个体发展的同时提升为国家发展作出贡献的基本素质,增强促进国家和社会发展的能力,更加有效地为国家和社会的发展服务。基础教育课程中的效率与公平在生活世界与科学世界的共存互通中得到相互支持、互动发展的动力,形成协同作用的发展态势。

4. 价值理性与工具理性

"人全面而自由的发展是人的'类本性'和固有的权利,是'类'的价值和生命意义,只有当教育致力于拓展与提高人全面而自由发展的时候,才是与人类本性相契合的真正的教育。"[①] 教育在其本体和终极意义上来说是促进人的全面和自由发展,使人展现其作为"人"的本质力量的一种方式,价值理性是教育的根本价值基础。只有当基础教育课程符合教育的本质属性,真正起到促进人自由而全面发展的作用时,它才能成为本真意义上的课程。因此,基础教育课程应以价值理性作为价值基础,以人的全面和自由发展作为首要宗旨。这就要求基础教育课程从课程管理到课程内容、课程组织、课程实施和课程评价都要以人的本体发展需求为依据,遵循人本质力量的发挥和发展逻辑构建和实施基础教育课程。具体地说,就是基础教育课程应尊重每个人的发展历史、发展现状和发展诉求,尊重每个人的主体意愿和主体选择,为每个人的自由而全面发展提供切实有效的课程,从而使每个人都能在课程中实现自身本质力量的发挥和发展,使其作为"人"的价值和意义得到充分和自由的体现和展开,最终达到人的自我价值的实现。总而言之,基础教育课程首先应当是一种以"人"为中心的课程,每个人都得到充分和自由的

---

① 陈亚萍:《论人的发展与教育的价值诉求》,《教育研究与实验》2009年第6期。

发展是基础教育课程的首要依据,是否有利于人之"成人"是基础教育课程的终极判断标准。

然而,纯粹价值理性的基础教育课程只有在理想和终极意义上才是可能的,现实中人的发展并不只是关于自身而无关他者,人的发展在作为自身本质力量展开的同时也是推动社会发展的力量。人的发展对社会发展的意义是人的本体价值的重要体现。从这个意义上来说,人的发展总是在某种意义上作为一种工具而存在的。只要人的发展对社会发展的意义与人自身的本体意义上的发展方向是一致的,人的发展的价值理性与人的发展的工具理性就是同一的。这一点具体到基础教育课程,就是基础教育课程可以在促进人的本体发展的同时具有促进社会发展的功能。因此,基础教育课程并不排斥工具理性,而是可以在价值理性的基础上追求人的发展的工具性价值,发挥人的发展对社会发展的作用。具体地说,就是基础教育课程在确保其符合教育价值理性的同时,也可以包含符合国家和社会发展需求的课程内容,采取有利于提高基础教育课程之于国家和社会发展效率的各种课程措施,只要这些措施有利于维护,至少不损害基础教育课程的价值理性。比如,科学技术本身就是人的本质力量不断展开而获得的结果,科学技术体现了人的本质力量,提升人的科学素质本身就是使人"成人"的重要方面。将科学知识引入基础教育课程,不仅意味着基础教育课程可以有效培养促进国家和社会发展的人才,同时也意味着基础教育课程对人的本体价值的实现具有更加完整和丰富的内容。科学知识既有利于促进每个人的本体发展,也有利于提高基础教育课程的效率,基础教育课程的效率与公平在这里可以发生协同作用。不仅是科学知识,其他既有利于个体本体发展又有利于促进国家和社会发展的课程内容都有助于基础教育课程效率与公平协同作用的发挥。

所以,在保证基础教育课程价值理性的基础上,最大限度地寻找基础教育课程工具理性的实现空间和实现途径,是发挥基础教育课程效率与公平协同作用的重要伦理基础。在价值理性与工具理性的共同空间内,基础教育课程对人的发展意义就是课程对社会发展的促进意义,基础教育课程的价值理性发挥得越充分具体,也就意味着基础教育课程的工具性价值得到了更好的发挥,反之亦然。但是,基础教育课程的工具理性只能在价值理性允许的空间内存在，一旦工具理性僭越价值理性，基础教育课程就会走向为人的发展之外的目的而存在的境地，蜕变成为人才甄别和选拔的工具，效率与公平的协同作用就会被打破，两者的冲突关系将表现为矛盾的主要方面。

第 六 章

走向"有效率的公平"

效率与公平作为基础教育课程改革的两个基本问题,深刻地影响着基础教育课程改革的基本走向和具体措施。基础教育课程改革在某个历史时期表现为效率取向,在另一个时期又表现为公平取向。基础教育课程改革在效率诉求与公平诉求的共同作用下表现出"摇摆前进"的态势,并在不同的历史时期以不同的方式对效率和公平进行整合,形成了基础教育课程改革鲜明的"钟摆现象"。

一 走向合拢的钟摆:基础教育课程改革的发展趋势

对于20世纪的课程改革,有学者这样评价:"尽管在整个20世纪的历程中,课程改革非常活跃,但是它们的成功却是屈指可数的,而其短命却是人尽皆知的。'钟摆'这个词已经被广泛地用来形容这种现象,它表明,教育改革不过是一系列来来回回的运动,但结果却是什么也没有改变。"[1] 这样的评价虽然对课程改革做出悲观的判断,它仍然指出了20世纪基础教育课程改革的一个重要特点:课程改革的"钟摆现象"。但因为钟摆现象的存在,就认为课程改革仅仅是一种来来回回地摆动的运动却是不客观的。20世纪以来的基础教育课程改革的确在某些对立的两极来回摆动,但每次摆动的轮回,课程改革的具体面貌实际上都是有所不

---

[1] Herbert M. Kliebard, *Changing Course: American Curriculum Reform in the 20th Century*, New York: Teachers College Press, 2002, p. 1.

同的。以基础教育课程改革中效率与公平的钟摆为例，虽然我国和美国的基础教育课程改革都不断地在效率取向与公平取向之间摆动，但每次课程改革不管是改革措施还是公平与效率的组合方式都是不一样的。可以发现，基础教育课程改革一方面在效率诉求和公平诉求的作用下，在效率取向和公平取向两种取向之间来回摆动，另一方面又在这种摆动中从分离对立走向融合互补。如果说效率取向与公平取向是基础教育课程改革钟摆的两端的话，那么说基础教育课程改革在摆动中使效率取向与公平取向趋于合拢，效率与公平在基础教育课程改革中趋于融合，是更加符合事实的。

我国基础教育课程改革，在效率取向与公平取向这个钟摆上的摆动幅度一度是比较大的。从新中国成立开始一直到20世纪80年代末期，我国基础教育课程改革，在效率取向与公平取向两个维度上经历了一个比较长时期的对立和冲突过程。新中国成立伊始的基础教育课程改革，确立了较为典型的效率取向基础教育课程体系，但这种课程很快导致了基础教育课程的公平缺失，引起公平与效率的冲突。到1958年，公平取向的基础教育课程改革，以一种否定的态度反对效率取向的基础教育课程，采取激进的方式重建基础教育课程体系。1963年的基础教育课程改革，又是以几乎对立的方式试图重建我国效率取向的基础教育课程体系。但1963年的课程改革没有真正再次确立效率取向的基础教育课程体系，反而引发了1966年更为激烈的公平取向基础教育课程改革浪潮，形成了极端的、非理性的公平取向基础教育课程。这场课程改革对效率取向的基础教育课程采取极端敌视的态度，以至于使课程改革对公平的追求以极端的、非理性的政治运动来实现，对公平的追求也表现出极端的、偏激的态度，在某种意义上歪曲了公平的真正含义。1977年的课程改革取消了这种极端的公平取向基础教育课程，但随之又代之以典型的效率取向基础教育课程，使基础教育课程改革再次走向另一个对立面，并再次很快地产生效率与公平的冲突，使公平问题越来越成为基础教育的突出问题。在效率与公平的对立走过了长达30余年的历程之后，20世纪80年代后期，基础教育课程改革终于真正开始走上试图兼顾效率与公平的历程。1986—2000年的课程改革，虽然坚持了1977年形成的效率取向基础教育课程的主体部分，但课程改革的主要措施却开始着手处理公平问题，课程改革的各项措施具有比较明显的公平取向。这时效率与公平的冲突问题虽然没得到很好的解决，但效率与公平的冲突关系显然已经没有以前那样激烈了，两者的协同关系开始发挥作用，基础教育课程改革的钟摆开始趋向合拢。2001 年开始的第八次基础教育课程改革将课程改革再一次拉向公平取向，但这时的课程改革已经不再单纯强调公平，在课程改革的措施上也表现出兼顾效率与公平的理性态度。虽然第八次基础教育课程改革的改革措施在总体上具有公平取向的特点，但它在课程设置上采取了"小学阶段以综合课程为主，初中阶段分科与综合相结合，高中以分科课程为主"，在课程组织上仍然比较尊重课程内容的学科逻辑，效率与公平在这里得到了进一步的融合与协同。

美国基础教育课程改革在效率与公平之间的摆动也经历了相似的过程。从 19 世纪末开始，美国基础教育课程改革进入一个强调民主和公平的时期。在长达半个世纪的时间中，公平诉求主导着美国的基础教育课程改革，虽然这一时期的课程改革并没有产生效率与公平的鲜明对立，但效率问题却始终作为一种隐忧伴随着课程改革的进程。到 20 世纪 50 年代，在国内与国际环境的双重作用下，效率问题终于凸显成为美国基础教育课程改革的首要问题，美国基础教育课程改革被猛然地从公平取向拉到效率取向一端，过激的效率取向基础教育课程改革很快导致了公平问题的产生，并且因此很快地将这一次基础教育课程改革拖入困境。随后，公平取向的基础教育课程改革再次反弹，以一种虽无有序组织但却特点鲜明的运动反对上一次课程改革。进入 20 世纪 70 年代，效率取向的基础教育课程改革再次取得主导地位，效率与公平仍然表现出较为明显的冲突关系。直到进入 20 世纪 90 年代，尤其是进入 21 世纪以来，效率与公平的冲突关系才得到有效的缓解。到《不让一个孩子掉队》法案的实施，效率与公平的关系终于得到比较好的协调，通过公平提高效率和通过效率促进公平的努力在法案中得到较好的体现，效率与公平的钟摆也随之在课程改革中走向合拢。

基础教育课程改革在效率与公平的钟摆上从大幅度摆动到逐渐合拢的过程是由基础教育课程改革的外部因素和内部因素共同决定的。

外部因素如国际、国内的政治、经济、文化环境对钟摆的走向和幅度具有直接或间接的作用，每次钟摆的摆动都与课程改革所处的时代背景有着密切关系。从我国基础教育课程改革来看，20世纪90年代以前我国所处的国际环境与国内政治、经济、社会发展特征对基础教育课程改革的强烈摆动具有明显的推动作用。新中国成立以后，我国国家建设的急迫需求和学习苏联的现实情况，促使我国基础教育课程改革采取较为典型的效率取向。而国内的政治环境又使得效率取向基础教育课程所导致的公平问题不可容忍，这使基础教育课程不断地在效率与公平两端激烈摆动。直到进入20世纪90年代，我国的国际环境和国内环境得到较好的改善，效率与公平的关系才得到更为理性的处理，钟摆的摆动趋于合拢，效率与公平的冲突因素不断得到消解，其协同的方面得到更好的发挥。美国的基础教育课程改革也同样受到这样一些外部因素的作用。20世纪初，美国社会发展的趋势决定着基础教育课程改革公平取向的产生和发展。进入20世纪50年代，美国所面临的国内和国际政治、经济、科技挑战是美国基础教育课程改革从公平取向突然转向效率取向的直接作用力，正是这种作用力使美国基础教育课程改革在这一时期经历了少有的激烈摆动。20世纪90年代以后，国际和国内发展的新特点和新趋势是美国基础教育课程改革走向效率与公平的协同与融合的重要依据。综合来看，外部环境对基础教育课程改革的影响大致是，激烈紧张的国际国内环境会导致基础教育课程改革的激烈摆动，和平与缓和的国际国内环境则使基础教育课程改革中效率与公平的关系表现出较为缓和与协同的局面。

  基础教育课程改革的钟摆现象也与基础教育课程改革自身的发展逻辑有关。基础教育课程改革具有历史性，每次课程改革都与此前的课程改革有着某种联系，要么否定与对立，要么继承与超越。无论如何，基础教育课程在长期的改革过程中不断地从以往的课程改革中吸取经验教训，从而使基础教育课程改革中效率与公平两种因素不断得到整合与协调。经过早期基础教育课程改革简单地强调效率或强调公平的多次反复，人们逐渐认识到基础教育课程改革中效率与公平的地位、作用机制以及两者的关系，并在以后的课程改革中试图恰当地处理两者的关系，从而使基础教育课程改革的钟摆逐渐走向合拢。

  时至今日，大概很少有人会再单纯强调基础教育课程改革的效率诉求或公平诉求。人们进行课程改革的时候，大多都会同时考虑效率与公平两个因素，并试图将两者整合起来，形成一种兼顾效率与公平的基础教育课程。虽然我们并不能够说效率与公平的关系在今日的基础教育课程改革已经得到很好的处理，但显然效率与公平的关系已经得到重视，两者走向协调与融合是基础教育课程改革的重要趋势。可以说，追求"有效率的公平"是当今基础教育课程改革的基本特点。基础教育课程首先应当是公平的课程。基础教育是大众教育已经成为世界教育改革的共识，基础教育课程首先应当是面向所有人、适合所有学生学习的课程，能够使所有学生获得平等的发展权利和发展结果的课程。在保证公平的前提下，基础教育课程还应当尽可能提高其效率意义，发挥促进国家和社会发展的作用，有效地为国家和社会发展服务。如何构建一种"有效率的公平"的基础教育课程，是当今世界基础教育课程改革的重要课题。

二 "毽子型"课程体系

"有效率的公平"的基础教育课程体系应当满足以下几个条件：一是这样的课程首先是一种公平的课程，是面向所有学生，每个学生都能够从中获得平等的课程利益的。二是这样的课程同时也是一种符合国家发展诉求的课程，有利于培养有效促进国家和社会发展的人才，为国家和社会发展提供适当的人才储备。三是要实现效率与公平的相互支持和相互促进，有效地发挥效率与公平的协同作用。根据前文对基础教育课程改革效率诉求与公平诉求的实现措施的论述可知，这样的课程应当包含效率取向和公平取向的基础教育课程的某些方面，并且使它们以一定的方式结合与融合起来。具体来说，"有效率的公平"的基础教育课程体系，一方面应当包括一定的效率取向课程。这种课程的主要功能是为学生奠定必要的（既是个体意义上也是国家意义上的）基础知识和基本技能，使学生具有为国家发展服务所需要的素质基础。另一方面还应当包括一定的公平取向课程。这种课程着眼于适应每个学生的个体发展和现实生活的需要，为学生的个性化和多样化发展提供课程支持，使每个学生都能在这样的课程中获得平等的发展结果。另外，两种取向的课程应当相互渗透、相互衔接、相互支持。效率取向的课程应当同时是公平的课程，即它是所有学生共同需要的学术性课程，能够为所有学生奠定适应国家与社会发展需要的共同素质基础，在满足国家发展需求的框架下实现学生发展的同质性公平。公平取向的课程同时应当以国家与社会的发展需求为重要参照，在为学生提供多样化课程支持的同时，能够有效提升其对国家与社会发展的服务能力，在实现学生发展的异质性公平的同时提升课程的效率意义。

所以，"有效率的公平"的基础教育课程体系应当包含两个基本部分：一是所有学生均需要具备的，既反映学生个体素质的必要组成部分，又满足国家发展对人才规格要求的基础部分，能够实现学生发展的同质性公平的课程。二是适应学生个性化和多样化发展需求的，为学生的发展提供多样化课程支持，有助于实现学生发展的异质性公平，并且能够为国家发展提供进一步人才培养的课程。这两部分课程相互衔接、相互支持，形成一种"毽子型"课程体系。如同一个毽子（如图1所示），第一部分课程构成基础教育课程的基础部分，其特质是"少而实"，能够为学生的发展打下坚实的根基。第二部分课程构成

图1　毽子

基础教育课程的拓展部分，其特质是"多而松"，能够使学生在第一部分课程的基础上获得个性化和多样化的发展。

（一）"毽子型"课程体系的基本结构

基础教育课程是由多门课程组成的课程体系，各门课程均具有自身特定的课程目的，课程内容和课程组织等方面也使得每门课程都具有自身的特性。"毽子型"课程体系将学校课程整合为一个统一的体系，使各门课程在学校课程体系中获得合理的定位，并以一定的方式与其他课程发生关系，从而使各门课程协同作用，共同实现基础教育课程的效率诉求与公平诉求。刚性课程与柔性课程是"毽子型"课程体系的两个基本组成部分，每个部分又包含多门课程，并且每门课程同时也具有刚性部

分和柔性部分，由此形成一种刚柔相济、松紧有序、统一性与多样性相结合的基础教育课程体系。"毽子型"课程体系可以用模型图表示（如图2所示）。

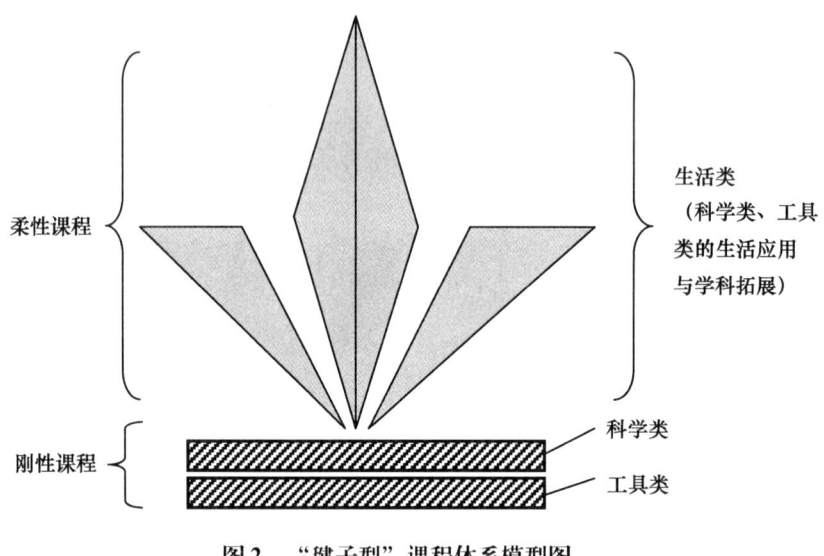

图2 "毽子型"课程体系模型图

1. 刚性课程

毽基表示刚性课程。这部分课程以学科课程为主，其特点是侧重课程的学术性，突出课程的知识体系，以清晰、严密的学科逻辑组织课程内容，其功能主要是为学生奠定必要的知识基础和技能基础。刚性课程突出"少而实"。"少"是指这部分课程的总量在基础教育课程体系中所占的比例不应过大，仅限于既是组成学生素质结构又是国家发展对学生所要求的必要的基础知识与基本能力，是所有学生都应当具备并且能够掌握的学科知识与学术能力部分。"实"是指要突出课程内容的精细性和基础性，突出课程组织的系统性和严密性，使学生在这部分课程的学习中能够以最少的时间和精力投入获得必要的、扎实的学科知识基础和基本学术能力。

刚性课程部分主要包含工具类课程和科学类课程。工具类课程是如语文、数学、外语等使学生获得不论在日常生活还是从事专业学术工作都必须具备的基本知识和基本能力的课程。这部分课程在基础教育课程体系中处于最基础的位置，以培养学生读、写、算等能力为主要任务，课程的重心侧重于传授必要的语言和数学知识，发展学生适应学习、生活和工作所需要的交流和交际能力，其中尤其以发展学生的能力为核心。科学类课程分为自然科学课程和社会科学课程。相对于工具类课程，这部分课程处于键基的上层，其主要功能是使学生掌握科学世界的基本事实、基本概念和基本原理，获得比较系统和扎实的科学知识，形成探究世界的基本科学技能。在课程设置上，这部分课程具有一定的灵活性，既可以严格按照自然科学和社会科学的分科体例进行设置，如物理、化学、地理、生物、历史等，也可以设置成综合性学科课程，如自然、社会、科学等。

2. 柔性课程

键羽表示柔性课程。这部分课程具有丰富的课程内容、灵活的课程设置和宽松的课程组织等特点，旨在使学生在刚性课程学习的基础上，根据自身的发展需求和兴趣爱好进行个性化的课程选择和学习，获得包括面向生活世界和科学世界的个性化和多样化发展。柔性课程突出"多而松"。"多"是指柔性课程在基础教育课程体系中占据比较大的比例，不论在科目设置还是内容范围上都具有多样性和广泛性，以使学生在这部分课程中拥有比较大的选择空间和选择自由，不同的学生能够获得不同的并且满足自身发展需求和兴趣爱好的课程内容。"松"是指柔性课程不必具有完整的知识体系和严密的组织逻辑，而是以宽松的组织结构容纳多样的课程内容，在课程内容上轻学术性内容而重生活性内容，在课程组织上轻学科逻辑而重生活经验，使学生有条件在相同的课程内容上获得综合化、多样化的经验发展。柔性课程的课程设置应当比较开放灵活，国家可以规定柔性课程的设置原则和基本范畴，规定部分柔性课程的具体科目，但地方和学校应当具有比较大的设置柔性课程的权力，校本课程应当在柔性课程中占据比较大的比重。

生活类课程是柔性课程的主体部分。这部分课程主要面向学生的生活世界，以丰富学生的生活体验和生活经验，提高学生的生活能力和生活品质为主要功能，在课程设置上以综合课程为主，强调课程的生活性和实践性，包括如综合实践活动课程、家政课程、艺术课程、社区服务等课程。工具类课程和科学类课程的生活应用和学科拓展课程也应当成为柔性课程的组成部分。处于键基的工具类课程和科学类课程由于侧重基础知识的传授和基本技能的培养而更接近于科学世界，与生活世界距离较远。但不应当忽视这两类课程与生活世界的衔接与融合。这两类课程的生活应用和科学拓展课程可以与刚性课程部分形成互补与互通，处于柔性课程部分的工具类课程和科学类课程侧重于学生在生活中应用与拓展交际能力和科学知识，有助于将科学世界的知识融入生活世界，或者将生活世界的经验导向科学世界，实现科学世界与生活世界的互补互通。

3. 课程的刚性部分与柔性部分

基础教育课程体系中有刚性课程与柔性课程之分，一门课程也包含刚性部分与柔性部分。课程的刚性部分是指课程的知识框架。一门课程总是或多或少包含着一些知识，这些知识在表述上以明确、客观的方式进行表述，知识点之间存在着某种逻辑关系，使课程知识之间形成清晰的、权威的逻辑体系。这部分知识的可变性较弱，即具有较强的刚性。课程的柔性部分是指课程中包含的如活动性、经验性或生活性内容等非逻辑性结构的课程内容。这部分内容在表述上以提示性、建议性或研讨性方式进行表述，课程内容具有较强的开放性和选择性，课程组织具有模糊性和可变性等特性，学生的主观性在课程学习中存在比较大的发挥空间。一门课程总是由刚性部分与柔性部分共同组成，刚性课程内容与柔性课程内容相互穿插、相互补充和相互说明，共同形成一门课程的组织体系。但不同的课程中刚性课程内容与柔性课程内容所占的比例与组织方式各不相同。在刚性课程中，课程的刚性部分所占的比重较大，并且处于课程的主体地位，柔性课程内容的主要作用是对刚性课程内容予以佐证、说明和补充。在柔性课程中，柔性课程内容是课程的主体内容，刚性课程内容主要作为课程的逻辑框架存在，它以粗略的、隐性的逻辑线索将柔性课程内容组织成一个体系，其作用是，以某种方式使学生在自由多样的柔性课程内容学习中，形成知识与经验体系化和逻辑化的动力，提升学生柔性课程学习的层次和高度，使学生获得从生活世界通往科学世界的桥梁。

（二）"键子型"课程体系的具体实现

一个完整的基础教育课程体系包括课程目的、课程管理、课程内容、课程组织、课程实施和课程评价等几个方面。构建一种课程体系，就是在某种价值取向下采取一定的措施形成相应的课程管理、课程内容、课程组织、课程实施和课程评价，使这几个方面形成相互支持的协调体系。"毽子型"课程体系以刚性课程和柔性课程为基本组成部分以达到效率与公平的统一与协调，在这几个方面的建构也兼有效率取向和公平取向基础教育课程的某些因素和特征，并以一定的方式将这些因素整合起来，形成统一、协调的课程体系。

在课程管理上，"毽子型"课程体系应采取国家、地方、学校三级课程管理体制，其中国家与学校是课程管理的主要主体。对整个基础教育课程体系而言，国家实施学校课程的宏观管理，主要是从宏观上构建基础教育课程体系的主体框架，颁布必要的课程文件以规范学校课程的基本运行。在刚性课程与柔性课程上，国家侧重于对刚性课程的管理，主要负责厘定刚性课程的基本科目，出台刚性课程的课程标准，组织编写相应的教科书和教材，以保证刚性课程的基础性、统一性，确保所有学生在刚性课程上实现同质性公平。学校在刚性课程上不应拥有过大的课程权力，但在柔性课程上要拥有比较大的课程权力。也就是说，柔性课程的科目设置、内容选择和组织实施应当主要由学校来实现。学校可以根据上级的政策和建议、自身的特色与发展规划、学生的发展需求和兴趣爱好开设各种各样的柔性课程，以有效地促进学生的个性化与多样化发展。

在课程内容上，刚性课程以学术性课程内容为主，柔性课程以生活性课程内容为主。刚性课程以学术性课程内容为主，并不是说刚性课程侧重于高难度的、复杂的学科知识；相反，刚性课程应当以所有学生的共同需要和认知能力发展为参照，对学术性课程内容进行选择，以保证所有学生都能够获得共同的学术基础。柔性课程以生活性课程内容为主，就是说柔性课程主要依据学生的生活世界和生活需要选择课程内容，使课程内容贴近学生生活，并使课程内容能够为提高学生的个体生活和社会生活能力和品质服务，使柔性课程具有较强的生活意义。同时，刚性课程与柔性课程应当形成相互联系、相互支持的统一体系。一方面，刚性课程虽然以学术性课程为主，但不应当过于脱离学生的生活世界，而是要选择与学生生活存在密切相关的学术性课程内容，使得刚性课程既能起到奠定学生必要的学术知识和学术能力的作用，也能够使学生在刚性课程中寻找到课程的生活意义。简而言之，学术性课程内容应当成为生活性课程内容的逻辑生长点，使生活性课程内容的构建能够建立在学术性课程内容的基础之上。另一方面，生活性课程虽然直接面向生活世界，但它同时应当具有将学生导向科学世界的功能，在服务于学生的生活世界的同时将学生的经验逐渐上升到科学世界的水平。生活性课程内容既是学术性课程内容的进一步生长，也以一定的方式向学术性内容趋近。

在课程组织上，刚性课程以学科化课程组织为主，柔性课程以经验化课程组织为主。刚性课程的主要功能是使学生形成必要的学科知识体系和学术能力基础，应当以系统、清晰、严密的知识结构见长，以使学生获得稳定、扎实和系统的学科知识结构。所以，刚性课程在课程形式上侧重于学科课程，在课程内容的组织上以学科逻辑为主要逻辑，课程内容之间具有较高的架构性和较强的稳定性。相对地说，柔性课程的主要功能是促进学生的经验生长，丰富学生的生活体验和情感发展，它不应当过于强调课程内容的系统性和结构性，以保持课程的开放性和灵活性，使学生能够在课程学习中获得自由、多样的发展。柔性课程的课程组织应当注重学生的个体经验和生活逻辑，尽可能地向学生的个体经验和生活世界开放，以比较粗略、松散的课程内容组织保证学生在课程学习中的选择性和主动性。这样，刚性课程以学科化的课程组织形成具有较强稳定性和封闭性的学科课程，有利于学生获得比较扎实的学科知识和学术能力，柔性课程以经验化的课程组织形成具有较强灵活性和开放性的生活课程，有利于学生学科知识的应用和拓展，有利于学生经验的自主生长，基础教育课程由此形成一种开合有度的课程体系，既能奠定学生必要的学术基础，又能促进学生的个性化和多样化发展。

在课程实施上，刚性课程以理智化的课程实施为主，柔性课程以境遇化的课程实施为主。以奠定学生必要的学科知识和学术能力为主要目标的刚性课程，在课程实施上以理智化的课程实施见长。理智化的课程实施注重知识的传授和能力的训练，有利于学生在较短的时间内以较少的精力投入获得必要的科学文化基础和学术能力基础，并有利于发展学生的理智能力。刚性课程以理智化的课程实施为主，就是在刚性课程实施中注重以课堂教学为主要形式，注重教师主导作用的发挥，以讲授为主，辅之以其他教学方法，使学生的课程学习集中在知识的学习和思维能力的训练上，不断构建自身学科知识体系，发展理智思维能力，并在这个过程中形成一定的动手操作能力。以促进学生经验生长，丰富学生的生活体验，提升学生的生活能力和生活品质为主要目标的柔性课程，在课程实施上则以境遇化课程实施见长。境遇化课程实施注重营造富有生活气息的课程情境，使学生在生活性的情境中活动，进行多种多样的学习和体验，实现不同的发展方向和发展结果，获得综合性、经验性和个性化的发展。这样，刚性课程的理智化课程实施与柔性课程的境遇化课程实施相结合，使学生既能够获得必要的、扎实的学科知识基础和学科能力基础，又能够在这个基础上继续发展其学科知识和学科能力，或者以此为基础发展、丰富和提升自身生活经验和生活体验，既能获得与其他学生相同的共同知识和能力基础，又能实现特色化发展。

在课程评价上，刚性课程以标准参照评价为主要评价方式，柔性课程以发展性课程评价为主要评价方式。基础教育课程应当尽可能去除甄别性或选拔性课程评价的因素，以防止基础教育课程成为过度的人才甄别和选拔的手段。对于以奠定学生共同知识基础和能力基础为主要功能的刚性课程，应当主要采取标准参照评价方式对学生的学业成绩进行评价。在刚性课程部分，学生被要求达到某一课程标准的水平，课程评价只需认定学生是否达到这样的水平，并根据课程评价的结果决定是否对学生进行补充性教学与辅导。标准参照测验只将学生的学业成就与某种标准进行比较，这种评价并不在学生的成绩之间进行比较。从终极意义上来说，这种评价的理想结果是所有学生都获得相同的学业成就。柔性课程由于课程内容和课程实施的灵活性和多样性，课程评价不采取某种统一的标准进行评价，而应当采用有利于反映学生自身发展状况的发展性评价。发展性课程评价以学生的发展过程和发展状况为评价对象，基于学生自身的发展对学生的课程学习做出评价，评价的结果是特色化的，即每个学生都拥有自身独特的评价结果。在这里，不论是学生学科知识、学科能力的发展，还是个体生活经验的生长，或者是个体的情感体验和观念态度的变化，都能够得到客观、真实的评价。

(三)"毽子型"课程体系的公平意义与效率意义

单纯效率取向的基础教育课程因过于注重效率而失之公平,单纯公平取向的基础教育课程又因过于注重公平而失之效率,"毽子型"课程体系则合理吸收效率取向基础教育课程与公平取向基础教育课程的优点,消解了效率取向基础教育课程导致公平缺失的因素,强化了公平取向基础教育课程中的效率因素,从而形成一种刚性课程与柔性课程相结合的,兼具公平意义和效率意义的基础教育课程体系。

"毽子型"课程体系首先是一种公平的课程。之所以说"毽子型"课程体系是公平的课程,是因为它无论在刚性课程上还是在柔性课程上都具有公平品质。一方面,刚性课程虽然仍然沿袭了效率取向基础教育课程的诸多性质和特点,在课程形态上与效率取向基础教育课程存在较大的一致性,但它却通过突出刚性课程的基础性和大众性,排除刚性课程的甄别性和选拔性而使刚性课程成为面向所有学生,适合所有学生学习,有利于实现学生之间公平发展的课程。在"毽子型"课程体系中,刚性课程以所有学生在学科知识和学科能力上的共同需求为出发点,目的是奠定所有学生的共同学术基础,其内容对所有学生都是相同的,其课程标准以所有学生都应当并且能够达到为基准,刚性课程实施的结果是要达到所有学生都具有共同的学术基础。因此,在刚性课程的学习中,学生的发展具有某种趋同性,能够实现学生间的同质性公平。另一方面,柔性课程在提升其效率意义的同时保持着公平品质。"毽子型"课程体系中的柔性课程延续了公平取向基础教育课程的主要性质和特点,在课程目的上以促进学生的个性化和多样化发展为目的,其生活化的课程内容、经验化的课程组织、境遇化的课程实施和发展性的课程评价体现着"以人为本"的价值理性,保证了学生在课程学习中获得各不相同但相互平等的发展过程和发展结果,从而实现学生发展的异质性公平。不论是刚性课程所实现的同质性公平,还是柔性课程所实现的异质性公平,都表明了"毽子型"课程体系具有鲜明的公平意义,在本质上是一种公平的课程。

"毽子型"课程体系还是一种有效率的课程。由于"毽子型"课程体系在本质上是公平的课程,在这里课程的个体效率意义与国家效率意义达到比较一致的程度，也就是说，课程在个体意义上的效率提高很大程度上意味着国家意义上的效率提高。即使仅就国家效率而言，"毽子型"课程体系中的刚性课程和柔性课程都是具有较高的效率意义的。其一，刚性课程由于延续了效率取向基础教育课程的主要性质和特点而具有较强的效率意义。其集权式的课程管理、学术性的课程内容、学科化的课程组织、理智化的课程实施都直接适应了国家对基础教育培养具有扎实的学科知识基础和基本学科能力的人才，为学生进一步进行专业学习和从事专业工作做准备的要求。刚性课程从甄别性和选拔性课程评价到标准参照评价的转变，并没有改变刚性课程培养人才的功用和效率；相反，从另一个角度来说，它还通过强化刚性课程的公平品质而有利于培养更多符合人才规格的学生，从而有利于效率的提高。其二，"毽子型"课程体系中的柔性课程，改变了单纯公平取向基础教育课程仅注重公平而忽视效率的倾向，通过将柔性课程建立在刚性课程的基础上，强调在柔性课程实施中将学生适度导向科学世界，强调工具类、科学类课程在柔性课程中的补充和拓展，增强了柔性课程的效率意义。学生在柔性课程中不但有机会选择面向生活世界的、适应个体生活需求和兴趣爱好的课程，还有机会选择作为工具类、科学类的拓展性课程。由此，柔性课程在使学生实现自身个性化发展的同时，能够进一步培养具有更加全面、综合素质的学术性人才，从而提高基础教育课程的效率意义。退一步来说，即使是不直接回应国家效率诉求的生活类课程，其效率意义也不同于单纯公平取向的基础教育课程。这是因为，一方面，在具有坚实学科基础的前提下，学生不论在学科课程上还是在生活课程上的多样化发展，都在一种泛化的意义上有利于提高学生适应于科学技术高度社会化现代社会的能力，从而间接有利于国家发展。另一方面，在"毽子型"课程体系中，不论是工具类、科学类柔性课程还是生活类柔性课程，均强调以某种方式与科学世界相联系，以某种方式将生活世界导向科学世界，这也使柔性课程具有更高的效率意义。总之，在"毽子型"课程体系中，不论刚性课程还是柔性课程都具有较高的效率意义，是一种公平的课程，也是一种有效率的课程。

结　语

我国基础教育课程改革往何处去？

我国始于2001年的第八次基础教育课程改革已经走过了十几个年头，课程改革的得失成败引起了许多争论，其中有一个问题总会萦绕在教育研究者的心头："我国基础教育课程改革应往何处去？"

相对于我国20世纪70年代后期形成的效率取向基础教育课程，第八次基础教育课程改革以新的课程理念建构了新的课程体系，形成了公平取向的基础教育课程体系。但是，和以往的课程改革一样，这次课程改革采用"单极化"的思维方式，对基础教育课程进行了全方位的重构，使基础教育的各门课程都向生活化课程靠拢。正因为如此，课程改革没能够避免基础教育课程改革钟摆现象的怪圈，在大力推进大众主义教育的同时陷入了"效率"低下的泥潭。这次课程改革大力推动的综合实践活动、研究性学习、校本课程等柔性课程也面临多重困难，课程改革的实际效果备受质疑。导致这种困局的一个重要原因就在于，课程改革以"单极化"的思维方式导致基础教育课程的"单极化"发展，使得本应以奠定学生扎实学科知识基础和学科能力基础的工具性课程和科学课程受到强烈的冲击，简单地向课程生活化和实践化转变，而生活性课程又因为原有课程实践的强大惯性而进展缓慢，最终造成了学生学科基础面临挑战和生活课程适应不良的双重困境。

推进基础教育课程改革，就要改变这种"单极化"的思维方式，放弃单纯以一种标准构造所有课程的做法，合理定位各门课程的目的和功能，形成有机的基础教育课程体系。换而言之，就是要准确把握刚性课程和柔性课程的目的、特征和功能，一方面加强刚性课程的建设，使之更加有效地为奠定学生必要的学科知识基础和学科能力基础服务，另一方面加强柔性课程建设，使之更加有效地促进学生的个性化和多样化发展。

审视我国历年来实施的工具类和科学类课程，其缺陷并不在于它们对基础知识和基本技能的重视，而恰恰在于它们没有能够很好地构建起足够基础、系统、清晰和严密的知识和技能体系，使工具类和科学类课程的刚性不足，表现出内容过多、难度过大、体系过繁等缺点，最终占用学生过多的时间精力并且导致学生的不公平分化。基础教育课程改革应当加强对工具类课程和科学类课程的研究，合理厘定它们的内容和程度，以更加科学有效的方式对课程内容进行组织，形成更加有效的刚性课程，使学生得以用更少的时间和精力掌握必要的学科知识基础和学科能力基础，从而使基础教育课程在奠定学生共同学科基础的同时开辟更多的时间和空间让学生进行柔性课程学习。

我国当前柔性课程的建设和实施也不容乐观。虽然第八次基础教育课程改革大力推进综合实践活动、研究性学习、校本课程等柔性课程建设，但由于柔性课程建设存在理论基础薄弱、方向不明、定位不准、体系不全、实施不力等问题，导致柔性课程实施陷入形式化、表面化、零散化的局面，其作用没有得到有效的发挥。柔性课程的研究与建设是基础教育课程改革的重要方向。推进基础教育课程改革，一是要逐步扩大柔性课程在基础教育课程体系中的分量，使柔性课程获得更大的发展空间。二是要加强柔性课程的理论研究，建立系统的柔性课程理论体系，探索柔性课程在课程管理、课程设置、内容选择、课程组织、课程实施与课程评价等方面的具体方法与技术，形成有效的柔性课程生长机制。三是要通过国家与学校的共同努力，加快柔性课程的建设进程。国家应当为柔性课程建设提供有力的财政和政策支持，制订柔性课程发展规划，有计划地推动学校柔性课程建设。学校应当在国家财政和政策支持下，不断提高自身建设柔性课程的能力，持续推进学校柔性课程建设，逐渐形成有特色、有成效的柔性课程体系。

参考文献

一

[1] 《中国教育事典》编委会：《中国教育事典·中等教育卷》，河北教育出版社1994年版。

[2] [美] 迈克尔·W. 阿普尔：《意识形态与课程》，黄忠敬译，华东师范大学出版社2001年版。

[3] [美] 迈克尔·W. 阿普尔：《文化政治与教育》，阎光才等译，教育科学出版社2005年版。

[4] [美] 阿瑟·奥肯：《平等与效率——重大的权衡》，王忠民、黄清译，四川人民出版社1988年版。

[5] [美] 丹尼尔·贝尔：《后工业社会的来临》，高铦、王宏周等译，新华出版社1997年版。

[6] [英] 杰里米·边沁：《政府片论》，沈叔平等译，商务印书馆1995年版。

[7] [美] 约翰·富兰克林·博比特：《课程》，张师竹译，商务印书馆1928年版。

[8] [美] 埃德加·博登海默：《法理学：法律哲学与法律方法》，邓正来译，中国政法大学出版社2004年版。

[9] [美] 杰罗姆·布鲁纳：《教育过程》，邵瑞珍译，文化教育出版社1982年版。

[10] 程晋宽：《"教育革命"的历史考察：1966—1976》，福建教育出版社2001年版。

[11] 丛立新：《课程论问题》，教育科学出版社2000年版。

[12] 邓小平:《邓小平文选》第二卷,人民出版社 1994 年版。
[13] [美] 韦恩·厄本、[美] 杰宁斯·瓦格纳:《美国教育:一部历史档案》,周晟、谢爱磊译,中国人民大学出版社 2009 年版。
[14] [美] 弗罗斯特·佛罗斯特:《西方教育的历史和哲学基础》,吴元训等译,华夏出版社 1987 年版。
[15] [美] 米尔顿·弗里德曼:《资本主义与自由》,张瑞玉译,商务印书馆 1986 年版。
[16] 高觉敷、叶浩生:《西方教育心理学发展史》,福建教育出版社 2005 年版。
[17] 郭湛:《人活动的效率》,人民出版社 1990 年版。
[18] 郭志鹏:《公平与效率新论》,解放军出版社 2001 年版。
[19] [英] 弗里德里奇·哈耶克:《自由秩序原理》(上),邓正来译,生活·读书·新知三联书店 1997 年版。
[20] 何东昌:《中华人民共和国重要教育文献(1949—1975)》,海南出版社 1998 年版。
[21] 何东昌:《中华人民共和国重要教育文献(1998—2002)》,海南出版社 2003 年版。
[22] [德] 埃德蒙德·古斯堪夫·阿尔布雷希特·胡塞尔:《欧洲科学的危机与超越论的现象学》,王炳文译,商务印书馆 2001 年版。
[23] 蒋士会:《课程变革导论》,学苑出版社 2003 年版。
[24] 教育部:《全日制义务教育生物课程标准》(实验稿),北京师范大学出版社 2001 年版。
[25] 瞿葆奎:《教育学文集·美国教育改革》,人民教育出版社 1990 年版。
[26] [美] 亚历克斯·卡利尼克斯:《平等》,徐朝友译,江苏人民出版社 2003 年版。
[27] [美] 凯瑟琳·坎普·梅休等:《杜威学校》,王承绪等译,华东师范大学出版社 2007 年版。
[28] [美] 亨利·斯蒂尔·康马杰:《美国精神》,杨静予等译,光明日报出版社 1988 年版。
[29] 课程教材研究所:《20 世纪中国中小学课程标准·教学大纲汇编:化学卷》,人民教育出版社 2001 年版。

[30] 课程教材研究所：《20世纪中国中小学课程标准·教学大纲汇编：课程（教学）计划卷》，人民教育出版社2001年版。

[31] 课程教材研究所：《20世纪中国中小学课程标准·教学大纲汇编：外国语卷（英语）》，人民教育出版社2001年版。

[32] 课程教材研究所：《20世纪中国中小学课程标准·教学大纲汇编：语文卷》，人民教育出版社2001年版。

[33] 课程教材研究所：《20世纪中国中小学课程标准·教学大纲汇编：数学卷》，人民教育出版社2001年版。

[34] [捷] 扬·阿姆斯·夸美纽斯：《大教学论》，傅任敢译，人民教育出版社1984年版。

[35] [美] 拉尔夫·泰勒：《课程与教学的基本原理》，施良方译，人民教育出版社1994年版。

[36] 李松龄：《公平、效率与分配：比较研究与产权分析》，湖南人民出版社2005年版。

[37] 厉以宁、吴易风、李懿：《西方福利经济学述评》，商务印书馆1984年版。

[38] 联合国教科文组织：《教育——财富蕴藏其中》，教育科学出版社1996年版。

[39] 联合国教科文组织：《学会生存——教育世界的今天和明天》，职工教育出版社1989年版。

[40] 林治金：《语文教学大纲汇编》，青岛出版社2001年版。

[41] [法] 让·雅克·卢梭：《社会契约论》，杨国政译，陕西人民出版社2004年版。

[42] 陆有铨：《躁动的百年——20世纪的教育历程》，山东教育出版社1997年版。

[43] [德] 路德维希·艾哈德：《来自竞争的繁荣》，祝世康、穆家骥译，商务印书馆1983年版。

[44] 吕达、周满生：《当代外国教育改革著名文献》（美国卷·第一册），人民教育出版社2004年版。

[45] 吕达、周满生：《当代外国教育改革著名文献》（美国卷·第二册），人民教育出版社2004年版。

［46］吕达、周满生：《当代外国教育改革著名文献》（美国卷·第四册），人民教育出版社 2004 年版。

［47］［德］马克斯·韦伯：《经济与社会》（上卷），林荣远译，商务印书馆 1997 年版。

［48］［英］麦克·F. D. 扬：《知识与控制——教育社会学新探》，谢维和、朱旭东译，华东师范大学出版社 2002 年版。

［49］［英］麦克·F. D. 扬：《未来的课程》，谢维和、王晓阳译，华东师范大学出版社 2003 年版。

［50］毛礼锐、沈灌群：《中国教育通史·第六卷》，山东教育出版社 1987 年版。

［51］《毛泽东选集》第五卷，人民出版社 1977 年版。

［52］［美］米尔顿·弗里德曼、［美］罗斯·弗里德曼：《自由选择》，胡骑等译，商务印书馆 1982 年版。

［53］［英］米勒：《社会正义原则》，应奇译，江苏人民出版社 2001 年版。

［54］苗力田：《亚里士多德全集》（第八卷），中国人民大学出版社 1994 年版。

［55］［美］派纳等：《理解课程：历史与当代课程话语研究导论》，张华等译，教育科学出版社 2003 年版。

［56］彭虹斌：《新课程经验化：课程组织范式的发展》，广东高等教育出版社 2006 年版。

［57］彭泽平：《变革与反思——改革开放以来我国基础教育课程改革研究》，中国文史出版社 2005 年版。

［58］彭泽平：《嬗变与超越——新中国基础教育课程改革史》，华龄出版社 2006 年版。

［59］人民教育出版社：《毛泽东同志论教育工作》，人民教育出版社 1992 年版。

［60］施良方：《课程理论：课程的基础、原理与问题》，教育科学出版社 1996 年版。

［61］史瑞杰：《效率与公平：社会哲学的分析》，山西教育出版社 1999 年版。

［62］苏国勋：《理性化及其限制——韦伯思想引论》，上海人民出版社

1988年版。

[63] 汤玉奇：《社会公正论》，中共中央党校出版社1990年版。

[64] 唐凯麟：《西方伦理学名著提要》，江西人民出版社2000年版。

[65] 滕大春：《外国教育通史·第五卷》，山东教育出版社1993年版。

[66] 滕大春：《外国教育通史·第六卷》，山东教育出版社1994年版。

[67] 汪霞：《国外中小学课程演进》，山东教育出版社2000年版。

[68] ［美］沃尔特·范伯格、［美］乔纳斯F.索尔蒂斯：《学校与社会》（第4版），李奇等译，教育科学出版社2006年版。

[69] 吴式颖、任钟印：《外国教育思想通史》（第十卷），湖南教育出版社2000年版。

[70] 吴永军：《课程社会学》，南京师范大学出版社1999年版。

[71] 吴忠民：《走向公正的中国社会》，山东人民出版社2008年版。

[72] 夏文斌：《走向正义之路：社会公平研究》，黑龙江教育出版社2000年版。

[73] 熊明安：《中国近现代教学改革史》，重庆出版社1999年版。

[74] ［英］亚当·斯密：《国民财富的性质和原因的研究》（上卷），郭大力、王亚南译，商务印书馆1972年版。

[75] ［英］亚当·斯密：《国民财富的性质和原因的研究》（下卷），郭大力、王亚南译，商务印书馆1974年版。

[76] 叶澜：《"新基础教育"论：关于当代中国学校变革的探究与认识》，教育科学出版社2006年版。

[77] 袁振国：《中国当代教育思潮（1949—1989）》，生活·读书·新知三联书店1991年版。

[78] 袁振国：《对峙与融合——20世纪的教育改革》，山东教育出版社1995年版。

[79] ［美］约翰·杜威：《民主主义与教育》，王承绪译，人民教育出版社1990年版。

[80] ［美］约翰·杜威：《学校与社会·明日之学校》，赵祥麟、任钟印、吴志宏译，人民教育出版社1994年版。

[81] ［美］约翰·罗尔斯：《正义论》，何怀宏等译，中国社会科学出版社1988年版。

[82] ［美］约瑟夫·熊彼特：《经济分析史·第一卷》，朱泱、孙鸿敬、李宏、陈锡龄译，商务印书馆1991年版。

[83] 张斌贤：《社会转型与教育变革——美国进步主义教育运动研究》，湖南教育出版社1998年版。

[84] 张东娇：《最后的图腾：中国高中教育价值取向与学校特色发展研究》，教育科学出版社2005年版。

[85] 张华：《课程与教学论》，上海教育出版社2000年版。

[86] 郑金洲：《教育通论》，华东师范大学出版社2000年版。

[87] 《马克思恩格斯全集》第三十一卷，人民出版社1998年版。

[88] 《马克思恩格斯选集》第一卷，人民出版社2012年版。

[89] 《马克思恩格斯选集》第三卷，人民出版社2012年版。

[90] 中央教育科学研究所：《中华人民共和国教育大事记（1949—1982)》，教育科学出版社1984年版。

[91] 钟启泉：《现代课程论》，上海教育出版社2003年版。

[92] 钟启泉、崔允漷、张华：《为了中华民族的复兴，为了每位学生的发展：〈基础教育课程改革纲要（试行)〉解读》，华东师范大学出版社2001年版。

[93] 周全华：《"文化大革命"中的"教育革命"》，广东教育出版社1999年版。

[94] 周仲秋：《平等观念的历程》，海南出版社2002年版。

[95] 卓晴君、李仲汉：《中小学教育史》，海南出版社2000年版。

二

[1] ［美］安东尼·罗尔：《关于教育生产效率研究的思考》，刘亚荣、丁延庆译，《教育研究》2007年第3期。

[2] 安云凤、田国秀：《当代学校组织的科层特征分析》，《当代教育科学》2010年第22期。

[3] 包玉秋：《社会公平的法哲学基础》，《社会主义研究》2007年第5期。

[4] 曹泳鑫：《公平正义是社会主义的内在要求和发展结果》，《毛泽东邓小平理论研究》2010年第11期。

[5] 陈辉、熊春文：《社会公平：概念再辨析》，《探索》2011年第4期。

［6］陈志权：《杜威教育浪费思想及其启示》，《河南师范大学学报》（教育科学版）2006 年第 1 期。

［7］陈亚萍：《论人的发展与教育的价值诉求》，《教育研究与实验》2009 年第 6 期。

［8］迟艳杰：《在社会历史进程中理解杜威的教学价值思想》，《华东师范大学学报》（教育科学版）2010 年第 2 期。

［9］褚宏启：《关于教育公平的几个基本理论问题》，《中国教育学刊》2006 年第 12 期。

［10］丛日云：《论黑格尔的国家概念及其历史意义》，《辽宁师范大学学报》（社会科学版）1991 年第 6 期。

［11］崔玉平：《我国高等教育产出效率的区域比较》，《苏州大学学报》（哲学社会科学版）2010 年第 3 期。

［12］崔允漷、柯政、林一钢：《我国普通高中课程计划的历史演变》，《教育研究》2004 年第 1 期。

［13］邓晓丹：《教育公平的本质：教育平等与教育效率的动态均衡》，《理论前沿》2007 年第 9 期。

［14］第七战略专题调研组：《加强统筹协调，促进教育公平》，《教育研究》2010 年第 7 期。

［15］丁建福、成刚：《义务教育财政效率评价：方法及比较》，《北京师范大学学报》（社会科学版）2010 年第 2 期。

［16］丁维莉、陆铭：《教育的公平与效率是鱼和熊掌吗——基础教育财政的一般均衡分析》，《中国社会科学》2005 年第 6 期。

［17］范明英、郭根：《社会"公平正义"的内涵要义及其建设路径》，《深圳大学学报》（人文社会科学版）2011 年第 5 期。

［18］高国顺、陈国秀：《收入差距、投资效率与经济增长》，《湖北大学学报》（哲学社会科学版）2005 年第 6 期。

［19］顾红亮：《"民族国家"语境中的个人图像》，《浙江学刊》2007 年第 1 期。

［20］郭晓明：《论基础教育课程政策的公正问题》，《教育理论与实践》2002 年第 4 期。

［21］郭晓明：《论教学论的实践转向》，《南京师范大学学报》（社会科

学版）2002 年第 2 期。

[22] 郭俞宏、薛海平：《我国义务教育生产效率及其影响因素研究》，《教育发展研究》2011 年第 3 期。

[23] 郭元祥：《"回归生活世界"的教学意蕴》，《全球教育展望》2005 年第 9 期。

[24] 郭元祥：《论"生活世界"的教育——兼论教育中的生活问题》，《教育研究与实验》2000 年第 5 期。

[25] 郭志琦、申米玲：《评新自由主义市场经济理论及其实践效率》，《南京师范大学学报》（社会科学版）2005 年第 3 期。

[26] 郝文武：《教育公平与社会公平相互促进的关系状态和基本意义》，《北京师范大学学报》（社会科学版）2011 年第 4 期。

[27] 郝文武：《平等与效率相互促进的教育公平论》，《教育研究》2007 年第 11 期。

[28] 何建华、马思农：《分配公平：是否可能及何以可能》，《伦理学研究》2010 年第 2 期。

[29] 何建华：《公平正义：中国特色社会主义的核心理念》，《浙江社会科学》2010 年第 6 期。

[30] 何孔潮、杨晓萍：《关怀与理性：教育公平与教育效率的共生》，《上海教育科研》2011 年第 7 期。

[31] 贺汉魂、王泽应：《效率与公平的价值内涵及其关系新论》，《哲学动态》2010 年第 3 期。

[32] 季诚钧：《课程管理与课程领导辨析》，《教育研究》2009 年第 3 期。

[33] 贾非：《世界课程管理模式的主流与趋势——兼谈我国高中课程改革的困境与对策》，《外国教育研究》1994 年第 6 期。

[34] 贾玉超：《功利教育及其敌人——从杜威、努斯鲍姆到古特曼》，《教育学报》2012 年第 6 期。

[35] 蒋学模：《"效率优先，兼顾公平"的原则是否需要修改》，《学术月刊》2007 年第 5 期。

[36] 金生鈜：《论教育权力》，《北京大学教育评论》2005 年第 2 期。

[37] 雷玉翠：《论公平正义的制度保障》，《甘肃社会科学》2009 年第 5 期。

［38］李丹阳：《公平与效率的互补关系探析》，《学术研究》2007 年第 1 期。

［39］李杰、徐太军：《对"效率优先，兼顾公平"政策的新思考》，《西南民族大学学报》（人文社科版）2007 年第 3 期。

［40］李润洲：《教育公平探析》，《江西教育科研》2006 年第 11 期。

［41］李素文：《关于"效率优先，兼顾公平"的法经济学评述》，《山东社会科学》2006 年第 12 期。

［42］李正彪、文峰：《论中国制度结构效率及二元经济的转换》，《思想战线》2004 年第 4 期。

［43］林德全：《课程改革的基本追求》，《教育发展研究》2009 年第 2 期。

［44］刘佑铭：《论公平与效率"互促同向变动"的内在关联性》，《华南师范大学学报》（社会科学版）2011 年第 2 期。

［45］龙安邦、范蔚：《试论课程改革的理论基础——兼论我国十年新课改的理论基础及其争论》，《河北师范大学学报》（教育科学版）2012 年第 4 期。

［46］龙安邦、范蔚：《我国教育公平研究的现状及特点》，《现代教育管理》2013 年第 1 期。

［47］鲁艳：《校本课程开发：教育公平的体现》，《江西教育科研》2001 年第 4 期。

［48］陆树程、刘萍：《关于公平、公正、正义三个概念的哲学反思》，《浙江学刊》2010 年第 2 期。

［49］吕宪军、王延玲：《发展性课程评价的基本特点》，《现代中小学教育》2004 年第 3 期。

［50］罗志敏、黄明东：《教育政策过程与效率：一种宏观的视角》，《教育研究与实验》2009 年第 2 期。

［51］罗志敏：《教育政策的运行原则与效率分析》，《河南师范大学学报》（哲学社会科学版）2007 年第 6 期。

［52］孟宪清：《西方传统理性主义的发展和实体性倾向》，《云南大学学报》（社会科学版）2011 年第 3 期。

［53］孟祥仲：《平等与效率关系思想研究——经济思想史视角》，博士学位论文，复旦大学，2008 年。

[54] 彭泽平：《对教育公平与效率关系的思考》，《中国教育学刊》2003年第5期。

[55] 钱再见：《科层制组织的理性与非理性》，《求实》2001年第3期。

[56] 秦惠民、杨娟：《农村普通小学总体资源配置的效率评价：1997年—2008年》，《清华大学教育研究》2011年第5期。

[57] 冉亚辉：《最公平的教育才是最有效率的教育》，《上海教育科研》2011年第2期。

[58] 盛冰：《转型时期政府的教育公平责任及其边界》，《教育研究》2007年第3期。

[59] 石火学：《教育政策视角下的教育公平与效率问题研究》，《清华大学教育研究》2010年第5期。

[60] 宋圭武、王渊：《公平、效率及二者关系新探》，《江汉论坛》2005年第9期。

[61] 苏强：《发展性课程观：课程价值取向的必然选择》，《教育研究》2011年第6期。

[62] 孙国峰：《自利、个体效率与公共选择介入的理论解释》，《社会科学研究》2004年第1期。

[63] 孙华：《百年来高校招生政策中的效率分析》，《黑龙江高教研究》2007年第5期。

[64] 孙万国、刘苹苹：《哲学视域中的发展性课程评价理念》，《教学与管理》2009年第21期。

[65] 孙正聿：《寻找"意义"：哲学的生活价值》，《中国社会科学》1996年第3期。

[66] 孙玉丽、张永久：《区域内校际均衡的公平逻辑与路径选择》，《教育研究》2011年第5期。

[67] 覃朝玲、高操、周燕：《新中国普通高中物理课程结构的改革研究》，《西南师范大学学报》（自然科学版）2006年第5期。

[68] 王策三：《认真对待"轻视知识"的教育思潮——再评由"应试教育"向素质教育转轨提法的讨论》，《北京大学教育评论》2004年第3期。

[69] 王常柱、武杰：《试论现阶段公平对于效率的优先性——对"效率

优先、兼顾公平"原则的反思》,《伦理学研究》2010 年第 1 期。
[70] 王春娟:《科层制的涵义及结构特征分析——兼评韦伯的科层制理论》,《学术交流》2006 年第 5 期。
[71] 王红宇:《美国课程观的演变和八十年代课程改革》,《外国教育研究》1993 年第 2 期。
[72] 王京跃:《试论效率伦理》,《哲学动态》2007 年第 6 期。
[73] 王玲:《教育公平视野下的课程政策研究》,《辽宁教育研究》2008 年第 5 期。
[74] 王一多、孟昭勤:《效率主义的谬误与危害》,《西南民族大学学报》(人文社科版)2007 年第 12 期。
[75] 王勇鹏、皮华英:《新高中课程结构的公平审视与改革建议》,《湖南师范大学教育科学学报》2012 年第 3 期。
[76] 王勇鹏:《应得与公平——课程公平的研究》,博士学位论文,湖南师范大学,2008 年。
[77] 王泽应:《从伦理学的角度看公平》,《哲学动态》1998 年第 7 期。
[78] 吴莹:《从"教育效率优先"到"更加注重教育公平"——基于 30 年来中国基础教育改革的政策视域》,《教育探索》2010 年第 11 期。
[79] 项贤明:《"生活世界"的教育与"科学世界"的教育》,《教育研究与实验》1999 年第 4 期。
[80] 谢同祥、李艺:《过程性评价:关于学习过程价值的建构过程》,《电化教育研究》2009 年第 6 期。
[81] 邢红军:《三论中国基础教育课程改革:方向迷失的危险之旅》,《教育科学研究》2012 年第 10 期。
[82] 邢红军:《再论中国基础教育课程改革:方向迷失的危险之旅》,《教育科学研究》2011 年第 10 期。
[83] 邢红军:《中国基础教育课程改革:方向迷失的危险之旅》,《教育科学研究 2011 年第 4 期。
[84] 熊和平:《论课程公平及课程改革》,《教育导刊》2007 年第 1 期。
[85] 熊和平:《区域内义务教育课程公平的学校文化视角》,《教育研究》2011 年第 5 期。
[86] 薛二勇:《教育公平与社会和谐关系的实证分析——基于国际报告中

的国别比较与数据分析视角》,《清华大学教育研究》2009 年第 5 期。

[87] 严国红、李宏伟：《论效率的人本向度》,《广西社会科学》2010 年第 1 期。

[88] 晏辉：《公平与效率如何可能：社会哲学的分析》,《郑州大学学报》（哲学社会科学版）2002 年第 4 期。

[89] 杨东平：《教育公平是一个独立的发展目标——辨析教育的公平与效率》,《教育研究》2004 年第 7 期。

[90] 杨莉君：《科学世界与生活世界的统一——兼论新课程的取向》,《中国教育学刊》2002 年第 6 期。

[91] 杨明全：《西方课程理论谱系：溯源与考辨》,《全球教育展望》2011 年第 3 期。

[92] 易小明、曹晓鲜：《正义的效率之维及其限度》,《哲学研究》2011 年第 12 期。

[93] 易小明、赵永刚：《论效率的公平之维及其限度——以差异性正义与同一性正义理论为视角》,《天津社会科学》2010 年第 6 期。

[94] 易小明：《从差异与同一角度看平等与效率》,《湘潭大学学报》（哲学社会科学版）2009 年第 6 期。

[95] 袁庆明：《论制度的效率及其决定》,《江苏社会科学》2002 年第 4 期。

[96] 张俊列：《生存论视域中的理性教学观》,《教育理论与实践》2011 年第 2 期。

[97] 张红：《新中国基础教育课程政策的价值取向研究》,博士学位论文,东北师范大学,2008 年。

[98] 张华、黄修卓：《公平与效率关系研究述要》,《学术论坛》2011 年第 2 期。

[99] 张相学：《"课程管理"概念的多维分析与建构》,《江西教育科研》2007 年第 5 期。

[100] 赵彦志：《我国高等教育生产率增长、技术进步与效率变化》,《财经问题研究》2011 年第 6 期。

[101] 郑立新：《经济效率的伦理定位》,《哲学动态》2003 年第 1 期。

[102] 钟启泉、有宝华：《发霉的奶酪——〈认真对待"轻视知识"的

教育思潮〉读后感》,《全球教育展望》2004 年第 10 期。

[103] 钟启泉:《走向人性化的课程评价》,《全球教育展望》2010 年第 1 期。

[104] 周德海:《也谈"效率优先、兼顾公平"的分配原则——与韦朝烈同志商榷》,《社会科学》2002 年第 2 期。

[105] 周立群:《动态性评价:语文课程评价的新视角》,《华南师范大学学报》(社会科学版) 2006 年第 3 期。

[106] 周勇:《校本课程的校际差异与区域基础教育公平》,《教育研究》2011 年第 5 期。

[107] 周志毅:《课程变革:从知识形态走向生命形态》,《全球教育展望》2002 年第 3 期。

三

[1] Andrew L. Johnson, John Ruggiero, "Nonparametric Measurement of Productivity and Efficiency in Education", *Annals of Operations Research*, Vol. 221, No. 1, 2014.

[2] Aristotle, *The Nicomachean Ethics*, Translated by David Ross, Oxford: Oxford University Press, 2009.

[3] Charles E. Hurst, *Social Inequality: Forms, Causes, and Consequences* (7th Edtition), Boston: Allyn and Bacon, 2010.

[4] Clarence Joldersma, "Education: Understanding, Ethics, and the Call of Justice", *Studies in Philosophy and Education*, Vol. 30, No. 5, 2011.

[5] Claudio Thieme, Víctor Giménez, Diego Prior, "A Comparative Analysis of the Efficiency of National Education Systems", *Asia Pacific Education Review*, Vol. 13, No. 1, 2012.

[6] Ernest Cyril Clintberg, *Changing Understandings of Equity: Alberta's Funding of Public Education* (1970 – 2000), Doctoral Dissertation, Alberta: University of Alberta, 2005.

[7] Fred S. Coombs, Günther Lüschen, "System Performance and Policymaking in West European Education: Effectiveness, Efficiency, Responsive-

ness, and Fidelity", *International Review of Education*, Vol. 22, No. 2, 1976.

[8] Friedrich Edding, "Efficiency in Education", *International Review of Education*, Vol. 10, No. 4, 1964.

[9] Gordon Stobart, "Fairness in Multicultural Assessment Systems", Assessment in Education: Principles, *Policy & Practice*, Vol. 12, No. 3, 2005.

[10] Herbert M. Kliebard, *Changing Course: American Curriculum Reform in the 20th Century*, New York: Teachers College Press, 2002.

[11] Herberty M. Kliebard, *The Struggle for the American Curriculum: 1893 – 1958*, New York: Routledge Falmer, 2004.

[12] Joanna Wolszczak-Derlacz, Aleksandra Parteka, "Efficiency of European Public Higher Education Institutions: a Two-stage Multicountry Approach", *Scientometrics*, Vol. 89, No. 3, 2011.

[13] John Clark, "Social Justice, Education and Schooling: Some Philosophical Issues", *British Journal of Educational Studies*, Vol. 54, No. 3, 2006.

[14] John Rawls, *A Theory of Justice*, Massachusetts: The Belknap Press of Harward University Press, 1971.

[15] Kathryn Riley, Margaret Maden, Jonseph Murphy, "Big Change Question: Has Choice, Diversity and Marketization Improved the Quality and Efficiency of Education?", *Journal of Educational Change*, Vol. 4, No. 1, 2003.

[16] Michael Knoll, "From Kidd to Dewey: the Origin and Meaning of 'Social Efficiency'", *Journal of Curriculum Studies*, Vol. 41, No. 3, 2009.

[17] Michael W. Apple, "Doing Things the 'Right' Way: Legitimating Educational Inequalities in Conservative Times", *Educational Review*, Vol. 57, No. 3, 2005.

[18] Paul L. Melendez, *Do Education Tax Credits Improve Equity?* Doctoral Dissertation, Arizona: University of Arizona, 2009.

[19] Paul Parkison, "Political Economy and the NCLB Regime: Accountability, Standards, and High-stakes Testing", *The Educational Forum*, Vol. 73, No. 1, 2008.

[20] Raymond E. Callahan, *Education and the Cult of Efficiency*, Chicago: The University of Chicago Press, 1962.

[21] Sirkka Ahonen, "From an Industrial to a Post-industrial Society: Changing Conceptions of Equality in Education", *Educational Review*, Vol. 54, No. 2, 2002.

后　　记

　　本书在笔者博士论文的基础上修改完成。书稿得以付梓，首先要感谢我的博士生导师范蔚教授。范老师是一位美丽大方、温婉高雅、睿智豁达的人，在学术和生活上都对我产生了极大的影响。攻读博士学位期间，由于我"好高骛远""不务正业"，在学业上一度踟蹰不前，但老师毫不责备，一以贯之地以真诚和宽容相待，令学生既感动又惭愧。三年中，老师无数次细致入微而又鞭辟入里地指导我的学术研究和论文写作，使我最终走出低俗。三年中，老师从不缺席我们门下的各种活动，为我们建设起令人称羡的学术沙龙，她高度的敬业精神令我敬佩不已。三年中，老师以其淡定而幽默的语气在茶余饭后与我们分享一个个温馨有趣的家庭故事，使我对美好生活充满向往。毕业以来，多次拜访导师，依然倍感亲切。

　　攻读博士学位期间，我还得到了西南大学教育学部许多老师的指导和帮助。靳玉乐教授、朱德全教授、徐学福教授等授业教师给我呈现了一堂又一堂精彩纷呈的课，使我的学术视野不断拓展、学术能力不断提高。博士论文的研究与写作也有幸得到了许多老师的指导和启发。靳玉乐教授、朱德全教授、徐学福教授、李森教授、兰英教授等老师在开题时的指导使论文在选题、构架和研究思路等方面都得到了很大的改善和提升。靳玉乐教授、徐学福教授、唐智松教授、刘茜教授、夏海鹰教授、谢长法教授等老师在论文预答辩中又对我的论文提出了许多建议，对论文的修改完善起到了重要的作用。杨启亮教授、郭戈教授、靳玉乐教授、李森教授、刘义兵教授在博士论文答辩会上的提问对本书的后期修改具有重要的参考价值。

我的夫人金心红，不仅是我生活上的好伴侣，还是我学术上的好伙伴。她勤奋善思的学习风格、专注持久的学术热情和乐学好问的学习态度时常感染着我。本书的许多观点正是在与她的不断交流中形成和完善的。有了她的陪伴，学术之路变得更加愉快和幸福。

张文娟师姐、宋元祁师兄、叶波师弟，同学金家新、南华、谈心、李志超、张释元、苟顺民、毋丹丹、袁潇、李银慧、杨舒涵、冯太学，朋友覃丽君、林克松、余宏亮、肖磊，还有其他师弟师妹也以不同方式为本书的完成提供了各种建议和帮助，在此一并感谢。

本书能够顺利出版得益于中国社会科学出版社的大力支持，尤其是责任编辑徐沐熙老师的悉心帮助，特此致谢！

最后，还要感谢我的父母、叔婶和兄弟，他们是我不断前进的永恒动力！

龙安邦

2018 年 1 月 18 日于福建师范大学人文楼